工业绿色制造体系创建丛书

绿色诊断理论与实践

吴逸民 马宇飞 杨光 罗勇 陈秋火 何绍阳 翟威锋 谢明超 编著

电子工业出版社
Publishing House of Electronics Industry
北京·BEIJING

内 容 简 介

本书根据绿色诊断的理论方法和企业绿色诊断的实践，对绿色诊断标准和法律法规体系、绿色诊断主要方法、绿色诊断程序、绿色诊断要点进行了总结性论述。本书以化工、钢铁、建材、机械制造行业企业实践为例，通过绿色制造、节能、清洁生产等方面的提升，逐步实现企业自我可持续发展，为我国工业企业的绿色发展提供借鉴。

本书可供节能、环保、绿色制造相关领域的政府部门、工程技术人员和企业参阅。

未经许可，不得以任何方式复制或抄袭本书之部分或全部内容。
版权所有，侵权必究。

图书在版编目（CIP）数据

绿色诊断理论与实践 / 吴逸民等编著. —北京：电子工业出版社，2021.9
（工业绿色制造体系创建丛书）
ISBN 978-7-121-41661-3

Ⅰ．①绿… Ⅱ．①吴… Ⅲ．①制造工业－工业发展－研究－中国 Ⅳ．①F426.4

中国版本图书馆 CIP 数据核字（2021）第 161963 号

责任编辑：徐蔷薇　　　　特约编辑：田学清
印　　刷：北京虎彩文化传播有限公司
装　　订：北京虎彩文化传播有限公司
出版发行：电子工业出版社
　　　　　北京市海淀区万寿路 173 信箱　　邮编：100036
开　　本：787×1092　1/16　印张：12.5　字数：273 千字
版　　次：2021 年 9 月第 1 版
印　　次：2024 年 1 月第 2 次印刷
定　　价：88.00 元

凡所购买电子工业出版社图书有缺损问题，请向购买书店调换。若书店售缺，请与本社发行部联系，联系及邮购电话：（010）88254888，88258888。
质量投诉请发邮件至 zlts@phei.com.cn，盗版侵权举报请发邮件至 dbqq@phei.com.cn。
本书咨询联系方式：xuqw@phei.com.cn。

前言

绿色发展是与人与自然和谐共生相关的发展理念，是当下工业领域改进提升的重要着力点。绿色发展的提出，引起了人们对传统工业发展模式的深刻反思，如何在可持续发展的前提下促进经济发展，成为工业领域关注的热点问题。绿色制造是制造行业绿色发展的实现方式，它有效解决了传统制造行业在发展过程中出现的问题，成为新时代制造行业发展的方向。

绿色诊断是绿色制造从概念、理论层次进入实践层次的重要环节。对一个工业企业而言，要想提升当前企业的绿色制造水平及绿色化程度，必须建立一套合理的、便于操作的绿色诊断方法，有效辨别制造系统当前的状态。通过全方位的差距分析，发现企业运行过程中存在的问题，提出切实可行的改进方案，将可持续发展战略落实到制造系统中去，不断促进制造系统的可持续发展。

绿色诊断在工业企业发展过程中起到极其重要的作用，绿色发展是制造系统实现可持续发展的关键。因此，寻求和建立一种能客观衡量制造系统总体性能和发展程度的绿色诊断方法具有重大且深远的意义。

为便于政府相关部门、企业及服务机构更好地了解绿色诊断的有关内容，我们组织本单位参与绿色诊断的主要技术人员编写了本书。本书的编写分工如下：第1章绿色诊断概述由何绍阳和翟威锋编写；第2章绿色诊断的方法和程序由吴逸民编写；第3章绿色诊断的要点由杨光编写；第4章化工行业绿色诊断由罗勇编写；第5章钢铁行业绿色诊断由马宇飞编写；第6章建材行业绿色诊断由陈秋火编写；第7章机械制造行业绿色诊断由谢明超编写。全书由陈春艳、吴逸民和谢明超进行审定。

绿色诊断是一个全新的概念，目前还未建立系统化、体系化的理论方法，因此系统地研究绿色诊断理论与实践是本书的主体内容。工业企业绿色发展是一个范围很广的概念，涉及节能、低碳、环保等方面，需要运用全生命周期分析，因此，在绿色诊断理论与实践上，本书从节能诊断及潜力分析、绿色制造体系诊断及提升分析、清洁生产诊断及改造分析三个方面入手，以节能低碳、清洁生产、绿色设计、资源利用、绿色管理等为主要内容架构，分析企业发展现状，针对性地查找企业节能、绿色制造体系及清洁生产方面存在的问题，确定提升路径和方案。

绿色制造是建设制造强国的主要内容，是低碳发展和循环发展的具体体现。本书阐述了绿色制造、绿色发展、低碳发展、循环发展的含义及相互关系，分析了多个行业绿色诊断的概况、关键技术及发展趋势，并针对我国绿色发展的现状，以化工、钢铁、建材与机械制造行业的绿色制造为例，结合企业的相关案例，从绿色制造体系、节能、清洁生产方面对工业企业可持续发展进行研究，可为我国绿色发展提供借鉴。

由于作者水平有限，书中难免出现纰漏，欢迎广大读者批评指正，便于我们修改。

工业和信息化部电子第五研究所
广州赛宝认证中心服务有限公司
2020 年 12 月 7 日

目录

第 1 章　绿色诊断概述 ………………………………………………………………… 1

1.1　绿色诊断的基本概念 ……………………………………………………………… 2
1.2　开展绿色诊断的必要性及意义 …………………………………………………… 3
　　1.2.1　开展绿色诊断是实现国家绿色发展战略的有效助力 …………………… 3
　　1.2.2　开展绿色诊断是企业实现高质量发展的重要手段 ……………………… 4
　　1.2.3　开展绿色诊断是提高企业竞争力的有力途径 …………………………… 5
1.3　绿色诊断的法律法规与标准 ……………………………………………………… 5
　　1.3.1　绿色诊断的法律法规 ……………………………………………………… 6
　　1.3.2　绿色诊断的标准 …………………………………………………………… 22
1.4　绿色诊断的发展 …………………………………………………………………… 27
　　1.4.1　节能方面 …………………………………………………………………… 27
　　1.4.2　清洁生产方面 ……………………………………………………………… 29
　　1.4.3　绿色制造体系方面 ………………………………………………………… 30

第 2 章　绿色诊断的方法和程序 ……………………………………………………… 36

2.1　绿色诊断的方法 …………………………………………………………………… 36
　　2.1.1　系统分析方法 ……………………………………………………………… 36
　　2.1.2　对标分析方法 ……………………………………………………………… 37
　　2.1.3　成功案例对照方法 ………………………………………………………… 39

2.1.4　平衡分析方法 ··· 39
　2.2　绿色诊断程序 ··· 48
　　2.2.1　绿色诊断策划与准备 ·· 48
　　2.2.2　绿色诊断实施 ··· 49
　　2.2.3　实施方案的产生与筛选 ··· 55
　　2.2.4　实施方案的确定 ·· 56
　　2.2.5　绿色提升实施方案的实施 ·· 59
　　2.2.6　持续绿色诊断 ··· 60

第3章　绿色诊断的要点 ·· 62
　3.1　绿色制造体系诊断要点 ··· 63
　　3.1.1　绿色制造体系诊断内容 ··· 63
　　3.1.2　绿色制造体系诊断关键点 ·· 65
　3.2　节能诊断要点 ··· 67
　　3.2.1　节能诊断内容 ··· 67
　　3.2.2　节能诊断关键点 ·· 69
　3.3　清洁生产诊断要点 ··· 78
　　3.3.1　清洁生产诊断内容 ··· 78
　　3.3.2　清洁生产诊断关键点 ·· 80
　　3.3.3　清洁生产诊断方式 ··· 82

第4章　化工行业绿色诊断 ··· 83
　4.1　化工行业与绿色诊断的关系 ··· 84
　　4.1.1　化工行业的特点 ·· 84
　　4.1.2　化工行业的发展现状和趋势 ··· 85
　　4.1.3　化工行业绿色诊断的意义 ·· 88
　4.2　化工行业绿色诊断重点与绿色技术 ·· 89
　　4.2.1　化工行业绿色诊断重点 ··· 89
　　4.2.2　化工行业绿色技术 ··· 94
　4.3　某化工企业绿色诊断示范案例 ·· 97
　　4.3.1　企业基本情况 ··· 97
　　4.3.2　能源消费结构 ··· 97
　　4.3.3　能源实物流向平衡图 ·· 98
　　4.3.4　单位产品能耗综合计算表 ·· 99

4.3.5 能源管理制度分析 ·· 99
　　4.3.6 绿色改造方案 ··· 100

第5章 钢铁行业绿色诊断 ·· 103

5.1 钢铁行业与绿色诊断的关系 ··· 103
　　5.1.1 钢铁行业的特点 ··· 104
　　5.1.2 钢铁行业的发展现状和趋势 ··· 107
　　5.1.3 钢铁行业绿色诊断的意义 ··· 111

5.2 钢铁行业绿色诊断重点与绿色技术 ··································· 111
　　5.2.1 钢铁行业绿色诊断重点 ··· 111
　　5.2.2 钢铁行业绿色技术 ··· 115

5.3 钢铁企业绿色诊断示范案例 ··· 119
　　5.3.1 某企业用能系统诊断 ·· 120
　　5.3.2 某钢铁企业绿色制造系统诊断 ······································ 123

第6章 建材行业绿色诊断 ·· 128

6.1 建材行业与绿色诊断的关系 ··· 128
　　6.1.1 建材行业的特点 ··· 128
　　6.1.2 建材行业的发展现状和趋势 ··· 129
　　6.1.3 建材行业绿色诊断的意义 ··· 131

6.2 建材行业绿色诊断重点与绿色技术 ··································· 131
　　6.2.1 建材行业绿色诊断重点 ··· 131
　　6.2.2 建材行业绿色技术 ··· 139

6.3 某建材企业绿色诊断示范案例 ······································· 141
　　6.3.1 企业概况 ··· 141
　　6.3.2 能耗情况 ··· 142
　　6.3.3 环境排放情况 ··· 142
　　6.3.4 绿色工厂创建情况 ··· 143
　　6.3.5 绿色诊断结果 ··· 143

第7章 机械制造行业绿色诊断 ·· 148

7.1 机械制造行业与绿色诊断的关系 ····································· 148
　　7.1.1 机械制造行业的特点 ··· 148
　　7.1.2 机械制造行业的发展现状和趋势 ····································· 155

  7.1.3 机械制造行业绿色诊断的意义 ··· 157
7.2 机械制造行业绿色诊断重点与绿色技术 ··· 158
  7.2.1 机械制造行业绿色诊断重点 ··· 158
  7.2.2 机械制造行业绿色技术 ·· 160
7.3 机械制造企业绿色诊断示范案例 ··· 164
  7.3.1 企业概况 ·· 164
  7.3.2 能源提升诊断 ··· 164
  7.3.3 清洁生产诊断 ··· 171
  7.3.4 绿色工厂对标诊断 ··· 172

附录 A 国家工业节能技术装备推荐目录（2019） ································ 174

附录 B 绿色制造体系相关标准 ·· 185

附录 C 清洁生产相关标准 ·· 189

第 1 章

绿色诊断概述

我国是世界上唯一拥有联合国产业分类中全部工业门类的国家，形成了"门类齐全、独立完整"的工业体系。然而，在国际金融危机之后，高收入国家高端制造回流与中低收入国家中低端制造转移同时发生，对我国形成了"双向挤压"的严峻挑战。一方面，高端制造行业出现向高收入国家"逆转移"的态势，制造行业更加成为全球经济竞争的制高点，各国纷纷制定以重振制造行业为核心的再工业化战略；另一方面，越南、印度等中低收入国家依靠资源、劳动力等优势，开始在中低端制造行业上发力，以更低的成本承接劳动密集型制造行业的转移。面对这种形势，我国工业大而不强、亟须转型升级的阶段性矛盾更为突出，依然存在发展方式粗放、结构不合理、核心技术受制于人、资源环境约束强化等深层次矛盾和问题。具体表现如下。

（1）自主创新能力弱，部分关键核心技术缺失。

（2）产品质量不高，缺乏世界知名品牌和跨国企业。

（3）产业结构不合理，传统产业产能过剩和新兴产业供给能力不足并存。

（4）资源供求矛盾加剧，对外依存度持续走高。

（5）资源环境承载能力和要素供给能力接近极限。

（6）产业国际化程度不高，全球化经营能力不足。

工业的绿色发展是构建高质量化经济体系的必然要求，是解决污染问题的根本之策。

我国在建设制造强国的战略中，明确提出了"创新驱动、质量为先、绿色发展、结构优化、人才为本"的基本方针，强调坚持把可持续发展作为建设制造强国的重要着力点，走生态文明的发展道路。同时，把"绿色制造工程"作为重点实施的五大工程之一，部署全面推行绿色制造，构建高效、清洁、低碳、循环的"4+2"绿色制造体系，开发绿色产品、建设绿色工厂、发展绿色园区、打造绿色供应链、壮大绿色企业和强化绿色监管，已成为工业绿色发展的必然。

1.1 绿色诊断的基本概念

科学技术部在发布的《绿色制造科技发展"十二五"专项规划》中给出了绿色制造的定义，它是一种在保证产品功能、质量、成本的前提下，综合考虑环境影响和资源利用效率的现代制造模式。开展技术创新及系统优化，使产品在设计、制造、物流、使用、回收、拆解与再利用等全生命周期过程中，对环境影响最小、资源利用效率最高、人体健康与社会危害最小，并使企业经济效益与社会效益协调优化。

绿色制造是一个系统化的概念，突出产品全生命周期的理念。要想真正实施绿色制造，必须从源头入手，从工艺过程改进的角度，利用系统性和集成的思路来考虑和研究绿色制造中的相关问题，大体包含五个方面：①面向产品全生命周期的绿色设计；②面向原料/能源的策略性选择，从产品全生命周期的角度选择更加环保健康的材料，在考虑成本的前提下尽可能地优化能源结构，减少污染；③面向制造过程的绿色工艺技术优化和效率提升；④面向物质/能量高效循环利用的工业生态链构筑；⑤面向全产业链的协同优化。

越来越多的企业基于自身认识的提高和政策的推动，将绿色发展纳入企业的总发展规划，然而由于技术水平的限制和数据信息的缺乏，企业往往不清楚自身存在哪些问题，这就需要专业化、系统化的手段准确地找出企业在绿色发展中的问题和改进方向，从而寻求合理的改进方法和措施。

绿色诊断立足于绿色制造，借助产品全生命周期的理念，从产品设计、原料/工艺选择及加工、产品生产、包装与运输、维护到报废处理的全部过程，采用必要的诊断方法和工具，对企业做出科学、系统的追踪和评价，提出行之有效的可行性方案，使其生产活动对环境影响最小、资源利用效率最高、人体健康与社会危害最小，并使企业经济效益与社会效益协调优化。绿色诊断就是要解决企业在绿色发展中的问题，通过零距离、面对面地对工业企业"把脉问诊"、对症下药，其目的就是推广经过检验并被证明确实有效的绿色技术和管理模式，挖掘企业的绿色化提升潜力，促进绿色制造体系的不断完善。

1.2 开展绿色诊断的必要性及意义

完整的工业体系是国家发展的基础，完善的高质量工业体系不仅能够减少工业配套生产成本，有利于生产质优价廉的产品，加强国内产品在国际贸易中的竞争优势，而且在对外贸易竞争和国防安全方面具有重要意义。近年来，我国工业企业在"高质量发展""绿色发展"等政策的指引下，取得了良好态势。2019年，能源消费结构有所改善，煤炭消费量占能源消费总量的57.7%，比上年下降1.5个百分点；天然气、水电、核电、风电等清洁能源消费量占能源消费总量的23.4%，比上年上升1.3个百分点；全国二氧化硫、氮氧化物、化学需氧量、氨氮消费总量同比分别下降4.4、3.5、3.2、3.3个百分点。

但我国的工业发展仍然没有摆脱高投入、高消耗、高排放的粗放模式，资源短缺、环境污染和生态破坏已经成为我国制造行业可持续发展的瓶颈，工业产品尚不能满足消费者的"绿色"需求。2019年，我国工业增加值达到31.71万亿元，占GDP的比重为32%，与此同时，全年能源消费总量为48.6亿吨标准煤，比上年上升3.3个百分点。我国工业企业仍存在诸多劣势，具体表现为，一是粗放模式仍占主导地位，制造行业及其产品的能耗占全国能耗的70%左右，资源问题已经成为瓶颈；二是制造行业资源利用效率与国际先进水平差距较大，单位产品能耗高出国际先进水平20%以上；三是重点工业产品的绿色设计能力薄弱，我国自主品牌的轿车重量比同类先进产品平均重8%~10%，商用车平均重10%~15%；四是制造工艺与装备水平不高，制造过程污染严重；五是工业报废产品再利用率较低，资源化利用过程二次污染严重；六是绿色制造的法律法规和标准规范体系不完善。

1.2.1 开展绿色诊断是实现国家绿色发展战略的有效助力

党的十六大以来，在科学发展观的指导下，党中央相继提出走新型工业化发展道路，发展低碳经济、循环经济，建立资源节约型、环境友好型社会，建设生态文明等新的发展理念和战略举措。党的十七大强调，到2020年要基本形成节约能源资源和保护生态环境的产业结构、生产方式和消费模式。党的十七届五中全会明确要求树立绿色、低碳发展理念，发展绿色经济。"十二五"规划中,"绿色发展"独立成篇,进一步彰显我国推进绿色发展的决心。党的十八大报告中首次单篇论述了"生态文明建设",把可持续发展提升到绿色发展高度。国务院印发的《关于加快推进生态文明建设的意见》中首次将"绿色化"作为"新五化"(新型工业化、信息化、城镇化、农业现代化和绿色化)之一,要求把绿色发展转化为新的综合国力和国际竞争优势,这是我国经济社会发展全方位绿色转型的最新概括和集中体现。党的十九大对生态文明建设提出了一系列新思想、新目标、新要求和新部署,为建设美丽中国提供了根本遵循和行动指南,首次把美丽中国作为建设社会主义现代化强国的重要目标。

绿色发展,就是要发展环境友好型产业,降低能耗和物耗,保护和修复生态环境,发展循环经济和低碳技术,使经济社会发展与自然相协调。绿色发展、循环发展和低碳发展相辅相成、相互促进,共同构成一个有机整体。绿色是发展的全面要求和转型主线,循环是提高资源利用效率的途径,低碳是能源战略调整。三者的目标都是形成节约资源能源和保护生态环境的产业结构、生产方式和消费模式,促进生态文明建设。从内涵上看,绿色发展更为宽泛,涵盖循环发展和低碳发展的核心内容,循环发展和低碳发展是绿色发展的重要路径和形式,因此,可以用绿色发展统一表述。绿色发展是经济社会发展到一定阶段的必然选择。当今世界,各国都在积极追求绿色、智能、可持续发展,绿色已经成为世界发展的潮流和趋势。特别是进入21世纪以来,绿色经济、循环经济、低碳经济等概念纷纷提出并付诸实践。绿色经济或绿色发展的内涵并非一成不变,但其核心目的都是为了突破资源环境承载力的制约,谋求经济增长与资源环境消耗的和谐统一,实现发展与环境的双赢。

开展绿色诊断,有利于先进绿色技术和发展经验的推广,以先进带动后进,加快缩小地域之间的绿色发展不平衡差距,促进全国绿色发展的整体水平平稳提升。

1.2.2 开展绿色诊断是企业实现高质量发展的重要手段

近年来,全球信息技术、生物技术、新能源、新材料等领域的颠覆性技术不断涌现,各国积极布局应对新一轮产业革命,全球产业版图正在加速重构。从美国的"再工业化"与"制造行业回归"到德国的"工业4.0",再到日本的"第四次产业革命",实质上都是帮助本国企业在新一轮产业革命中抢占制高点,而其"假想敌"无一不瞄准近年来实力飞速提升的中国企业。面对日趋严峻的全球产业竞争形势,推动高质量发展既是保持中国经济持续健康发展、全面建成小康社会的必然要求,也是国内企业在当前形势下思考自身战略定位和发展道路的根本出发点。绿色发展是对工业技术创新、资源利用、要素配置、生产方式、组织管理、体制机制的一次全面、深刻的变革,工业的高质量发展离不开工业的绿

第 1 章 绿色诊断概述

色发展，通过绿色诊断，可以有效提高资源利用效率、减少对环境的负面影响、改善工业的整体技术水平。

1.2.3 开展绿色诊断是提高企业竞争力的有力途径

在与世界一流跨国企业的市场竞争中我们愈发深刻地认识到，企业规模体量、整体实力的快速增长不能掩盖核心竞争力的差距，缺乏过硬的核心技术、拳头产品和创新型的商业模式始终是摆在企业面前、制约发展质量提升的关键掣肘。随着人们环境意识的不断增强，环保、绿色的品牌形象成为企业竞争力的核心内容之一。

实现经济、社会和环境效益的统一，提高企业的市场竞争力，是企业的根本要求。绿色发展的本质是在产品全生命周期的各个阶段，通过技术创新及系统优化实现对环境影响最小、资源利用效率最高这两个终极目标，这是一个系统性工程，一方面它提倡通过绿色设计、工艺改进、回收利用等途径，节能降耗、减排增效，从而提升企业技术水平和产品质量，降低生产成本，提高经济、社会和环境效益；另一方面它也注重提高企业管理水平，提高包括管理人员、工程技术人员、操作工人在内的所有员工的环境意识、参与管理意识、经济观念、技术水平、职业道德等方面的素质。同时，绿色发展关注职业安全健康问题，可有效改善员工劳动环境和操作条件，为企业树立良好的社会形象，促进公众对其产品的支持，提高企业市场竞争力。

1.3 绿色诊断的法律法规与标准

2019 年 5 月 16 日，工业和信息化部印发了《工业节能诊断服务行动计划》，其中明确指出：工业节能诊断是对企业工艺技术装备、能源利用效率、能源管理体系开展的全面诊断，有利于帮助企业发现用能问题、查找节能潜力、提升能效和节能管理水平。"十三五"时期以来，通过健全节能政策法规、完善标准体系、强化节能监管、推动节能技术改造，企业能效水平持续提升，部分行业的先进企业能效已达到国际先进水平。但受节能意识薄弱、技术力量不足、管理体系不健全等因素的影响，不同地区、行业间的企业能效水平差距依然较大，企业进一步节能降耗、减排增效的需求十分迫切。

绿色诊断是工业节能诊断理念上的升华，不仅限于节能诊断，精益生产诊断、绿色制造体系诊断、清洁生产诊断等也是绿色诊断不可或缺的方面。通过对企业节能诊断及潜力分析、绿色制造体系诊断及提升分析、清洁生产诊断及改造分析等多个方面入手，开展节能绿色诊断，帮助企业查找节能、绿色制造体系及清洁生产方面存在的问题，针对性地提升路径和改善方案，帮助企业解决能源及环保问题、推动绿色技术改造、提高制造技术绿色化率、提高制造过程绿色化率、降低绿色制造资源环境影响度。

在绿色诊断的过程中，需要依照国家相关法律法规及标准进行对标，本节列举了现行的部分主要法律法规和标准，以便在开展绿色诊断过程中进行参照对比，有效促进企业高质量发展。

1.3.1 绿色诊断的法律法规

1.3.1.1 《中华人民共和国节约能源法》

《中华人民共和国节约能源法》是为了推动全社会节约能源，提高能源利用效率，保护和改善环境，促进经济社会全面协调可持续发展而制定的。

1. 主要内容

《中华人民共和国节约能源法》主要分为七大内容。

第一章　总则

第二章　节能管理

第三章　合理使用与节约能源

第四章　节能技术进步

第五章　激励措施

第六章　法律责任

第七章　附则

2. 部分重要条款

第三条

本法所称节约能源（以下简称节能），是指加强用能管理，采取技术上可行、经济上合理以及环境和社会可以承受的措施，从能源生产到消费的各个环节，降低消耗、减少损失和污染物排放、制止浪费，有效、合理地利用能源。

第四条

节约能源是我国的基本国策。国家实施节约与开发并举、把节约放在首位的能源发展战略。

第十六条

国家对落后的耗能过高的用能产品、设备和生产工艺实行淘汰制度。淘汰的用能产品、设备、生产工艺的目录和实施办法，由国务院管理节能工作的部门会同国务院有关部门制定并公布。

生产过程中耗能高的产品的生产单位，应当执行单位产品能耗限额标准。对超过单位产品能耗限额标准用能的生产单位，由管理节能工作的部门按照国务院规定的权限责令限期治理。

对高耗能的特种设备，按照国务院的规定实行节能审查和监管。

第十七条

禁止生产、进口、销售国家明令淘汰或者不符合强制性能源效率标准的用能产品、设备；禁止使用国家明令淘汰的用能设备、生产工艺。

第五十二条

国家加强对重点用能单位的节能管理。

下列用能单位为重点用能单位：

（一）年综合能源消费总量一万吨标准煤以上的用能单位；

（二）国务院有关部门或者省、自治区、直辖市人民政府管理节能工作的部门指定的年综合能源消费总量五千吨以上不满一万吨标准煤的用能单位。

重点用能单位节能管理办法，由国务院管理节能工作的部门会同国务院有关部门制定。

第五十三条

重点用能单位应当每年向管理节能工作的部门报送上年度的能源利用状况报告。能源利用状况包括能源消费情况、能源利用效率、节能目标完成情况和节能效益分析、节能措施等内容。

第五十四条

管理节能工作的部门应当对重点用能单位报送的能源利用状况报告进行审查。对节能管理制度不健全、节能措施不落实、能源利用效率低的重点用能单位，管理节能工作的部门应当开展现场调查，组织实施用能设备能源效率检测，责令实施能源审计，并提出书面整改要求，限期整改。

第五十五条

重点用能单位应当设立能源管理岗位，在具有节能专业知识、实际经验以及中级以上技术职称的人员中聘任能源管理负责人，并报管理节能工作的部门和有关部门备案。

能源管理负责人负责组织对本单位用能状况进行分析、评价，组织编写本单位能源利用状况报告，提出本单位节能工作的改进措施并组织实施。

能源管理负责人应当接受节能培训。

3．新版《中华人民共和国节约能源法》解读

一是新版《中华人民共和国节约能源法》再次明确了节约能源是我国的基本国策，把节约放在首位的能源发展战略。国务院和县级以上地方人民政府应当将节能工作纳入国民经济和社会发展规划，全面部署、统筹、推动节能工作。要求县级以上地方人民政府每年向同级人民代表大会报告节能工作，省级人民政府每年向国务院报告节能目标责任制的履行情况，实行节能目标责任制和节能评价考核制度，将节能目标的完成情况和节能措施的落实情况纳入政府绩效考核管理。

二是新版《中华人民共和国节约能源法》健全了节能标准体系和监管制度。节能标准既是企业实施节能管理的基础，又是政府加强节能监管的依据。制定强制性的用能产品（设备）能效标准、高耗能产品单位能耗限额标准，健全建筑节能标准、交通运输营运车船的燃料消耗限值标准等，从源头上控制能源消耗，遏制浪费能源行为。对不符合能效标准的用能产品（设备）实行淘汰制度；禁止生产高耗能产品，如果能耗超过限额，则必须限期治理；禁止销售和进口不符合能效标准的用能产品（设备）；不符合有关节能标准的建筑项目不准开工建设，对已开工建设的建筑项目开展执行节能标准情况的检查，已经建成但没有达到节能标准的建筑不得办理竣工验收手续。

三是新版《中华人民共和国节约能源法》明确了行业主管部门对行业内节能监督管理的责任。对建筑节能、公共节能、交通运输节能、农业和农村节能、公共机构节能等工作提出了高要求，给出了确定重点用能单位的标准：年综合能源消费总量在一万吨标准煤以上的用能单位；国务院有关部门或省、自治区、直辖市人民政府管理节能工作的部门指定的年综合能源消费总量在五千吨标准煤以上一万吨标准煤以下的用能单位。

四是新版《中华人民共和国节约能源法》更加注重发挥市场调节与政府管理的有机结合。一方面，注重发挥经济手段和市场经济规律在节能管理中的作用，对列入推广目录的节能技术和产品实行税收优惠，通过财政补贴或税收扶持政策，支持节能照明器具等的推广和使用；实行有利于节能的税收政策，健全矿产能源有偿使用制度，提高能源开采利用水平；运用关税等有关政策，鼓励进口先进的节能技术和设备，控制耗能高、污染重的产品出口；中央和省级财政设立节能专项资金，鼓励多渠道筹集节能资金，支持节能技术研究开发、示范与推广，以及重点节能工程的实施等；制定节能政府采购清单，通过政府采购政策促进节能；引导金融机构增加对节能项目的信贷支持，为符合条件的节能技术改造等项目提供优惠贷款；实行峰谷电价、差别电价等有利于节能的价格政策，鼓励实施热电联产和利用余热余压发电、供热。另一方面，规定了一些强制性的节能管理措施。例如，生产高耗能产品必须符合单位能耗限额标准；对家用电器等使用面广、耗能量大的用能产品（设备），实行能源效率标识管理，生产或进口列入推广目录的用能产品（设备）必须标注能效标识；对重点用能单位能源利用状况报告进行审查，对节能管理制度不健全、节能措施不落实、能源利用效率低的重点用能单位实施强制性能源审计等。

五是新版《中华人民共和国节约能源法》明确了节能管理和监督主体，增强了法律责任。为了加强节能监管工作，新版《中华人民共和国节约能源法》规定，县级以上地方人民政府要明确管理节能工作的部门，政府其他有关部门依法履行与节能有关的监督管理职责，以确保法律规定的节能制度和措施有人抓，违法用能行为有人查；通过加大处罚力度、强化政府法律责任等手段，让心存侥幸者心生畏惧，让违法乱纪者付出代价。

4. 绿色诊断重点关注内容

《中华人民共和国节约能源法》提出了多项主要制度，分别为：①节能目标责任和节能考核评价制度；②固定资产投资项目节能评估和审查制度；③落后高耗能产品、设备和生产工艺淘汰制度；④重点用能单位节能管理制度；⑤能效标识管理制度；⑥节能表彰奖励制度等。

因此，在绿色诊断过程中需要重点关注工业企业对上述制度的执行落实情况，确保企业能源管理活动充分考虑节能，相关管理制度符合法律法规的要求。

1.3.1.2 《中华人民共和国清洁生产促进法》

为促进清洁生产，提高资源利用效率，减少和避免污染物的产生，保护和改善环境，保障人体健康，促进经济与社会可持续发展，制定了《中华人民共和国清洁生产促进法》（以下简称《清洁生产促进法》）。

1. 主要内容

第一章　总则

第二章　清洁生产的推行

第三章　清洁生产的实施

第四章　鼓励措施

第五章　法律责任

第六章　附则

2. 部分重要条款

第二条

本法所称清洁生产，是指不断采取改进设计、使用清洁的能源和原材料、采用先进的工艺技术与设备、改善管理、综合利用等措施，从源头削减污染，提高资源利用效率，减少或者避免生产、服务和产品使用过程中污染物的产生和排放，以减轻或者消除对人类健康和环境的危害。

第十八条

新建、改建和扩建项目应当进行环境影响评价，对原材料使用、资源消耗、资源综合利用以及污染物产生与处置等进行分析论证，优先采用资源利用效率高以及污染物产生量少的清洁生产技术、工艺和设备。

第十九条

企业在进行技术改造过程中，应当采取以下清洁生产措施：

（一）采用无毒、无害或者低毒、低害的原材料，替代毒性大、危害严重的原材料；

（二）采用资源利用效率高、污染物产生量少的工艺和设备，替代资源利用效率低、污染物产生量多的工艺和设备；

（三）对生产过程中产生的废物、废水和余热等进行综合利用或者循环使用；

（四）采用能够达到国家或者地方规定的污染物排放标准和污染物排放总量控制指标的污染防治技术。

第二十条

产品和包装物的设计，应当考虑其在生命周期中对人类健康和环境的影响，优先选择无毒、无害、易于降解或者便于回收利用的方案。

企业对产品的包装应当合理，包装的材质、结构和成本应当与内装产品的质量、规格和成本相适应，减少包装性废物的产生，不得进行过度包装。

第二十八条

本法第二十七条第二款规定以外的企业，可以自愿与清洁生产综合协调部门和环境保护部门签订进一步节约资源、削减污染物排放量的协议。该清洁生产综合协调部门和环境保护部门应当在本地区主要媒体上公布该企业的名称以及节约资源、防治污染的成果。

3.《清洁生产促进法》解读

1）加快实施《清洁生产促进法》的意义

（1）有助于履行社会责任，推动生态文明建设，促进可持续发展。

当今日益加重的环境污染与危害是严重影响中国甚至世界政治、经济、安全、生存的重大问题，推行清洁生产、解决环境压力已成为全球实现可持续发展的共同选择。我国颁布了《清洁生产促进法》，把经济和社会的可持续发展用法律形式加以固定，旨在通过明确工作职责、奖惩措施、法律责任等强化社会责任的履行，进而推动全社会从源头削减控制污染，提高资源利用效率，减少或避免生产、服务和产品使用过程中污染物的产生和排放，保护和改善生态环境，促进经济与社会的可持续发展。

（2）有助于完善结构调整，转变经济增长方式，促进可持续发展。

推行清洁生产就是用一种新的创造性理念，将整体预防的环境战略持续应用于生产、服务和产品使用过程，改变以牺牲环境为代价的、传统的粗放型经济发展模式，依靠科技进步与创新完善结构调整，提升行业生产工艺技术水平、员工素质及管理水平，使资源得到充分利用，环境得到根本改善，从而达到环境效益与经济效益统一的目的。因此，加快实施《清洁生产促进法》有助于推广应用先进生产技术，推进产品升级和产业结构优化。实现节能减排目标、转变经济增长方式，是实施可持续发展必不可少的重要手段。

2）《清洁生产促进法》重点修订的条款内容

（1）强化了政府推进清洁生产的工作职责。

《清洁生产促进法》从 2003 年正式实施后，国务院进行了两次机构改革，客观上导致了部门职责与法律法规的不协调，职能和责任不清，分工不明确，在一定程度上影响了法律法规的贯彻实施。2012 年新修订的《清洁生产促进法》将这一问题作为重点加以解决，进一步明确了政府推进清洁生产的工作职责：一是按照国务院部门现行职责分工，明确国务院清洁生产综合协调部门负责组织、协调全国的清洁生产促进工作，国务院环境保护、工业、科学技术、财政和其他有关部门，按照各自职责，负责相关的清洁生产促进工作。二是针对地方政府负责清洁生产工作部门不一致的情况，规定由县级以上地方人民政府确定的负责清洁生产综合协调的部门负责组织、协调本行政区域内的清洁生产促进工作。在明确政府工作职责时，更加注重突出职能要求、弱化部门名称，以保持法律法规执行主体名称的相对稳定。

（2）扩大了对企业实施强制性清洁生产的审核范围。

清洁生产审核制度，是企业实施清洁生产、节能降耗、减排增效的一个重要手段。修订前的《清洁生产促进法》仅针对高污染企业提出开展强制性清洁生产审核工作的要求，对高耗能企业没有明确规定，不利于抑制能源的过度消耗。而修订后的《清洁生产促进法》对此进行了补充完善，在保留对原规定的"双超双有"企业依法进行强制性清洁生产审核外，增加了"超过单位产品能源消耗限额标准构成高耗能企业应当实施强制性清洁生产审核"条款。

（3）明确规定了建立清洁生产财政支持资金。

修订前的《清洁生产促进法》对推行清洁生产的激励措施力度小，不利于加快推行清洁生产工作进程。修订后的《清洁生产促进法》加强了财政支持力度，规定中央预算应当加强对清洁生产工作的资金投入，包括中央财政清洁生产专项资金和中央预算安排的其他清洁生产工作的资金，用于支持国家清洁生产推行规划确定的重点领域、重点行业、重点工程实施清洁生产及其技术推广工作，以及生态脆弱地区实施清洁生产的项目。县级以上地方人民政府应当统筹地方财政安排的清洁生产工作的资金，引导社会资金，支持清洁生产重点项目。修订后的《清洁生产促进法》明确要求中央和地方政府均要统筹安排支持推进清洁生产工作的资金。

（4）强化了清洁生产审核法律责任。

修订前的《清洁生产促进法》强制性工作措施力度偏弱，法律责任难以落实。为增强法律法规实施的有效性，修订后的《清洁生产促进法》进一步强化了以下三个方面的法律责任。

一是强化了政府部门不履行职责的法律责任。第三十五条明确规定"清洁生产综合协调部门或者其他有关部门未依照本法规定履行职责的，对直接负责的主管人员和其他直接责任人员依法给予处分。"由此，要求负责推进清洁生产的主管部门和主管人员必须认真履行工作职责，加强清洁生产审核工作，否则将承担一定的法律责任。

二是强化了企业开展强制性清洁生产审核的法律责任。第三十六条规定"未按照规定公布能源消耗或者重点污染物产生、排放情况的，由县级以上地方人民政府负责清洁生产综合协调的部门、环境保护部门按照职责分工责令公布，可以处十万元以下的罚款。"第三十九条规定"不实施强制性清洁生产审核或者在清洁生产审核中弄虚作假的，或者实施强制性清洁生产审核的企业不报告或者不如实报告审核结果的，由县级以上地方人民政府负责清洁生产综合协调的部门、环境保护部门按照职责分工责令限期改正；拒不改正的，处以五万元以上五十万元以下的罚款。"明确指出，企业不按照《清洁生产促进法》实施强制性清洁生产审核，将依法进行惩处。

三是强化了评估验收部门、单位及其工作人员的法律责任。第三十九条规定"承担评估验收工作的部门或者单位及其工作人员向被评估验收企业收取费用的，不如实评估验收或者在评估验收中弄虚作假的；或者利用职务上的便利谋取利益的，对直接负责的主管人员和其他直接责任人员依法给予处分；构成犯罪的，依法追究刑事责任。"由此，要求开展清洁生产审核咨询服务的单位必须遵循公平公正的原则，认真负责地帮助企业开展清洁生产审核，违反法律法规的将承担法律责任。

（5）强化了政府监督与社会监督作用。

修订后的《清洁生产促进法》除强化了政府有关部门对企业实施强制性清洁生产审核的监督责任之外，还进一步强化了社会监督作用，明确要求实施强制性清洁生产审核的企业，应当将审核结果向所在地县级以上地方人民政府负责清洁生产综合协调的部门、环境保护部门报告，并在主要媒体上公布，接受公众监督（涉及商业秘密的除外）。

4．绿色诊断重点关注内容

《清洁生产促进法》明确了工业企业开展清洁生产的重要性，在本法中提出了以下三种要求。

指导性要求：有关建设、设计活动应优先考虑清洁生产；企业进行技术改造时应采用清洁生产措施，一般企业开展清洁生产审核等。

自愿性要求：主要鼓励企业自愿实施清洁生产，改善企业及产品形象，相应可依照有关规定得到奖励和享受优惠政策，如企业参加清洁生产自愿行动计划和自愿申请环境管理体系认证等。

强制性要求：规定了企业必须履行的义务，如对部分产品和包装实行标示和强制回收，对污染物超标、使用有毒有害原料或强制排放有毒有害物质的企业实行强制性审核等。

在绿色诊断过程中，重点关注企业开展清洁生产审核的情况，尤其是污染物超标、使用有毒有害原料或强制排放有毒有害物质的企业，依照相关清洁生产标准，对照企业排放指标，给出企业当前的水平，同清洁生产一级指标、二级指标进行对照，通过差距分析和技术可行性论证，发现绿色升级的途径。

1.3.1.3 《固定资产投资项目节能审查办法》

《固定资产投资项目节能审查办法》是为促进固定资产投资项目科学、合理地利用能源，从源头上杜绝能源浪费、提高能源利用效率、加强能源消费总量管理，根据《中华人民共和国节约能源法》《中华人民共和国行政许可法》《公共机构节能条例》制定的。

1. 部分重要条款

第三条

固定资产投资项目节能审查意见是项目开工建设、竣工验收和运营管理的重要依据。政府投资项目，建设单位在报送项目可行性研究报告前，需取得节能审查机关出具的节能审查意见。企业投资项目，建设单位需在开工建设前取得节能审查机关出具的节能审查意见。未按本办法规定进行节能审查，或节能审查未通过的项目，建设单位不得开工建设，已经建成的不得投入生产、使用。

第五条

固定资产投资项目节能审查由地方节能审查机关负责。国家发展改革委核报国务院审批以及国家发展改革委审批的政府投资项目，建设单位在报送项目可行性研究报告前，需取得省级节能审查机关出具的节能审查意见。国家发展改革委核报国务院核准以及国家发展改革委核准的企业投资项目，建设单位需在开工建设前取得省级节能审查机关出具的节能审查意见。

年综合能源消费量在五千吨标准煤以上（改扩建项目按照建成投产后年综合能源消费增量计算，电力折算系数按当量值，下同）的固定资产投资项目，其节能审查由省级节能审查机关负责。其他固定资产投资项目，其节能审查管理权限由省级节能审查机关依据实际情况自行决定。

第六条

年综合能源消费量不满一千吨标准煤,且年电力消费量不满五百万千瓦时的固定资产投资项目,以及用能工艺简单、节能潜力小的行业(具体行业目录由国家发展改革委制定并公布)的固定资产投资项目应按照相关节能标准、规范建设,不再单独进行节能审查。

第七条

建设单位应编制固定资产投资项目节能报告。项目节能报告应包括下列内容:分析评价依据;项目建设方案的节能分析和比选,包括总平面布置、生产工艺、用能工艺、用能设备和能源计量器具等方面;选取节能效果好、技术经济可行的节能技术和管理措施;项目能源消费量、能源消费结构、能源效率等方面的分析;对所在地完成能源消耗总量和强度目标、煤炭消费减量替代目标的影响等方面的分析评价。

第八条

节能审查机关受理节能报告后,应委托有关机构进行评审,形成评审意见,作为节能审查的重要依据。节能审查应依据项目是否符合节能有关法律法规、标准规范、政策;项目用能分析是否客观准确,方法是否科学,结论是否准确;节能措施是否合理可行;项目的能源消费量和能效水平是否满足本地区能源消耗总量和强度"双控"管理要求等对项目节能报告进行审查。

第十三条

对未按本办法规定进行节能审查,或节能审查未获通过,擅自开工建设或擅自投入生产、使用的固定资产投资项目,出节能审查机关责令停止建设或停止生产、使用,限期改造;不能改造或逾期不改造的生产性项目,由节能审查机关报请本级人民政府按照国务院规定的权限责令关闭;并依法追究有关责任人的责任。

以拆分项目、提供虚假材料等不正当手段通过节能审查的固定资产投资项目,由节能审查机关撤销项目的节能审查意见。

未落实节能审查意见要求的固定资产投资项目,节能审查机关责令建设单位限期整改。不能改正或逾期不改正的,节能审查机关按照法律法规的有关规定进行处罚。

负责审批政府投资项目的工作人员,对未进行节能审查或节能审查未获通过的项目,违反本办法规定予以批准的,依法给予处分。

2.《固定资产投资项目节能审查办法》解读

1)下放了节能审查管理权限

根据推进简政放权,做好"放管服"工作的总体要求,下放了原来属于国家发展和改革委员会的部分固定资产投资项目的节能审查管理权限。

修订前的《固定资产投资项目节能评估和审查暂行办法》规定如下。

固定资产投资项目节能审查按照项目管理权限实行分级管理。

国家发展和改革委员会报国务院审批或核准的固定资产投资项目,以及国家发展和改革委员会审批或核准的固定资产投资项目,由国家发展和改革委员会负责节能审查;地方政府或地方发展和改革委员会审批、核准或备案的固定资产投资项目,由地方发展和改革委员会负责节能审查。

修订后的《固定资产投资项目节能审查办法》进行了如下调整。

所有固定资产投资项目的节能审查均由地方节能审查机关负责。

年综合能源消费量在5000吨标准煤以上的固定资产投资项目,其节能审查由省级节能审查机关负责。

其他固定资产投资项目,其节能审查由省级节能审查机关依据实际情况自行决定。

2)放宽了免于节能审查的范围

按照修订前的《固定资产投资项目节能评估和审查暂行办法》要求,所有的固定资产投资项目根据其用能情况,至少需要报送节能登记表、节能评估报告表、节能评估报告书中的一项。修订后的《固定资产投资项目节能审查办法》取消了节能登记表和部分节能潜力小的行业的固定资产投资项目节能审查,提高了需要节能审查的固定资产投资项目的用能起点标准。

修订前的《固定资产投资项目节能评估和审查暂行办法》要求如下。

用能0~1000吨标准煤的固定资产投资项目填写节能登记表。

用能1000~3000吨标准煤或年电力消费量200万~500万千瓦时,或者年石油消费量500~1000吨,或者年天然气消费量50万~100万立方米的固定资产投资项目编制节能评估报告表。

用能在3000吨标准煤以上或年电力消费量在500万千瓦时以上,或者年石油消费量在1000吨以上,或者年天然气消费量在100万立方米以上的固定资产投资项目编制节能评估报告书。

修订后的《固定资产投资项目节能审查办法》要求如下。

年综合能源消费量不满1000吨标准煤的固定资产投资项目,年电力消费量不满500万千瓦时的固定资产投资项目及用能工艺简单、节能潜力小的行业(具体行业目录由国家发展和改革委员会制定并公布)的固定资产投资项目应按照相关节能标准、规范建设,不再单独进行节能审查。

其他固定资产投资项目编制项目节能报告。

3）增加了对能耗"双控"目标等的审查

修订后的《固定资产投资项目节能审查办法》在对建设单位的节能报告内容要求和节能审查机关的审查依据中，增加了"项目的实施是否满足本地区能源消耗总量和强度'双控'管理要求"的相关内容，并要求建设单位报告固定资产投资项目对本地区煤炭减量替代目标的影响。

4）弱化了前置审批，强化了过程监督管理

修订后的《固定资产投资项目节能审查办法》取消了"节能评估文件及其审查意见、节能登记表及其登记备案意见作为项目审批、核准或开工建设的前置性条件"的说法，企业的固定资产投资项目只需在开工建设前取得节能审查意见。具体规定如下。

政府的固定资产投资项目，建设单位在报送项目可行性研究报告前，需取得节能审查机关出具的节能审查意见。

企业的固定资产投资项目，建设单位需在开工建设前取得节能审查机关出具的节能审查意见。

修订后的《固定资产投资项目节能审查办法》增加了项目投产前对节能审查意见落实情况进行验收的要求，增加了节能审查纳入项目在线水平监管平台统一管理、实现审查过程、结果的可查询、要求的可监督，增加了对节能审查信息进行统计分析、强化事中事后监管的要求，增加了国家发展和改革委员会对各地节能审查实施情况进行定期巡查、不定期抽查的要求。

修订后的《固定资产投资项目节能审查办法》更加注重对节能审查意见的监督、检查，有效克服了过去节能审查"重审批，轻落实"的现象，切实将节能审查的作用、效果落到实处。

3. 绿色诊断重点关注内容

根据《固定资产投资项目节能审查办法》，企业在实施新改扩项目规程中，对于符合要求的，需要进行节能审查，重点关注项目是否符合节能有关法律法规、标准规范、政策；项目用能分析是否客观准确、方法是否科学、结论是否准确；节能措施是否合理可行；项目的能源消费量和能效水平是否满足本地区能源消耗总量和强度"双控"管理要求等。

1.3.1.4　《工业和信息化部办公厅关于开展绿色制造体系建设的通知》

为贯彻落实《绿色制造工程实施指南（2016—2020年）》，加快推进绿色制造，工业和信息化部于2016年9月20日发布《工业和信息化部办公厅关于开展绿色制造体系建设的通知》（工信厅节函〔2016〕586号），目标为全面统筹推进绿色制造体系建设，到2020年，绿色制造体系初步建立，绿色制造相关标准体系和评价体系基本建成，在重点行业出台100

项绿色设计产品评价标准、10~20项绿色工厂标准，建立绿色园区、绿色供应链标准，发布绿色制造第三方评价实施规则、程序，制定第三方评价机构管理办法，遴选一批第三方评价机构，建设百家绿色园区和千家绿色工厂，开发万种绿色产品，创建绿色供应链，绿色制造市场化推进机制基本完成，逐步建立集信息交流传递、示范案例宣传等为一体的线上绿色制造公共服务平台，培育一批具有特色的专业化绿色制造服务机构。

1. 建设内容

1）*绿色工厂*

绿色工厂是制造行业的生产单元，是绿色制造的实施主体，属于绿色制造体系的核心支撑单元，侧重于生产过程的绿色化。加快创建具备用地集约化、生产洁净化、废物资源化、能源低碳化等特点的绿色工厂。优先在钢铁、有色金属、化工、建材、机械制造、汽车、轻工、食品、纺织、医药、电子信息等重点行业选择一批工作基础好、代表性强的企业开展绿色工厂创建，采用绿色建筑技术建设改造厂房，预留可再生能源应用场所和设计负荷，合理布局厂区内能量流、物质流路径，推广绿色设计和绿色采购，开发生产绿色产品，采用先进适用的清洁生产工艺技术和高效末端治理装备，淘汰落后设备，建立资源回收循环利用机制，推动用能结构优化，实现工厂的绿色发展。

2）*绿色产品*

绿色产品是以绿色制造实现供给侧结构性改革的最终体现，侧重于产品全生命周期的绿色化。积极开展绿色设计示范试点，按照产品全生命周期的理念，在产品设计开发阶段系统考虑原料选用、生产、销售、使用、回收、处理等各个环节对资源环境造成的影响，实现产品对能源和资源消耗最低化、生态环境影响最小化、可再生率最大化。选择量大面广、与消费者紧密相关、条件成熟的产品，应用产品轻量化、模块化、集成化、智能化等绿色设计共性技术，采用高性能、轻量化、绿色环保的新材料，开发具有无害化、节能、环保、高可靠性、长寿命和易回收等特性的绿色产品。关于绿色产品的通用评价方法见《生态设计产品评价通则》（GB/T 32611），评价要求见《生态设计产品评价规范》（GB/T 32163）。

3）*绿色园区*

绿色园区是突出绿色理念和要求的生产企业和基础设施集聚的平台，侧重于园区内工厂之间的统筹管理和协同链接。推动园区绿色化，在园区规划、空间布局、产业链设计、能源和资源利用、基础设施、生态环境、运行管理等方面贯彻资源节约和环境友好理念，从而实现具备布局集聚化、结构绿色化、链接生态化等特色的绿色园区。从国家级和省级产业园区中选择一批工业基础好、基础设施完善、绿色水平高的园区，加强土地节约集约化利用水平，推动基础设施的共建共享，在园区层级加强余热余压废热资源的回收利用和水资源循环利用，建设园区智能微电网，促进园区内企业废物资源交换利用，完善园区内产业的绿色链条，推进园区信息、技术服务平台建设，推动园区内企业开发绿色产品、主导产业创建绿色工厂，龙头企业建设绿色供应链，实现园区整体的绿色发展。

4）绿色供应链

绿色供应链是绿色制造理论与供应链管理技术结合的产物，侧重于供应链上企业的协调与协作。要打造绿色供应链，企业应建立以资源节约、环境友好为导向的采购、生产、营销、回收及物流体系，推动上下游企业共同提升资源利用效率，改善环境绩效，达到资源利用高效化、环境影响最小化、链上企业绿色化的目的。在汽车、电子电器、通信、机械制造、大型成套装备等行业选择一批代表性强、行业影响力大、经营实力雄厚、管理水平高的龙头企业，按照产品全生命周期理念，加强供应链上下游企业间的协调与协作，发挥龙头企业的引领带动作用，确立企业可持续的绿色供应链管理战略，实施绿色伙伴式供应商管理，优先纳入绿色工厂为供应商采购绿色产品，强化绿色生产，建设绿色回收体系，搭建供应链绿色信息管理平台，带动上下游企业实现绿色发展。

2.《工业和信息化部办公厅关于开展绿色制造体系建设的通知》解读

绿色制造体系建设主要包括绿色工厂、绿色产品、绿色园区、绿色供应链、绿色制造标准体系、绿色制造评价机制和绿色制造服务平台等内容。其中，绿色工厂、绿色产品、绿色园区、绿色供应链是绿色制造体系建设的主要内容，在建设中各有侧重，协同推进。绿色工厂是制造行业的生产单元，是绿色制造的实施主体，属于绿色制造体系建设的核心支撑单元，侧重于生产过程的绿色化；绿色产品是以绿色制造实现供给侧结构性改革的最终体现，侧重于产品全生命周期的绿色化；绿色园区是突出绿色理念和要求的生产企业和基础设施集聚的平台，侧重于园区内工厂之间的统筹管理和协同链接；绿色供应链是绿色制造理论与供应链管理技术结合的产物，侧重于供应链上企业的协调与协作。

3. 绿色制造体系建设重点关注内容

绿色工厂：重点从厂房集约化、原料无害化、生产洁净化、废物资源化、能源低碳化对企业创建绿色工厂的情况进行分析。引导企业按照绿色工厂建设标准建造、改造和管理厂房，集约利用厂区。鼓励企业使用清洁原料，对各种物料严格分选、分别堆放，避免污染。鼓励企业优先选用先进的清洁生产技术和高效末端治理装备，推动水、气、固体污染物资源化和无害化利用，降低厂区环境噪声、振动及污染物排放，营造良好的职业卫生环境。鼓励企业提高工厂清洁和可再生能源的使用比例，建设厂区光伏电站、储能系统、智能微电网和能管中心。

绿色产品：重点关注企业是否按照产品全生命周期理念绿色管理，是否遵循能源和资源消耗最低化、生态环境影响最小化、可再生率最大化原则，是否加快开发具有无害化、节能、环保、低耗、高可靠性、长寿命和易回收等特性的绿色产品。

绿色园区：重点关注园区在企业集聚化发展、产业生态链接、服务平台建设相关情况，推进绿色园区建设。对工业用地布局和结构、土地节约集约化利用水平进行考量。对园区余热余压废热资源回收利用，热电联产、分布式能源及光伏储能一体化系统应用，水资源循环利用，推动供水、污水等基础设施绿色化改造，园区内企业之间废物的交换利用等方面进行系统分析。

绿色供应链：重点关注企业在以资源节约、环境友好为导向建立的采购、生产、营销、回收及物流体系，关注企业贯彻产品全生命周期理念的情况，确保企业供应链协调与协作。关注企业实施可持续的绿色供应链管理战略、打造绿色回收体系、搭建供应链绿色信息管理平台、带动上下游企业实现绿色发展的情况。

1.3.1.5 部分法律法规清单

常用法律法规清单和行业准入条件清单如表1.1与表1.2所示。

表1.1 常用法律法规清单

名　　称	发　布　机　构	实施时间
《中华人民共和国节约能源法》	全国人民代表大会常务委员会	2018-10-26
《中华人民共和国可再生能源法》	全国人民代表大会常务委员会	2006-1-1
《中华人民共和国清洁生产促进法》	全国人民代表大会常务委员会	2012-7-1
《中华人民共和国循环经济促进法》	全国人民代表大会常务委员会	2018-10-26
《中华人民共和国计量法》	全国人民代表大会常务委员会	2018-10-26
《中华人民共和国环境保护法》	全国人民代表大会常务委员会	2015-1-1
《中华人民共和国水污染防治法》	全国人民代表大会常务委员会	2018-1-1
《中华人民共和国大气污染防治法》	全国人民代表大会常务委员会	2018-10-26
《中华人民共和国环境噪声污染防治法》	全国人民代表大会常务委员会	2018-12-29
《中华人民共和国环境影响评价法》	全国人民代表大会常务委员会	2018-12-29
《再生资源回收管理办法》	商务部 国家发展和改革委员会 公安部 建设部 国家工商行政管理总局 国家环境保护总局	2007-5-1
《重点用能单位节能管理办法》	国家发展和改革委员会 科学技术部 中国人民银行 国务院国有资产监督管理委员会 国家市场监督管理总局 国家统计局 中国证券监督管理委员会	2018-5-1
《节能监察办法》	国家发展和改革委员会	2016-3-1

续表

名　　称	发 布 机 构	实施时间
《固定资产投资项目节能审查办法》	国家发展和改革委员会	2017-1-1
《节约用电管理办法》	国家经济贸易委员会 国家发展计划委员会	2000-12-29
《国务院批转节能减排统计监测及考核实施方案和办法的通知》	国务院	2007-11-17
《万家企业节能低碳行动实施方案》	国家发展和改革委员会	2011-12-7
《中华人民共和国国民经济和社会发展第十三个五年规划纲要》	国务院	2016-3-16
《国家发展和改革委员会办公厅关于印发万家企业节能目标责任考核实施方案通知》	国家发展和改革委员会	2012-7-11
《重点用能单位能源利用状况报告制度实施方案》	国家发展和改革委员会	2008-6-6
《中国节能产品认证管理办法》	国家经济贸易委员会	1999-2-11
《能源效率标识管理办法》	国家发展和改革委员会 国家质量监督检验检疫总局	2016-6-1
《能源计量监督管理办法》	国家质量监督检验检疫总局	2010-11-1
《合同能源管理项目财政奖励资金管理暂行办法》	财政部 国家发展和改革委员会	2010-6-3
《重点用能单位能源计量审查规范》	国家质量监督检验检疫总局	2012-11-3
《电力供应及使用条例》	国务院	1996-9-1
《工业和信息化部关于进一步加强工业节能工作的意见》	工业和信息化部	2012-7-11
《工业和信息化部关于有色金属工业节能减排的指导意见》	工业和信息化部	2013-2-17
《"十三五"节能减排综合工作方案》	国务院	2016-12-20
《节能低碳技术推广管理暂行办法》	国家发展和改革委员会	2014-1-6
《节能减排补助资金管理暂行办法》	财政部	2020-1-22
《电力需求侧管理办法》	国家发展和改革委员会 工业和信息化部 财政部 住房和城乡建设部 国务院国有资产监督管理委员会 国家能源局	2017-9-20
《"十三五"节能环保产业发展规划》	国家发展和改革委员会 科学技术部 工业和信息化部 环境保护部	2016-12-22
《工业节能管理办法》	工业和信息化部	2016-6-30
《能源标准化管理办法》	国家能源局	2019-4-18
《高耗能落后机电设备（产品）淘汰目录（第一批）》	工业和信息化部	2009-12-4
《高耗能落后机电设备（产品）淘汰目录（第二批）》	工业和信息化部	2012-4-1
《高耗能落后机电设备（产品）淘汰目录（第三批）》	工业和信息化部	2014-3-2
《高耗能落后机电设备（产品）淘汰目录（第四批）》	工业和信息化部	2016-2
《节能机电设备（产品）推荐目录（第一批）》	工业和信息化部	2009-1
《节能机电设备（产品）推荐目录（第二批）》	工业和信息化部	2010-8
《节能机电设备（产品）推荐目录（第三批）》	工业和信息化部	2011-12

续表

名　　　称	发 布 机 构	实施时间
《节能机电设备（产品）推荐目录（第四批）》	工业和信息化部	2013-2
《节能机电设备（产品）推荐目录（第五批）》	工业和信息化部	2014-11
《节能机电设备（产品）推荐目录（第六批）》	工业和信息化部	2015-11
《节能机电设备（产品）推荐目录（第七批）》	工业和信息化部	2016-11
《工业领域节能减排电子信息应用技术导向目录（第一批）》	工业和信息化部	/
《工业领域节能减排电子信息应用技术导向目录（第二批）》	工业和信息化部	2013-2-1
《国家重点节能技术推广目录（第一批）》	国家发展和改革委员会	2008-5-29
《国家重点节能技术推广目录（第二批）》	国家发展和改革委员会	2009-12-31
《国家重点节能技术推广目录（第三批）》	国家发展和改革委员会	2010-11-29
《国家重点节能技术推广目录（第四批）》	国家发展和改革委员会	2011-12-30
《国家重点节能技术推广目录（第五批）》	国家发展和改革委员会	2012-12-13
《国家重点节能技术推广目录（第六批）》	国家发展和改革委员会	2013-12-1
《国家重点节能技术推广目录（第七批）》	国家发展和改革委员会	2015-12-1

表1.2　行业准入条件清单

序号	名　　　称	发 布 机 构	发布时间
1	镁行业准入条件	工业和信息化部	2011-3-7
2	日用玻璃行业准入条件	工业和信息化部	2011-3-1
3	铸造行业准入条件	工业和信息化部	2013-5-10
4	稀土行业准入条件	工业和信息化部	2012-7-26
5	废轮胎综合利用行业准入条件	工业和信息化部	2012-7-31
6	再生铅行业准入条件	工业和信息化部	2012-8-27
7	废钢铁加工行业准入条件	工业和信息化部	2012-9-28
8	石墨行业准入条件	工业和信息化部	2013-1-1
9	铝行业规范条件	工业和信息化部	2013-7-18
10	建筑卫生陶瓷行业准入标准	工业和信息化部	2014-4-1
11	轮胎行业准入条件	工业和信息化部	2014-10-1
12	钢铁行业规范条件（2015年修订）	工业和信息化部	2015-7-20
13	电镀行业规范条件	工业和信息化部	2015-10-19
14	建筑防水卷材行业准入条件	工业和信息化部	2013-3-1
15	电石行业准入条件	工业和信息化部	2014-2-11
16	焦化行业准入条件（2014年修订）	工业和信息化部	2014-4-1
17	废塑料综合利用行业规范条件	工业和信息化部	2015-12-4
18	玻璃纤维行业准入条件	工业和信息化部	2012-10-1
19	合成氨行业准入条件	工业和信息化部	2012-12-21
20	废矿物油综合利用行业规范条件	工业和信息化部	2015-12-4
21	铅蓄电池行业准入条件	工业和信息化部 环境保护部	2012-5-11

续表

序号	名称	发布机构	发布时间
22	钼行业准入条件	工业和信息化部	2012-7-17
23	铜冶炼行业准入条件	国家发展和改革委员会	2006-7-1
24	锡行业准入条件	国家发展和改革委员会	2007-1-1
25	铅锌行业准入条件	国家发展和改革委员会	2007-3-10
26	平板玻璃行业准入条件	国家发展和改革委员会	2007-9-10
27	氟化氢行业准入条件	工业和信息化部	2011-2-14
28	纯碱行业准入条件	工业和信息化部	2010-6-1
29	黄磷行业准入条件	工业和信息化部	2009-1-1

1.3.2 绿色诊断的标准

本节列举了部分常用的绿色诊断标准及单位产品能源消耗限额国家和行业标准，如表1.3、表1.4和表1.5所示，清洁生产相关标准详见附录C。

表1.3 部分常用的绿色诊断标准

序号	标准编号	名称
1	GB/T 1029—2005	三相同步电机试验方法
2	GB/T 1032—2012	三相异步电动机试验方法
3	GB/T 3926—2007	中频设备额定电压
4	GB/T 5700—2008	照明测量方法
5	GB/T 12452—2008	企业水平衡测试通则
6	GB/T 12497—2006	三相异步电动机经济运行
7	GB/T 13462—2008	电力变压器经济运行
8	GB/T 13466—2006	交流电气传动风机（泵类、空气压缩机）系统经济运行通则
9	GB/T 13469—2008	离心泵、混流泵、轴流泵与旋涡泵系统经济运行
10	GB/T 13470—2008	通风机系统经济运行
11	GB/T 17981—2007	空气调节系统经济运行
12	GB/T 24915—2020	合同能源管理技术通则
13	GB/T 27883—2011	容积式空气压缩机系统经济运行
14	GB/T 29455—2012	照明设施经济运行
15	GB/T 33656—2017	企业能源计量网络图绘制方法
16	GB 50033—2013	建筑采光设计标准
17	GB 50034—2013	建筑照明设计标准
18	GB/T 15913—2009	风机机组与管网系统节能监测
19	GB/T 15945—2008	电能质量 电力系统频率偏差
20	GB/T 16666—2012	泵类液体输送系统节能监测
21	GB/T 22713—2008	不平衡电压对三相笼型感应电动机性能的影响

续表

序号	标准编号	名称
22	GB/T 24489—2009	用能产品能效指标编制通则
23	GB/T 156—2017	标准电压
24	GB/T 762—2002	标准电流等级
25	GB/T 1980—2005	标准频率
26	GB/T 4272—2008	设备及管道绝热技术通则
27	GB/T 21056—2007	风机、泵类负载变频调速节电传动系统及其应用技术条件
28	GB/T 15543—2008	电能质量 三项电压不平衡
29	GB/T 12326—2008	电能质量 电压波动和闪变
30	GB/T 13467—2013	通风机系统电能平衡测试与计算方法
31	GB/T 15320—2001	节能产品评价导则
32	DL/T 396—2010	电压等级代码
33	GB/T 32507—2016	电能质量 术语
34	DL/T 1198—2013	电力系统电能质量技术管理规定
35	DL/T 1208—2013	电能质量评估技术导则 供电电压偏差
36	DL/T 1227—2013	电能质量监测装置技术规范
37	GB 3095—2012	环境空气质量标准
38	GB 8978—1996	污水综合排放标准
39	GB 13271—2014	锅炉大气污染物排放标准
40	GB 16297—1996	大气污染物综合排放标准
41	GB 14554—1993	恶臭污染物排放标准
42	GB 9078—1996	工业炉窑大气污染物排放标准
43	GB 3096—2008	声环境质量标准

表1.4 单位产品能源消耗限额国家标准

序号	标准编号	标准名称
1	GB/T 12723—2013	单位产品能源消耗限额编制通则
2	GB 16780—2012	水泥单位产品能源消耗限额
3	GB 21248—2014	铜冶炼企业单位产品能源消耗限额
4	GB 21249—2014	锌冶炼企业单位产品能源消耗限额
5	GB 21250—2014	铅冶炼企业单位产品能源消耗限额
6	GB 21251—2014	镍冶炼企业单位产品能源消耗限额
7	GB 21252—2013	建筑卫生陶瓷单位产品能源消耗限额
8	GB 21256—2013	粗钢生产主要工序单位产品能源消耗限额
9	GB 21257—2014	烧碱单位产品能源消耗限额
10	GB 21258—2017	常规燃煤发电机组单位产品能源消耗限额
11	GB 21340—2019	玻璃和铸石单位产品能源消耗限额
12	GB 21341—2017	铁合金单位产品能源消耗限额
13	GB 21342—2013	焦炭单位产品能源消耗限额

续表

序号	标准编号	标准名称
14	GB 21343—2015	电石单位产品能源消耗限额
15	GB 21344—2015	合成氨单位产品能源消耗限额
16	GB 21345—2015	黄磷单位产品能源消耗限额
17	GB 21346—2013	电解铝企业单位产品能源消耗限额
18	GB 21347—2012	镁冶炼企业单位产品能源消耗限额
19	GB 21348—2014	锡冶炼企业单位产品能源消耗限额
20	GB 21349—2014	锑冶炼企业单位产品能源消耗限额
21	GB 21350—2013	铜及铜合金管材单位产品能源消耗限额
22	GB 21351—2014	铝合金建筑型材单位产品能源消耗限额
23	GB 21370—2017	炭素单位产品能源消耗限额
24	GB 25323—2010	再生铅单位产品能源消耗限额
25	GB 25324—2014	铝电解用石墨质阴极炭块单位产品能源消耗限额
26	GB 25325—2014	铝电解用预焙阳极单位产品能源消耗限额
27	GB 25326—2010	铝及铝合金轧、拉制管、棒材单位产品能源消耗限额
28	GB 25327—2017	氧化铝单位产品能源消耗限额
29	GB 26756—2011	铝及铝合金热挤压棒材单位产品能源消耗限额
30	GB 29136—2012	海绵钛单位产品能源消耗限额
31	GB 29137—2012	铜及铜合金线材单位产品能源消耗限额
32	GB 29138—2012	磷酸一铵单位产品能源消耗限额
33	GB 29139—2012	磷酸二铵单位产品能源消耗限额
34	GB 29140—2012	纯碱单位产品能源消耗限额
35	GB 29141—2012	工业硫酸单位产品能源消耗限额
36	GB 29145—2012	焙烧钼精矿单位产品能源消耗限额
37	GB 29146—2012	钼精矿单位产品能源消耗限额
38	GB 29413—2012	锗单位产品能源消耗限额
39	GB 29435—2012	稀土冶炼加工企业单位产品能源消耗限额
40	GB 29436.1—2012	甲醇单位产品能源消耗限额 第1部分：煤制甲醇
41	GB 29436.2—2015	甲醇单位产品能源消耗限额 第2部分：天然气制甲醇
42	GB 29436.3—2015	甲醇单位产品能源消耗限额 第3部分：合成氨联产甲醇
43	GB 29436.4—2015	甲醇单位产品能源消耗限额 第4部分：焦炉煤气制甲醇
44	GB 29437—2012	工业冰醋酸单位产品能源消耗限额
45	GB 29438—2012	聚甲醛单位产品能源消耗限额
46	GB 29439—2012	硫酸钾单位产品能源消耗限额
47	GB 29440—2012	炭黑单位产品能源消耗限额
48	GB 29441—2012	稀硝酸单位产品能源消耗限额
49	GB 29442—2012	铜及铜合金板、带、箔材单位产品能源消耗限额
50	GB 29443—2012	铜及铜合金棒材单位产品能源消耗限额
51	GB 29444—2012	煤炭井工开采单位产品能源消耗限额

续表

序号	标 准 编 号	标 准 名 称
52	GB 29445—2012	煤炭露天开采单位产品能源消耗限额
53	GB 29447—2012	多晶硅企业单位产品能源消耗限额
54	GB 29448—2012	钛及钛合金铸锭单位产品能源消耗限额
55	GB 29449—2012	轮胎单位产品能源消耗限额
56	GB 29450—2012	玻璃纤维单位产品能源消耗限额
57	GB 29994—2013	煤基活性炭单位产品能源消耗限额
58	GB 29995—2013	兰炭单位产品能源消耗限额
59	GB 29996—2013	水煤浆单位产品能源消耗限额
60	GB 30178—2013	煤直接液化制油单位产品能源消耗限额
61	GB 30179—2013	煤制天然气单位产品能源消耗限额
62	GB 30180—2013	煤制烯烃单位产品能源消耗限额
63	GB 30181—2013	微晶氧化铝陶瓷研磨球单位产品能源消耗限额
64	GB 30182—2013	摩擦材料单位产品能源消耗限额
65	GB 30183—2013	岩棉、矿渣棉及其制品单位产品能源消耗限额
66	GB 30184—2013	沥青基防水卷材单位产品能源消耗限额
67	GB 30185—2013	铝塑板单位产品能源消耗限额
68	GB 30250—2013	乙烯装置单位产品能源消耗限额
69	GB 30251—2013	炼油单位产品能源消耗限额
70	GB 30526—2019	烧结墙体材料和泡沫玻璃单位产品能源消耗限额
71	GB 30527—2014	聚氯乙烯树脂单位产品能源消耗限额
72	GB 30528—2014	聚乙烯醇单位产品能源消耗限额
73	GB 30529—2014	乙酸乙烯酯单位产品能源消耗限额
74	GB 30530—2014	有机硅环体单位产品能源消耗限额
75	GB 31335—2014	铁矿露天开采单位产品能源消耗限额
76	GB 31336—2014	铁矿地下开采单位产品能源消耗限额
77	GB 31337—2014	铁矿选矿单位产品能源消耗限额
78	GB 31338—2014	工业硅单位产品能源消耗限额
79	GB 31339—2014	铝及铝合金线坯及线材单位产品能源消耗限额
80	GB 31340—2014	钨精矿单位产品能源消耗限额
81	GB 31533—2015	精对苯二甲酸单位产品能源消耗限额
82	GB 31534—2015	对二甲苯单位产品能源消耗限额
83	GB 31535—2015	二甲醚单位产品能源消耗限额
84	GB 31823—2015	集装箱码头单位产品能源消耗限额
85	GB 31824—2015	1,4-丁二醇单位产品能源消耗限额
86	GB 31825—2015	制浆造纸单位产品能源消耗限额
87	GB 31826—2015	聚丙烯单位产品能源消耗限额
88	GB 31827—2015	干散货码头单位产品能源消耗限额
89	GB 31828—2015	甲苯二异氰酸酯单位产品能源消耗限额

续表

序号	标准编号	标准名称
90	GB 31830—2015	二苯基甲烷二异氰酸酯单位产品能源消耗限额
91	GB 32032—2015	金矿开采单位产品能源消耗限额
92	GB 32033—2015	金矿选冶单位产品能源消耗限额
93	GB 32034—2015	金精炼单位产品能源消耗限额
94	GB 32035—2015	尿素单位产品能源消耗限额
95	GB 32044—2015	糖单位产品能源消耗限额
96	GB 32046—2015	电工用铜线坯单位产品能源消耗限额
97	GB 32047—2015	啤酒单位产品能源消耗限额
98	GB 32048—2015	乙二醇单位产品能源消耗限额
99	GB 32050—2015	电弧炉冶炼单位产品能源消耗限额
100	GB 32051—2015	钛白粉单位产品能源消耗限额
101	GB 32053—2015	苯乙烯单位产品能源消耗限额
102	GB 33654—2017	建筑石膏单位产品能源消耗限额
103	GB 35574—2017	热电联产单位产品能源消耗限额
104	GB 36887—2018	合成革单位产品能源消耗限额
105	GB 36888—2018	预拌混凝土单位产品能源消耗限额
106	GB 36889—2018	聚酯涤纶单位产品能源消耗限额
107	GB 36890—2018	日用陶瓷单位产品能源消耗限额
108	GB 36891—2018	莫来石单位产品能源消耗限额
109	GB 36892—2018	刚玉单位产品能源消耗限额
110	GB 38263—2019	水泥制品单位产品能源消耗限额

表 1.5 单位产品能源消耗限额行业标准

序号	标准编号	标准名称
1	HG/T 5008—2016	工业磷酸单位产品能源消耗限额及计算方法
2	HG/T 5009—2016	氢氧化钾单位产品能源消耗限额及计算方法
3	HG/T 5047—2016	复混肥料（复合肥料）单位产品能源消耗限额及计算方法
4	JB/T 12345—2015	铅酸蓄电池单位产品能源消耗限额
5	JB/T 12731—2016	中小电机单位产品能源消耗限额
6	JC/T 2276—2014	建筑石膏单位产品能源消耗限额
7	JC/T 522—2013	岩、矿渣棉单位产品能源消耗限额
8	JC/T 523—2010	纸面石膏板单位产量能源消耗限额
9	NB/Z 42001.1—2012	火力发电设备制造企业单位产品能源消耗限额 第1部分：电站锅炉
10	QB/T 4615—2013	柠檬酸单位产品能源消耗限额
11	QB/T 4616—2013	味精单位产品能源消耗限额
12	QB/T 4667—2014	日用陶瓷单位产品能源消耗限额
13	QB/T 5043—2017	新闻纸单位产品能源消耗限额
14	QB/T 5044—2017	涂布美术印刷纸（铜版纸）单位产品能源消耗限额

续表

序号	标 准 编 号	标 准 名 称
15	YS/T 3007—2012	电加热载金活性炭解吸电解工艺能源消耗限额
16	YS/T 3008—2012	燃油（柴油）加热活性炭再生工艺能源消耗限额
17	YS/T 693—2009	铜精矿生产能源消耗限额
18	YS/T 694.1—2017	变形铝及铝合金单位产品能源消耗限额 第1部分：铸造锭
19	YS/T 694.2—2017	变形铝及铝合金单位产品能源消耗限额 第2部分：板、带材
20	YS/T 694.3—2017	变形铝及铝合金单位产品能源消耗限额 第3部分：箔材
21	YS/T 694.4—2017	变形铝及铝合金单位产品能源消耗限额 第4部分：挤压型材、管材
22	YS/T 708—2009	镍精矿生产能源消耗限额
23	YS/T 709—2009	锡精矿生产能源消耗限额
24	YS/T 748—2010	铅锌矿采、选能源消耗限额
25	YS/T 767—2012	锑精矿单位产品能源消耗限额
26	YS 783—2012	红外锗单晶单位产品能源消耗限额
27	YS/T 945—2013	钽铌精矿单位产品能源消耗限额
28	YS/T 946—2013	钽铌冶炼单位产品能源消耗限额
29	FZ/T 01002—2010	印染企业综合能耗计算办法及基本定额

1.4 绿色诊断的发展

绿色诊断重点从节能诊断及潜力分析、绿色制造体系诊断及提升分析、清洁生产诊断及改造分析三方面入手开展绿色诊断，以节能低碳、清洁生产、绿色设计、资源利用、绿色管理等为主要内容架构，分析企业发展现状，针对性查找企业节能、绿色制造体系及清洁生产方面存在的问题，制定提升路径和方案。因此，我们分别从节能、清洁生产和绿色制造体系三方面阐述绿色诊断的发展历程。

1.4.1 节能方面

出于成本的考虑，人们开始关注节能，随着能源和资源的日益紧缺和温室效应等环境问题的出现，人们逐渐认识到自然资源的有限，各个国家和地区纷纷出台节能政策和法律法规。20世纪70年代中末期，以命令控制型政策为主，经济激励政策为辅，目的是减少能源使用量；1992年之后，以经济激励政策为主，信息宣传手段为辅，目的是减少能源消费、提高能效、控制温室气体排放；21世纪初期，以基于市场的政策手段为主，综合使用多种手段，通过发挥市场机制，控制能源消耗，节能政策更加注重环境因素。

美国是最早制定能源法律的国家之一，法律内容广泛，涵盖范围全面。1975年颁布了《能源政策与节能法》，其核心是能源安全、节能及提高能效；1978年颁布了《国家节能政策法》《能源税法》《公用事业管制政策法》等一系列法律；1987年颁布了《国家电器产品节能法》；1992年颁布了《国家能源法》，这是能源供应和使用的综合性法律文本，也是美国史上第一部能源基本法；2005年颁布了《国家能源法》的修订版本。在美国政府的推动下，美国节能服务产业得以不断扩张、发展，对节能服务企业而言，美国政府是推动者，设定节能改进目标，强制推行最低能效标准，提供财政补贴、税收优惠机理政策；美国政府是引导者，积极促进节能技术研发和应用；美国政府是市场的参与者，提供节能服务企业大约三分之一以上的收益。

日本经过多年的发展，形成了具有权责明确的节能管理机构和健全的节能法律法规体系，在政府"规范、引导、服务、支持"四位一体的管理支持下，日本的节能服务产业形成了相当的市场规模。20世纪70年代末期，日本成立了面向公众的节能专业服务机构，即日本节能中心；2000年后，又成立了多家机构服务不同对象，在核心任务上各有侧重。

我国制定和实施了多项节能政策，明确提出了节能服务产业的相关规定。主要包括《中华人民共和国节能中长期专项规划》《国务院关于做好建设节约型社会近期工作重点的通知》《国务院关于印发节能减排综合性工作方案的通知》、新修订的《中华人民共和国节约能源法》《中国应对气候变化国家方案》《节能减排"十二五"规划》《"十二五"节能环保产业发展规划》《"十二五"建筑节能专项规划》《工业节能"十二五"规划》等。同时，我国制定了多项促进节能服务产业发展的专项政策，2010年和2011年，陆续出台了一系列促进节能服务产业的政策措施，如《关于加快推行合同能源管理促进节能服务产业发展的意见》《合同能源管理项目财政奖励资金管理暂行办法》《关于促进节能服务产业发展增值税、营业税和企业所得税政策问题的通知》等。2019年7月，工业和信息化部印发了《关于组织开展2019年度工业节能诊断服务工作的通知》，同时，结合工业节能与绿色发展工作要求，编制了《工业企业节能诊断服务指南》，鼓励地方开展自主诊断服务，鼓励行业协会、大型企业开展专项诊断服务，鼓励绿色园区、产业聚集区为区域内企业提供全覆盖节能诊断服务，鼓励节能服务机构、节能技术装备生产企业等市场化组织参照节能诊断服务模式，为特定工序环节或工艺装备提供节能诊断分析服务。

1.4.2 清洁生产方面

清洁生产的概念最早可追溯到 1976 年，欧洲共同体在巴黎举行了"无废工艺和无废生产国际研讨会"，会上提出了"消除造成污染的根源"的思想；1979 年 4 月，欧洲共同体理事会宣布推行清洁生产政策。清洁生产是全方位、多角度地实现"清洁的生产"，与末端治理相比，它具有十分丰富的内涵，主要表现如下。

（1）用无污染、少污染的产品替代毒性大、污染重的产品。

（2）用无污染、少污染的能源和原料替代毒性大、污染重的能源和原料。

（3）用消耗少、效率高、无污染、少污染的工艺和设备替代消耗高、效率低、毒性大、污染重的工艺和设备。

（4）最大限度地利用能源和原料，实现物料最大限度的厂内循环。

（5）强化组织管理，减少跑、冒、滴、漏和物料流失。

（6）对必须排放的污染物，采用综合利用措施进行最终处理和处置。

各国由于自身特点开展清洁生产的方法各有不同。

美国国会在 1990 年 10 月通过了《污染预防法》，正式把污染预防作为美国的国家政策，取代了长期采用的末端处理污染控制政策，要求工业企业通过源头削减，包括设备与技术改造、工艺流程改进、产品重新设计、原料替代，以及促进生产各环节的内部管理，减少污染物的排放，并在组织、技术、宏观政策资金方面做了具体的安排。

荷兰吸收了美国的经验，在经济部和环境部的大力支持下，实行了"污染预防项目"，取得了令人瞩目的结果。1988 年秋，荷兰技术评价组织对荷兰企业进行了防止废物产生和排放的大规模清查研究，制定了防止废物产生和排放的政策及采用的技术和方法，并在 10 个企业中进行了预防污染的实践，将其实践结果编制成《防止废物产生和排放手册》，于 1990 年 4 月出版。荷兰将污染预防计划纳入排污许可证制度，鼓励企业选择清洁生产技术，使用污染预防计划，开展清洁生产审计和污染物排放登记。

丹麦注重清洁生产技术的实施，通过原料和物质在社会大生产中的循环利用，将社会生产对环境的总压力降到最低。1991 年 6 月，丹麦颁布了新的丹麦环境保护法，自 1992 年 1 月 1 日起正式执行，这一法律的目标是努力预防对大气、水、土壤和亚土壤的污染，以及振动和噪声带来的危害；减少对原料和其他资源的消耗和浪费；促进清洁生产的推行和物料的循环利用，减少废物处理中出现的问题。对待污染严重的企业，如果需要新建和扩建项目，则必须向环保主管部门申请排污许可证。

法国政府为防止或减少废物的产生制定了采用"清洁工艺"生产生态产品及回收利用和综合利用等一系列政策。法国环境部还设立了专门机构从事这一工作，给清洁生产示范工程补贴10%的投资，给科研的投资高达50%。法国从1980年起设立了奖金，奖励在无废工艺方面做出成绩的企业。

加拿大联邦环境部长政务会于1991年建立全国污染预防办公室，与工业企业共同推进从源头削减污染物的产生与排放的创新行动，为污染物的产生与排放管理确定了新的方向。他们制定了资源和能源保护技术的开发和示范规则，目的是减少污染物的产生与排放，以及废物的循环利用，以促进清洁生产工作的开展。加拿大还开展了"3R"（Reduce, Reuse, Recycle）运动。

我国清洁生产工作最早可追溯到20世纪80年代第一次全国工业污染防治会议。1983年，国务院发布了技术改造结合工业污染防治的有关规定，提出要把工业污染防治作为技术改造的重要内容，通过先进技术，从源头削减污染，提高资源利用效率，减少或避免生产过程中污染物的产生和排放。环境保护部门多年来积极推进工业企业采用先进生产工艺，强化内部环境管理，减少生产过程中的物料流失和污染物的产生，通过物料衡算实现污染物流失总量控制等。1995年以来，清洁生产陆续被写入我国有关的环保法律，一些地方政府和环境保护部门也制定了关于清洁生产的条例和政策，如太原市政府拟定的《太原市清洁生产条例》。经过多年的推进工作，我国清洁生产工作已取得显著成果，制定和发布的行业清洁生产评价指标体系多达50个。

1.4.3 绿色制造体系方面

1.4.3.1 国外绿色制造体系发展现状

当前，世界各国无论是发达国家还是发展中国家，都把发展绿色制造作为赢得未来产业竞争的关键领域，纷纷出台国家战略和计划，强化实施手段。

1. 欧盟实施绿色工业发展计划

欧盟是绿色经济的先行者和倡导者，无论是政策法规领域，还是绿色产业发展实践，欧盟在全球都具有极其重要的影响力。2004年，欧盟通过了应对气候变化的相关法律，并以该法律为依据制定了碳排放权交易体系的建设计划，自2005年起，欧盟范围内的重点用能企业必须拥有碳排放许可证才能排放二氧化碳，或者开展二氧化碳排放权的交易行为，自此，欧盟正式启动"欧盟碳排放交易机制"（EUETS）。

2006年3月，欧盟委员会正式发布了题目为《获得可持续发展、有竞争力和安全能源的欧洲战略》的能源政策绿皮书，该绿皮书的主要内容包括欧洲能源进口依存度上升、相关产业投资需求迫切、全球能源需求持续增长、资源和能源分布集中趋势、应对气候变化、油气价格持续上涨六个方面，呼吁欧盟各国政府和消费者对清洁能源消费加强重视，并提出加大对能效提升、清洁和可再生能源的研究和开发投入等措施建议。

2008年年底，欧盟通过了《欧盟能源气候一揽子计划》，根据该计划，2020年欧盟的温室气体排放量将在1990年的基础上减少20%以上，同时，可再生清洁能源的消费比例提高到占总体能耗的20%以上。

2009年3月，欧盟委员会对外宣布，将在2013年前投入1050亿欧元用于支持绿色产业的发展，带动和促进经济和就业增长，继续保持欧盟在绿色产业的全球领导地位，同年10月，欧盟委员会又提出在10年内增加500亿欧元用于发展绿色低碳技术的建议。

2010年10月，欧盟委员会对外发布了《未来十年能源绿色战略》（又称《欧盟2020战略》），明确了欧盟发展绿色产业和提升能源利用效率的路线图，计划向能源消费结构优化和能源设备改造升级等重点领域投资1万亿欧元。

2012年4月，为应对欧盟的经济危机，提振经济发展态势，欧盟委员会环境总司与能源总司在非正式会议后公开表示："两部门将加强合作，全力支持欧盟发展绿色产业，促进经济增长，缓解就业难题，提高欧盟的国际竞争力，引领欧盟走出经济危机。"

2. 美国立法助推绿色工业发展

奥巴马政府上台执政后，围绕能效提升、新能源开发利用、应对气候变化等重点领域，加快推出"绿色发展新政"，强化助推绿色工业发展的立法，以大力发展清洁能源、推进绿色制造为重点突破口，谋求在全球新兴产业的竞争中抢占制高点。

2009年，奥巴马政府按照竞选时的承诺，推出了《美国复兴和再投资计划》，提出了总额为7800亿美元的经济刺激方案，同时，彻底改变了布什政府时期美国的能源及应对气候变化政策，将发展清洁能源作为重要战略方向，计划在未来10年内投入1500亿美元，加大清洁、可再生能源的开发和应用力度，3年内让美国可再生能源产量倍增，创造500万个新工作岗位，满足美国600万户居民的用电需求，实现减少50亿吨二氧化碳排放的目标。同时，奥巴马政府计划通过应对气候变化的相关立法，采取抵税等措施鼓励消费者购买节能环保的新能源汽车，计划到2015年新增100万辆油电混合的动力汽车，并用3亿美元支持各州县采购新能源汽车，力争到2050年之前，使美国温室气体排放量比1990年减少80%以上，实现应对气候变化挑战和克服金融危机双赢。

2011年、2012年，美国总统科技顾问委员会（PCAST）先后发表了《保障美国在先进制造行业的领导地位》，以及第一份"先进制造伙伴计划"（AMP）报告《获取先进制造业国内竞争优势》。该报告主要提出了以下观点和建议。

一是先进制造行业在未来国际经济竞争中将起到基础性作用。

二是在培育和发展先进制造行业的过程中,保持技术上的领先是关乎国家安全的关键问题。

三是美国在全球经济领域中的主要竞争对手已经意识到发展先进制造行业的重要意义,都在出台各类措施鼓励对先进制造行业的投资,美国需要尽快采取应对措施。

2014年10月,PCAST又发布了题目为《提速美国先进制造行业》的报告(俗称"先进制造伙伴计划2.0"),该计划与"德国工业4.0"等量齐观,是由美国政府主导的国家级制造行业发展战略。在"先进制造伙伴计划2.0"中,将"可持续制造"列为第11项振兴制造行业的关键技术,利用技术优势谋求绿色发展新模式。

3. 日本推进绿色经济与社会变革

先进制造行业是日本经济竞争力的重要体现,在绿色经济变革的大潮中,日本政府高度重视绿色制造水平的提升和绿色低碳产业的发展,通过建设低碳社会,实施绿色发展战略,打造绿色制造竞争力。

2008年6月,日本福田康夫政府推出了一项新的应对气候变化的政策,提出到2050年使温室气体排放量较当前减少60%~80%的目标,这一目标被称为"福田愿景"。为确保这一目标的实现,同年,日本内阁会议通过了《建设低碳社会的行动计划》,为实现"福田愿景"确定了量化指标和时间表。该计划包括八方面内容:一是在2020年之前实现二氧化碳捕捉及封存技术(CCS)的应用,将当前4200日元/吨的二氧化碳捕捉回收成本降低到2000日元/吨以下;二是力争在2030年之前,将新能源汽车用燃料电池系统的价格降至当前价格的1/10;三是到2020年,将光伏发电规模扩大到当前的10倍,到2030年扩大到当前的40倍;四是在2009年,研究提出降低可循环能源成本的路线图,并配套有效的鼓励政策;五是到2020年,电动汽车等新一代节能环保汽车占新销售汽车消费比例超过一半,并配套建设快速充电设备;六是在2008年10月,开展全国范围内的碳排放权交易体系;七是抓紧推进"环境税"等重大项目的研究工作;八是在2009年,实施产品全生命周期的碳标签制度。

2012年7月,日本召开国家发展战略大会,会议通过并发布了《绿色发展战略总体规划》,将新型装备制造、机械加工等作为发展重点,围绕制造过程中可再生能源的应用和能源利用效率的提升,实施战略规划。计划通过5~10年的努力,节能环保汽车、大型蓄电池、海洋风力发电培育和发展成为落实绿色发展战略的三大支柱性产业。

4. 韩国实施绿色增长战略

韩国作为后起之秀,已成为后发国家建设制造强国的典范。目前,韩国也紧跟发展潮流,实施绿色增长战略,把实施生产者责任延伸制度(EPRS)作为重要着力点,推进绿色循环型社会建设。韩国提出的"国家绿色增长战略"主要包括以下三方面:一是将绿色科技创新打造成经济增长的新动力;二是逐步减少温室气体排放量,加快适应气候变化带来的影响,实现保障能源安全的战略目标;三是加快推广绿色生活方式,提升国际影响力。

为了贯彻落实绿色增长战略,2009年7月,韩国政府制定并发布了《绿色增长国家战略5年计划》,在2009—2013年,将国民生产总值(GDP)的2%作为绿色投资基金。2010年4月,韩国政府颁布了《促进绿色低碳增长基本法》,该法律规定的减排目标是,2020年全国温室气体排放量比当前降低30%。同时,韩国政府成立了直属总统管理的专门机构,即"绿色增长委员会",由该机构统筹落实绿色增长战略的各项政策措施。

韩国早在2003年就更新了生产者责任延伸制度相关法律,强化生产者的环境责任和义务。生产者责任延伸制度又称为扩大生产者责任制度,由瑞典环境经济学家托马斯在1990年最先提出,经济合作与发展组织(OECD)进一步完善其定义。该制度指将生产者的责任延伸到其制造产品的全生命周期,特别是产品报废后的回收、处理和资源化利用阶段,通过促进生产者承担报废产品的回收利用等义务,降低产品全生命周期的资源环境影响。为落实生产者责任延伸制度,韩国政府对《资源节约及回收利用促进法》进行了全面修订,责令生产者按照国家规定的比例进行回收、处理和资源化利用报废产品,同时不断扩大产品范围,提高回收数量和质量要求,促进经济绿色、循环发展。

5. 印度国家计划统领低碳经济发展

印度的土地、水、能源、矿产、林业等资源相对有限,经济快速发展对资源约束和环境压力越来越大,面对世界绿色发展大潮,印度政府结合自身特点,于2008年6月制定并出台了《气候变化国家行动计划》,用国家计划统领低碳经济发展。

该计划提出了太阳能发电、能源效率改善、可持续的生活环境、可持续的水资源供给等八大任务,其中,以大力发展太阳能发电作为所有任务的重中之重。印度在地理上处于热带地区,具有明显的太阳能资源优势,印度政府计划在20~25年内,大幅提升太阳能发电行业的竞争力,探索将目前极为分散的千瓦级光伏发电或太阳能发电系统集中发展,逐步成为兆瓦级、可配送的"聚光发电系统"。此外,印度政府把促进可再生能源使用与《全国农村就业保障法案》的落实、《节能灯推广计划》等社会发展规划的实施结合起来,把适应气候变化的需求与经济增长目标结合起来,有力地促进社会效益、经济效益和环境效益的协调发展。

印度政府采取的具体配套措施主要包括:一是要求国家电网系统必须购买可再生能源电厂的产品,并以累进目标制度保障可再生能源的持续发展;二是强制关停高耗能、低效率、污染重的火电厂,重点支持"整体煤气化联合循环发电"和"超临界发电技术"的研发应用;三是对重点用能企业进行能源审计,加强节能技术改造;四是对电器电子等终端用能产品试行节能产品标识制度。

在世界经济复苏比预期缓慢的大背景下,包括中国、印度在内的新兴市场国家应该对传统的发展方式进行反思,只有通过发展绿色经济、切实提高绿色制造水平实现增长方式转型,才能避免在未来的国际竞争中陷入被动。

1.4.3.2 国内绿色制造体系发展现状

我国在工业化进程中一直高度重视节约资源和保护生态环境工作,提出了一系列战略措施和要求:20 世纪 80 年代初期,我国把保护生态环境定为基本国策,"九五"计划决定实施可持续战略;"十五"计划首次提出减少主要污染物排放总量的目标;党的十六届五中全会提出把节约资源定为基本国策;"十一五"规划纲要将减少能源消耗强度和主要污染物排放总量作为约束性指标;党的十七大强调,到 2020 年要基本形成节约资源和保护生态环境的产业结构、增长方式和消费模式;"十二五"规划明确提出继续把节能减排作为经济社会发展的约束性指标,实施能源消耗强度和主要污染物排放总量双控;党的十八大明确要求,必须把生态文明建设放在突出地位,努力建设美丽中国。坚持节约资源和保护生态环境的基本国策,坚持节约优先、保护优先、自然恢复为主的方针,着力推进绿色发展、循环发展、低碳发展,形成节约资源和保护生态环境的空间格局、产业结构、生产方式、生活方式。

1997—2005 年,我国高校和科研院所将绿色理念引入国内,并开始进行绿色制造理论及国际学术前沿技术跟踪研究,主要开展了绿色制造的理论框架和技术体系的研究。2006—2015 年,科学技术部实施了"绿色制造关键技术于装备"重大科技项目和《绿色制造科技发展专项规划》,通过连续 10 年的科技项目支持,初步构建了绿色制造技术创新体系。工业和信息化部重点推进了节能低碳、清洁生产和综合利用工作。随着《工业绿色发展规划(2016—2020 年)》《绿色制造工程实施指南(2016—2020 年)》《绿色制造标准体系建设指南》等一系列文件的发布,明确了绿色制造体系建设的目标,主要在机械制造、电子、化工、食品、纺织、大型成套装备等领域开展绿色制造体系建设示范项目和绿色制造系统集成项目,从绿色设计、关键工艺突破和绿色供应链的三个主攻方向,推动绿色产品、绿色工厂、绿色园区及绿色供应链的建设,形成推动行业绿色发展的绿色制造标准、评价体系、可推广可复制的绿色制造典型模式,最终实现绿色制造体系建设的目标。目前,工业和信息化部已经推动实施了三批绿色制造系统集成项目的实施。2016—2019 年,工业和信息化部分四批共遴选了 1402 家绿色工厂、119 家绿色园区、90 家绿色供应链示范企业,以及 1192 种绿色产品,发布了《绿色工厂评价通则》《绿色设计产品评价技术规范》《绿色供应链评价指标体系》等多项绿色制造评价标准和体系。

2016年12月，环境保护部发布了《环境保护部推进绿色制造工程工作方案》，从制度、技术、产品、示范四个方向提出了重点任务，突出了"领跑者""清洁""环境标志产品""绿色"等一系列特色任务，引导环境保护部及地方人民政府把绿色发展和清洁生产理念作为推进绿色制造工程和文明建设的出发点和落脚点。

2019年，工业和信息化部以项目形式向全国招标"绿色制造系统解决方案供应商招标"项目，引导绿色制造向全产业链方向拓展，扶持和推动节能环保产业的快速成长。

第 2 章

绿色诊断的方法和程序

2.1 绿色诊断的方法

2.1.1 系统分析方法

系统分析方法是把要解决的问题作为一个系统,对系统进行综合分析,找出可行方案的方法。系统分析方法最早是由美国兰德公可在二战结束后提出并加以使用的,源于系统科学,它从系统的着眼点或角度去考察和研究整个客观世界,为人类认识和改造世界提供科学的理论和方法。系统分析方法是诊断和研究的基本方法,通常把一个复杂的咨询或研究项目看成一个系统,通过系统目标分析、系统要素分析、系统环境分析、系统资源分析和系统管理分析,准确地诊断问题,深刻地揭示问题起因,有效地提出解决方案。

系统分析方法的核心内容有两个:一是进行"诊断",即找出问题及其原因;二是"开处方",即提出解决问题的最可行方案。在绿色诊断实践中,绿色诊断的主要方法之一就是系统分析方法,系统分析方法是确立绿色生产中的"统筹兼顾、效率优先"理念和方法的思想前提,其把企业效益与社会效益、经济效益和环境效益有机结合起来,把企业发展纳入社会发展的大系统中统筹兼顾,实现了生产和服务过程中废物的最小化产生与排放,将资源利用效率与末端治理统筹起来，并坚持了绿色生产的效率优先和持续推进原则。

围绕尽可能降低资源和原料消耗，实现能源的梯级利用，使用清洁能源或可再生能源，生产过程排放和废物减量化，原料对环境友好及低（无）毒性，车间布局尽可能高效、安全和环保，商品包装减量化及可循环再生等问题，通过对原料、技术工艺、设备、过程控制、管理、员工、产品和废物生产过程的八大要素进行对标分析和成功案例对照分析，找出改进点，并结合物料、能量、水及污染物平衡分析诊断，查找出可行的绿色改进方案。

2.1.2 对标分析方法

对标分析，又叫标杆分析和基准分析，是企业将自己的产品、服务和管理等相关内容和指标，以先进企业作为标杆或与相关基准进行对比分析，从而找出改进方案的诊断和研究方法。对标分析方法是一种系统、科学和规范地分析问题和解决问题的有效方法，可用于绿色诊断，也是企业不断改进和获得竞争优势的管理方法。

绿色诊断的对标分析，以污染物的无害化、减量化和资源化为重点，其过程主要包括以下几个基本步骤：确立绿色诊断的对标因素，选择标杆或基准；比较分析企业情况与标杆或基准相关对标因素的差异性；提出并选择可行的绿色改进方案。在绿色诊断实践中，对标分析的重点内容主要有以下几个方面。

1. 淘汰落后工艺和设备方面的对标分析

淘汰落后工艺和设备方面的对标分析是根据国家有关法规对企业在用的工艺和设备进行对照比较，查找可行方案的分析方法。淘汰落后工艺和设备适用的法规主要有：国家发展和改革委员会2019年第29号令《产业结构调整指导目录（2019年本）》、工业和信息化部《高耗能落后机电设备（产品）淘汰目录》（第一批至第四批）。

《产业结构调整指导目录（2019年本）》共涉及行业48个，条目1477条，由鼓励、限制和淘汰三类项目组成，其中，鼓励类821条、限制类215条、淘汰类441条。不属于鼓励类、限制类和淘汰类，但符合国家有关法律法规和政策规定的，为允许类。允许类不列入《产业结构调整指导目录（2019年本）》。对鼓励类项目，按照有关规定审批、核准或备案；对限制类项目，禁止新建，现有生产能力允许在一定期限内改造升级；对淘汰类项目，禁止投资，并按规定期限淘汰。

2. 能效指标对标分析

能效指标对标分析是将单位产品能耗、重点工序能耗、单位产品取水量、设备运行效率与国家和地方颁布的能效限额标准进行对比分析，查找可行方案的分析方法。到2020年年底，国家颁布的能耗限额标准有 110 项，涉及火力发电、钢铁、有色金属、建材和石油化工等高耗能行业，能耗限额标准规定了企业单位产品及工序能耗的限定值、新建准入值和先进值。到 2020 年年底，国家颁布了 53 项取水定额标准，涉及火力发电、钢铁、石油炼制、纺织染整、医药和造纸等高耗水行业，取水定额标准规定了现有企业单位产品取水量的定额指标和新建企业单位产品取水量的定额指标。到 2019 年年底，国家颁布了 65 项用能产品和设备能效标准，涵盖了变频空调、多联式空调、中小型三相异步电动机、交流接触器、清水离心泵、变压器等产品，规定了产品的能效限值、等级和节能评价值。

3. 清洁生产指标对标分析

清洁生产指标对标分析是将企业清洁生产指标与国家发展和改革委员会、生态环境部颁发的行业清洁生产评价指标体系、行业清洁生产标准进行对标分析，查找可行方案的分析方法。从生产过程上看，"三耗"（物耗、能耗、水耗）与"三废"（废渣、废水、废气）是单位产品资源消耗强度与排放强度的重要指标，其先进程度反映了清洁生产的先进程度。通过清洁生产指标对标分析，查找不足与成因，从而提出可行的绿色改进方案。到 2019 年年底，国家发展和改革委员会颁布的行业清洁生产评价指标体系有 43 个，如能源消耗指标、资源消耗指标、综合利用指标、污染物排放指标等；生态环境部颁发的行业清洁生产标准有 58 个，给出了企业在生产过程中三级清洁生产水平的技术指标值：一级为国际清洁生产先进水平值，二级为国内清洁生产先进水平值，三级为国内清洁生产基本水平值。

4. 污染物控制对标分析

污染物控制对标分析是将企业的污染物产生与排放指标与国家和地方的污染物排放标准进行对比分析，确定企业污染物产生与排放的达标程度，进而查找控制污染物产生与排放的可行方案的分析方法。

国家污染物排放标准是依法制定并具有强制效力的，是各种环境污染物排放都应遵循的行为规范，体现了国家环保方针、政策、规划，是以环境保护优化经济增长和控制环境污染源排污行为、实施环境准入和准出的重要手段，国家污染物排放标准的实施对推动产业结构调整，促进技术进步具有重要作用。按照国家现行环保法确立的污染物排放标准体系，国家污染物排放（控制）标准包括《恶臭污染物排放标准》《大气污染物综合排放标准》《锅炉大气污染物排放标准》《工业炉窑大气污染物排放标准》《污水综合排放标准》《工业企业厂界环境噪声排放标准》《固体废物污染控制标准》《行业污染物综合排放国家标准》。污染物产生量与控制量适用标准为各行业的清洁生产标准。

5. 绿色工厂对标分析

绿色工厂对标分析是与工业和信息化部绿色制造体系相关标准（如《绿色工厂评价通则》）进行对标分析，从基本要求、基础设施、管理体系、能源和资源投入、产品、环境排放及绩效七个方面,确定本企业的绿色生产水平,进而查找提升企业绿色化水平改进方案的分析方法。

企业绿色工厂对标分析改进的方向包括:挖掘土地利用潜力,节约宝贵的土地资源;加强工厂用地集约化利用,提高工业用地单位土地面积的利用率;减少原料有毒有害物质使用;利用先进的处理技术,减少废物产生和排放,减少对环境的破坏,并由末端治理转为源头预防的方式;采用减少原料消耗的先进技术,注重废物资源化利用处理等功能的工艺技术;应用节能、低碳效果突出的绿色技术和设备。

2.1.3 成功案例对照方法

成功案例对照方法是利用已经实施成功的案例进行对比,提出可行的绿色诊断改进方案的方法。其关键是掌握成功案例及其实现的条件,只有在实现条件基本相同的情况下,才能成功地进行复制。

成功案例对照的范本包括国家发展和改革委员会发布的《国家重点节能低碳技术推广目录(2017年本)》、工业和信息化部发布的《国家工业节能技术装备推荐目录(2020)》、2009—2016年工业和信息化部发布的《节能机电设备(产品)推荐目录》(第一批至第七批)、2014年工业和信息化部发布的《大气污染防治重点工业行业清洁生产技术推行方案》、工业和信息化部联合科学技术部发布的《国家鼓励发展的重大环保技术装备目录(2017版)》、2018年生态环境部发布的《国家先进污染防治技术目录(大气污染防治领域)》、2019年生态环境部发布的《国家先进污染防治技术目录(水污染防治领域)》。

2.1.4 平衡分析方法

平衡分析方法是分析事物之间相互关系的一种方法。它通过分析事物之间的发展是否平衡揭示事物之间出现的不平衡状态、性质和原因,指导人们去研究事物平衡的方法,促进事物的发展。平衡分析方法是深入分析生产过程相关要素的不平衡及其原因,从而提出可行的绿色诊断改进方案的方法,是绿色诊断的主要技术工具之一。绿色诊断的平衡分析通常有物料平衡分析、能量平衡分析和水平衡分析等。

2.1.4.1 物料平衡分析

物料平衡分析旨在准确地判断清洁生产审核重点的物料流,定量地确定各类物料的数量、成分及去向，从而发现无组织排放或未被注意的物料流，为制定绿色诊断方案提供科学依据。

1. 物料衡算式

根据质量守恒定律，对某一个系统来说，输入的物料质量应该等于输出的物料质量与系统积累的物料质量之和，因此，物料衡算的基本关系式应表示为

$$\sum M_{in} = \sum M_{out} + \sum M_{ac} \qquad (2\text{-}1)$$

式中，$\sum M_{in}$ ——输入的物料质量；

$\sum M_{out}$ ——输出的物料质量；

$\sum M_{ac}$ ——系统积累的物料质量。

对任一组分或元素做物料衡算时，若系统内发生反应，则必须把反应消耗或生成的物料质量也考虑在内，因此式（2-1）变为

$$\sum M_{in} \pm \sum M_{re} = \sum M_{out} + \sum M_{ac} \qquad (2\text{-}2)$$

式中，$\sum M_{re}$ ——反应消耗或生成的物料质量。

反应消耗的物料质量取减号，反应生成的物料质量取加号。式（2-2）为物料衡算式的通用式，既可对系统的总物料进行衡算，也可对系统内的任一组分或元素进行衡算。

若系统不积累物料，则"系统积累的物料质量"一项等于零，即

$$\sum M_{in} = \sum M_{out} \qquad (2\text{-}3)$$

若系统为稳定状态，并且有反应，则

$$\sum M_{in} \pm \sum M_{re} = \sum M_{out} \qquad (2\text{-}4)$$

式（2-4）为连续稳定过程物料衡算式，式中各项均用单位时间物料质量表示，常以 kg/h 或 mol/h 表示。

2. 物料衡算的步骤

物料衡算的基本步骤如下。

（1）收集计算数据；

（2）画出物料流程图，标出所有物料线，注明所有已知和未知的变量；

（3）确定衡算体系；

（4）写出反应方程式，若无反应，则此步骤可略去；

（5）选择合适的计算基准，并在流程图上注明所选的基准值；

（6）列出物料衡算式，并将计算结果列入输入、输出物料表。

3. 编制物料平衡图

物料平衡图是针对诊断重点编制的，即用图解的方式将预平衡测算结果标示出来。但

在此之前需编制诊断重点的物料流程图,即把各单元操作的输入、输出标在诊断重点的工艺流程图上。当诊断重点涉及贵重原料和有毒成分时,物料平衡图应标明其成分和数量,或者单独编制每种成分的物料平衡图。

物料流程图以各单元操作为基本单位,各单元操作用方框图表示,输入画在左边,主要的产品、副产品和中间产品按流程标示,其他输出画在右边。

物料平衡图以审核诊断重点的整体为单位,输入画在左边,主要的产品、副产品和中间产品标示在右边,气体排放物标示在上边,循环和回用物料标示在左下角,其他输出标示在下边。

4. 阐述物料平衡分析结果

在实测输入、输出物料流及物料平衡的基础上,寻找物料流失和废物产生部位,阐述物料平衡分析结果,对诊断重点的生产过程进行评估,主要内容如下。

(1) 物料平衡的偏差;

(2) 实际原料利用率;

(3) 物料流失部位(无组织排放)及其他废物产生的环节和部位;

(4) 废物(包括物料流失)的种类、数量和所占比例,以及对生产和环境的影响部位。

5. 物料平衡分析的深度

企业开展物料平衡分析的工作深度大致可以划分为以下四种类型。

(1) "估计型"物料平衡分析。其主要表现形式是审核企业根据经验或原设计图纸的数据,用估计和估算的方法做出的物料平衡。

(2) "简单型"物料平衡分析。其主要表现形式有两种:一是诊断企业、主要分厂或车间诊断过程中的计量器具配备和管理达到国家有关规定要求,诊断重点的一级、二级计量较完善;二是在绿色诊断和正常生产条件下,有计划、有组织地进行一个周期(不少于72h)的在线检测及必要的监测后做出的物料平衡。

(3) "重点型"物料平衡分析。其主要表现形式有两种:一是诊断企业、主要分厂或车间、主要设备诊断过程中的计量器具配备和管理达到国家有关规定要求,诊断重点的一级、二级、三级计量较完善;二是在绿色诊断和正常生产条件下,由具有相应资质的、企业自己的专业队伍或社会中介机构,有计划、有组织地进行一个周期(不少于72h)的在线检测及必要的监测后做出的物料平衡。

(4) "全面型"物料平衡分析。其主要表现形式有两种:一是诊断企业整体计量器具配备和管理达到国家有关规定要求;二是为全面准确掌握企业的物料、能源等使用情况,在诊断过程中由具有相应资质的企业自己的专业队伍或社会中介机构,有计划、全面、规范和准确地进行在线检测及必要的监测后做出的物料平衡。

2.1.4.2 能量平衡分析

1. 能量平衡的方程式

能量平衡分析按照能量守恒定律，对生产中一个系统（设备装置、车间或企业等）的输入能量、有效利用能量和输出能量在数量和能的质量上的平衡关系进行考察，分析用能过程中各个环节的影响因素。能量平衡分析可以对用能情况进行定性分析和定量计算，为提高能量利用率提供依据。根据热力学第一定律，任何形式的能量都可以相互转换，而其总量保持不变。所以，对于一个确定的体系，输入体系的能量应等于输出体系的能量与体系内能量的变化之和。即

$$E_{输入}=E_{输出}+\Delta E_{体系} \tag{2-5}$$

式中，$E_{输入}$——输入体系的能量；

$E_{输出}$——输出体系的能量；

$\Delta E_{体系}$——体系内能量的变化。

若系统工质在各个地点的状态不随时间的变化而变化，则体系内的能量不发生变化，即

$$\Delta E_{体系}=0$$

故能量平衡的方程式为

$$E_{输入}=E_{输出} \tag{2-6}$$

2. 能量平衡分析类型

能量平衡分析根据具体要求和目的不同，需要进行考察的项目也不同，因此，能量平衡有不同的形式。根据能量平衡的基础不同，能量平衡分析可分为供入能平衡、全入能平衡和净入能平衡三种类型。

1）供入能平衡

以供给体系的能源为基础的能量平衡称为供入能平衡。供给体系的能源包括煤、油、天然气等燃料或电、蒸汽、焦炭、煤气等二次能源。供入能平衡主要考察外界供给体系的能量的利用情况，这种能量平衡分析使用最多。典型的设备有锅炉加热炉、干燥箱等。令$E_{供入}=E_{能源}$，并将

$$E_{输入}=E_{入}+E_{进}=E_{入}+E_{能源}+E_{化放}$$

$$E_{输出}=E_{出}+E_{排}$$

式中，$E_{入}$——工质或物料带入的能量；

$E_{出}$——工质或物料带出的能量；

$E_{能源}$——一次能源和二次能源所提供的能量；

$E_{化放}$——工艺过程中化学反应放出的热量；

$E_{排}$——向外排出的能量；

$E_{进}$——外界进入的能量。

代入式（2-6）可得，供入能的平衡方程式为

$$E_{供入}=E_{进}-E_{化放}=(E_{出}-E_{入})+(E_{排}-E_{化放}) \qquad (2-7)$$

2）全入能平衡

全入能平衡是以进入体系的全部能量为基础的能量平衡。它主要考察进入体系的全部能量的利用情况，特别是能量回收利用情况。全入能平衡分析在石油化工等行业应用较多。

进入体系的全部能量有 $E_{入}$、$E_{能源}$、$E_{化放}$ 和体系回收的能量 $E_{回}$，即

$$E_{输入}=E_{入}+E_{能源}+E_{化放}+E_{回}=E_{全入}$$

$$E_{输出}=E_{出}+E_{排}+E_{回}$$

根据式（2-6）得，全入能的平衡方程式为

$$E_{全入}=E_{入}+E_{能源}+E_{化放}+E_{回}=E_{出}+E_{排}+E_{回} \qquad (2-8)$$

3）净入能平衡

当主要考察净输入体系的能量利用情况时，一般采用净入能平衡分析。净入能平衡是以实际进入体系的能量为基础的能量平衡。例如，为了计算换热器的保温效率，需要通过净入能平衡得到散热损失的大小。体系的净入能 $E_{净入}$ 是输入体系的能量和体系损失的能量之和，即

$$E_{净入}=E_{输入}+E_{损失}$$

$$E_{输出}=E_{出}-E_{入}$$

根据式（2-6）得，净入能的平衡方程式为

$$E_{净入}=E_{出}-E_{输出}=(E_{出}-E_{入})+E_{损失} \qquad (2-9)$$

式中，$E_{损失}$——损失的能量。

3. 能量衡算的步骤

能量衡算的基本步骤如下。

（1）根据问题，把过程或设备分为若干个体系；

（2）建立能量平衡模型，标明已知条件；

（3）选择计算基准，基准的选择要方便计算，一般以过程中某物料的温度作为基准温度；

（4）列出能量平衡的方程式，进行求解。

4．能量衡算

1）工质带入（出）能

若体系入口（出口）处为质量为 D 的蒸汽，则供给能量为蒸汽的焓减去基准温度下水的焓，即

$$E = D(h_汽 - h_{o水}) \tag{2-10}$$

若入口（出口）处为质量为 m 的空气、烟气、燃气及其他高温流体，则供给能量为相应载能体在体系入口（出口）处的焓与基准温度下的焓之差，即

$$E = m(h_入 - h_o) = m(c_{p入} t_入 - c_{po} t_o) \tag{2-11}$$

式中，m——流体质量；

t_o——基准温度，一般以环境温度为基准温度；

c_p——定压比热容。

2）外界进入体系的燃烧能

燃料燃烧时所供给的能量 $Q_{燃烧}$ 包括燃料带入的能量、空气带入的能量、雾化用蒸汽带入的能量，即

$$Q_{燃烧} = Q_{燃料入} + E_{空气} + E_{雾汽} \tag{2-12}$$

$$E_{空气} = h_入 - h_o$$

式中，$Q_{燃料入}$——燃料带入的能量；

$E_{空气}$——空气带入的能量；

$h_入$——体系入口处空气的焓；

h_o——基准温度下空气的焓。

雾化用蒸汽带入的能量为体系入口处蒸汽的焓与基准温度下水的焓之差

$$E_{雾汽} = D_{雾汽}(h_汽 - h_{o水})$$

式中，$D_{雾汽}$——蒸发量。

3）外界供给体系的电量和功量

$$E_进 = N + W \tag{2-13}$$

式中，N——电量，单位 kJ；

W——功量，单位 kJ。

4）外界供给体系的传热量 Q

$$Q = K A \Delta t \tag{2-14}$$

式中，K——传热系数；

A——换热面积；

Δt——外界和系统的温差。

5) 有放热反应的化学反应发生时的反应热 $Q_{化放}$（不包括燃料燃烧时提供的能量）

$$Q_{化放}=m\,Q_{放} \tag{2-15}$$

6) 损失能量

损失能量一般是指在体系的供给能量中未被利用的能量，即供给能量除有效能量外的部分能量，主要是散失于环境中的能量。

5. 阐述能量平衡结果

根据用能单位提供的统计期内能量平衡表或能源消费实物量平衡表，利用有关数据和各项统计数据审查平衡表的正确性。平衡表采用统计计算的方法，按照能源流程的四个环节，以全入能平衡为基础，研究能源进入和支出量的平衡关系。在统计资料不足，统计数据需要核校及特殊需要时，应进行实测，将测试结果折算为统计期的平均水平。通过对能量平衡表或能源消费实物量平衡表的分析，审查各项损失能源的数量及原因，对不合理或损失多的部位进行原因分析，挖掘节能潜力。

企业能量平衡分析以企业为对象，研究各类能源的收入与支出平衡、消耗与有效利用及损失之间的数量平衡，进行能量平衡分析。根据国家标准《企业能量平衡通则》（GB/T 3484—2009），企业进行能量平衡分析的目的是掌握企业的能耗情况，分析企业用能情况，挖掘企业节能潜力，明确企业节能方向，为改进能源管理，实行节能技术改造，提高企业能源利用效率，为企业用能的技术经济评价提供科学依据。在获取资料后，可以测算能量投入量、产品的产量，在此期间建立一种平衡，有助于弄清用能单位的能源管理水平及其物质能源的流动去向，帮助发现用能单位的能源利用瓶颈。

2.1.4.3 水平衡分析

企业水平衡分析是对用水单元或用水系统的水量，按照供水水量之和应等于排水水量之和的原理，进行系统的统计计算和研究分析，从而得出水量平衡关系的过程。

水平衡分析可以提高企业水的重复利用率，逐步解决企业在用水管理、用水定额、用水设备运行等方面存在的问题，建立健全的三级计量用水网络，找出企业用水结构不清、跑、冒、滴、漏等用水隐患，提高节水意识，通过采取技术和管理手段，切实加以整改。在摸清企业用水现状的基础上，通过合理化用水分析，挖掘节水潜力，制定切实可行的合理用水、节约用水的规划，建立科学的用水考核制度。

1. 水平衡分析方法

水平衡分析方法有统计法和实测法两种。

1）统计法

(1) 有稳定、可靠的水表统计资料，可以直接采用统计法进行企业水平衡分析。

(2) 要求企业各供、用水系统及车间以上部门安装水表，计量率应达到100%，设备用水计量率不低于90%。水表的精度不低于±2.5%，并定期检查校验，可用统计法进行企业水平衡分析。

2）实测法

(1) 测试参数如下。

① 水量参数：新水量、重复用水量、耗水量、排水量、漏溢水量。

② 水质参数：企业的主要用水点和排水点水质测试。

③ 水温参数：应测定循环用水进出口及对水温有要求的串联用水控制点的水温。

④ 水源供水：日供水量、水压、水温、水质。

(2) 测定水量时，一般采用容积法、流速法。

容积法利用已知容积的水槽或水池，在一定时间内测得流入的液体体积，通过计算得到需计量的水量。容积法具有操作简单、计量较准确、对测定的水质无特殊要求等优点，适用于难以用水表测定水量的情况。

流速法根据横断面上单元面积的流量是该面积与水流速的乘积，通过分别测量各个部分的流速和面积，求得水量。

(3) 测试水量的时间选取：无论是统计法还是实测法，都应考虑生产、季节等影响因素，并选取有代表性的时段。测试次数可根据企业的生产特点自定，但一般不少于三次。

(4) 测试程序（选一全厂用水正常、稳定的代表日进行测试）。

(5) 干支管线漏溢水量：可在生产动态或停产静态条件下，通过对各级水表测量数据的平衡分析，加以确定。

(6) 设备及工序用水量：应根据设备或工序生产周期的用水量变化，确定测试水量。

(7) 附属生产用水量：生活用水、洗浴用水等。

2. 企业水平衡计算

企业水平衡计算应以各车间、各部门水平衡测试为基础，填写水平衡测试表，然后进行详细的计算，并画出相应的水平衡图。最后经全厂汇总，绘制出企业的水平衡图。

企业水平衡计算公式为

$$Q_{新}=Q_{漏}+Q_{耗}+Q_{排}$$

式中，$Q_{漏}$——用水与储水设施漏失或溢出的水量；

$Q_{耗}$——生产过程中进入产品、蒸发、飞溅、携带及生活饮用等消耗的水量；

$Q_{排}$——排出系统外的水量。

$Q_新$——自来水和自备井水供给量；

1）总用水量的计算

$$Q_总 = \sum Q_{进入} = \sum Q_新 + Q_循 + Q_串 = \sum Q_{外加} + \sum Q_{循给}$$

式中，$Q_{进入}$——用水设备进水管横断面总流量，即总用水量混合值；

$Q_循$——循环利用代替新鲜水的水量；

$Q_{外加}$——新鲜水与重复水混合后的串联用水量；

$Q_{循给}$——新鲜水与重复水混合的循环用水量；

$Q_串$——生产中已利用过，又被串联输送到别处再次利用来代替新鲜水的水量。

整个体系内的总串联用水量是不包括一次用水量的二次、三次等多次利用水量的总和。循环用水量与串联用水量之和又称为重复利用水量，即

$$Q_重 = Q_循 + Q_串$$

2）重复利用率的定义式及基本计算式

定义式：重复利用率 = 重复利用水量 / 总用水量 × 100%

基本计算式：重复利用率 =($Q_新$ + $Q_重$)/ $Q_重$ × 100%

3）有效用水量

有效用水量是在维持正常生产时，用水条件和用水效果中制约用水量的所有因素所决定的需要用水量。

当制约用水量的因素确定时，有效用水量为定值。当制约用水量的因素改变时，有效用水量随之改变。

按设备、工艺、车间逐项确定有效用水量之后，将全厂的有效用水量累计起来，减去全厂的重复利用水量，就是全厂的有效新用水量。

4）支出去向

所谓支出去向，就是从体系中支出，而没有回到体系中的水量，如损漏量、消耗量、排放量、输出量。

损漏量：没有对产品做功以前，从管道中漏失的水量。

消耗量：对产品做功过程中，蒸发、产品带走的水量。计算时无论是用理论公式还是经验公式，都必须有合理的依据，不能将找不到去向的量都计入消耗量。

排放量：在生产过程中，排放到下水道的水量。测量该量时不仅要实测下水道的水量，还要测量记录水温、水质等，以便分析可回收水量或难回收原因。

输出量：用管道输送到体系以外（如甲厂输往乙厂、甲车间输往乙车间）的重复利用的水量。在水平衡表中，必须将输出量填写在支出去向后面的适当地方，才能平衡。

2.2 绿色诊断程序

2.2.1 绿色诊断策划与准备

2.2.1.1 绿色诊断任务的确定

进行绿色诊断一般要求签订合同，以明确是否开展绿色诊断。绿色诊断一般由诊断机构与企业签订绿色诊断合同，合同中要表明委托方和受委托方的责任、义务和诊断范围等内容。

2.2.1.2 组建诊断工作小组

计划开展绿色诊断的企业，首先要在企业内组建一个诊断工作小组，这是企业顺利开展绿色诊断的组织保证。诊断工作小组包括组长、组员。诊断工作小组组员一般包括管理、技术、财务、生产、质量、设计、节能、安全、环保等方面的负责人。

1. 诊断工作小组组长

诊断工作小组组长是该诊断工作小组的核心，在一般情况下，应当由企业主要领导人（厂长、总经理或由主管生产或节能的厂长、总经理、总工程师）担任，也可由企业高层领导任命的具备企业生产、工艺、管理和新技术知识和经验，掌握污染防治原则和技术，并熟悉相关绿色生产法规和政策，了解诊断审计工作程序，具备领导和组织工作才能，并善于和其他部门合作的员工担任。

2. 诊断工作小组组员

诊断工作小组组员的数目应根据企业的实际情况决定，一般为3~5人，诊断工作小组组员应具备以下三个条件。

（1）具备企业绿色生产的知识或工作经验。

（2）掌握企业的生产、工艺、管理等方面的情况及新技术信息。

（3）熟悉企业能源和资源使用、消耗和管理情况，废物产生、治理和管理情况，以及国家和地区节能、环保法律法规和政策等。

2.2.1.3 制定绿色诊断工作计划

制定一个详细的绿色诊断工作计划，有助于诊断工作按一定的程序和步骤进行，组织好人力和物力，各负其责，通力合作，诊断工作才会获得满意的效果。编制诊断工作计划表，内容包括诊断过程的所有主要工作，如项目内容、进度、负责人、参与部门、参加人员、各项工作成果等。

2.2.1.4 开展宣传教育

1. 宣传、动员和培训

广泛开展宣传教育活动，争取得到企业各部门和广大员工的支持，尤其是现场生产环节一线工人的积极参与，是绿色诊断工作顺利进行和取得更大成就的必要条件。

宣传方式多样化，利用企业现行的例会、内部局域网、黑板报、宣传栏，也可组织专题研讨会，举办讲座、培训班，开展各种咨询等。

宣传教育内容包括企业实施绿色诊断的目的和意义，绿色诊断的基本知识、内容及要求，企业开展绿色项目的成功案例，绿色诊断的障碍及其克服的可能性，开展绿色诊断的各种措施，绿色诊断可能或已经产生的效果。

2. 克服障碍

企业开展绿色诊断往往会遇到不少障碍，一般有思想观念障碍、技术障碍、经济障碍和管理障碍。思想观念障碍的表现为认为绿色诊断太麻烦，需要投入人力物力，很难产生经济效益；技术障碍的表现为缺乏本行业绿色诊断的可行技术，难以获得生产过程中的准确数据，数据统计分析困难；经济障碍的表现为缺乏实施绿色诊断方案的资金；管理障碍的表现为部门独立性强、协调困难。针对不同的障碍要采用不同的解决办法，以克服和解决障碍，促进绿色诊断的顺利进行。

2.2.2 绿色诊断实施

在现场诊断之前，应通过预诊断了解企业的基本情况，通过定性和定量分析寻找提升绿色化的潜力和机会，从而确定本次绿色诊断的重点方向。

绿色诊断实施的工作具体可分为六个步骤：现场调研→评价绿色工厂的创建情况→评价能源和资源消耗情况→评价产污排污情况→平衡分析诊断→提出绿色提升实施方案。

2.2.2.1 现状调研

现状调研主要通过收集资料对整个企业的基本概况、生产状况、能源使用与消耗、环境排放等情况进行摸底调查，为下一步对标评价做准备。

1. 基本概况

企业基本概况的调研主要包括企业名称、性质、发展简史、厂址、规模、产品、产量、产值、利税、组织结构、人员状况和发展规划等，还包括企业所在地的地理、地形、水文、气象和生态环境等基本情况。

2. 生产状况

企业生产状况的调研主要包括企业主要原料、主要产品、能源及用水情况，要了解原料涉及的种类、产地、成分、单耗、总耗、资源利用效率等；还要了解企业的主要工艺流程，如工艺原理、主要反应方程、流程步骤、主要指标、设备条件等；以及企业设备水平及维护情况，如完好率等。列出设备清单，标注出设备型号规格与生产日期等。

3. 能源使用与消耗

企业能源使用与消耗的调研主要包括能源和资源的利用情况，如能源类型、能源来源、能源品质；能源输入量与产出量，可以通过实测法、物料衡算或经验估算获得；节能潜力及环节；涉及的与节能有关的法律法规。

4. 环境排放

企业环境排放的调研包括状态、数量、毒性等。主要污染源治理的调研包括处理方法、效果、问题及单位废物的年处理费用等；三废的循环/综合利用的调研包括方法、效果、效益及存在问题；企业涉及的有关环保的法规与要求，如排污许可证、区域总量控制、行业排放标准等。

2.2.2.2 评价绿色工厂的创建情况

1. 对比标准进行差距分析

对比工业和信息化部绿色制造体系相关标准，从基本要求、基础设施、管理体系、能源和资源投入、产品、环境排放及绩效七个方面，与本企业的各项指标相对照，给出差距分析的综合评价结果。

2. 分析产生差距的原因

结合企业的实际情况，从改变原料投入，提高副产品的利用及回收产品的再利用，以及对原料的就地再利用，改变生产工艺或制造技术，改善工艺控制，改造原有设备，将原料消耗量、废物产生量、能源消耗、健康与安全风险及生态损失降到最低，加强对自然资源的使用，以及空气、土壤、水和废物排放的环境评价等角度分析企业与绿色制造体系标准产生差距的原因。

2.2.2.3 评价能源和资源消耗情况

1. 对比国内外同类企业能源和资源消耗情况

在资料收集调研、现场考察的基础上，对比国内外同类企业的生产、能源和资源消耗及产出等情况，进行列表对照，并对能源和资源消耗情况做出评价。

2. 分析产生差距的原因

对比国内外同类企业的先进水平，结合本企业的原料、工艺、产品、设备等实际情况，确定本企业的理论能源和资源消耗情况。

能源消耗参考行业能耗限额标准和取水定额标准，资源消耗参照行业清洁生产标准与清洁生产评价指标体系等要求，与本企业消耗的各项指标数据相对照，寻找差距。

从差距在原料及能源、技术工艺、设备、过程控制、产品、废物处理、管理和员工等影响生产过程的八个方面出发进行分析，寻找原因，并评价在现有条件下企业的能源和资源消耗情况的合理性。

2.2.2.4 评价产污排污情况

1. 对比国内外同类企业产污排污情况

在收集资料调研、现场考察的基础上，对比国内外同类企业的先进水平，结合本企业的原料及能源、技术工艺、产品、设备等实际情况，确定本企业理论产污排污情况。调查汇总企业目前实际产污排污情况。

2. 分析产生差距的原因

对比国内外同类企业的先进水平，结合本企业的原料及能源、技术工艺、产品、设备等实际情况，确定本企业的理论产污排污情况。

参照行业清洁生产标准与清洁生产评价指标体系等要求，与本企业产污排污的各项指标相对照，寻找差距。

从影响生产过程的八个方面出发，对产污排污的理论值与实际情况之间的差距进行初步分析，并评价在现有条件下企业的产污排污情况是否合理。

2.2.2.5 平衡分析诊断

平衡分析诊断的目的是通过对物料、能量的分析与评估，发现物料、能量流失的环节，并找出原因，查找物料及能量储运、生产运行、管理及废物排放等方面的问题，分析损失产生的原因，找出与标准中先进水平的差距，为绿色提升实施方案的产生提供依据。

平衡分析诊断具体可分为五个步骤：编制物流图或能流图→确定过程输入输出物流和

能流→建立平衡图→分析物料或能量流失原因→提出绿色提升实施方案。

1. 编制物流图或能流图

物流图或能流图以图解的方式整理、标示物流或能流的情况，是分析生产过程中物料、能量流失原因的基础依据。在编制物流图或能流图之前，原料和产品资料、能源消耗资料等必须充足完善。因此，诊断工作小组需要到现场采用提问、考察、追踪等方式进一步详细地收集有关诊断重点需要的资料，并对所有资料进行认证综合分析，确保其准确性。

2. 确定过程输入输出物流和能流

对诊断重点做更深入、更细致的物流平衡分析或能流平衡分析，分析损失的原因。实测输入输出物流和能流，建立转换平衡，可准确判断物流或能流的流失量及其流向，这也是寻找重点改进机会的重要手段。

在实测重点的输入输出物流和能流前，首先要制定周密的现场监测计划，如监测项目、点位、时间、周期、频率、监测仪器、监测条件和质量保证等。监测项目包括重点输入输出物流和能流。点位的设置必须满足物料或能量衡算的要求，即主要的物流或能流输入和输出口要计量，但对于工艺条件所限无法监测的某些中间过程，可用理论计算数值代替。

实测时间和周期应按企业的一个正常生产周期（一次配料投入到产品产出）逐个进行工序实测，至少实测三个生产周期。对于连续生产的企业，应连续监测72h。在正常工况条件下，按正确的监测方法进行实测，边实测边记录，及时记录原始数据，并标出实测时的工艺条件（如温度等）。输入输出的实测要注意同步性，要在同一生产周期内完成相应的输入输出物流和能流实测。

数据收集的单位要统一，注意与生产报表及年、月统计表的可比性。将现场实测的数据整理、换算后，按输入汇总成表。一个单元操作填写一张表，然后把所有单元操作的数据汇总成一张输入输出数据汇总表，以使结果清楚明了。

3. 建立平衡图

进行物料或能量平衡的目的是准确地判断重点的物流或能流，定量地确定物料或能量的数量及流向，从而发现过去未注意的流失，为产生和制定绿色提升实施方案提供科学依据。

1）预测平衡测算

根据平衡原理和实测结果，考察输入输出物流和能流的平衡情况。一般来说，如果输入总量与转换总量之间的偏差在5%以内，则可以用平衡分析结果进行有关评价与分析；反之，则需检查造成较大偏差的原因，可能是实测数据不准或存在漏算等情况，在这种情况下，应重新实测或补充监测。

2）编制物流或能流平衡图

在预测平衡测算的基础上，根据生产工艺流程图编制物流或能流平衡图。物流或能流平衡图用图解的方式将预测平衡测算结果标示出来，以单元操作为基本单位，各单元操作用方框图表示，输入画在左边，分配按流程标示，转换和流失画在右边。

3）物料或能量平衡结果

在实测输入输出物流和能流及物料或能量平衡的基础上，寻找物料或能量消耗大和流失多的部位，阐述平衡结果，对审计重点的生产过程进行评价，主要内容如下。

（1）物料或能量平衡的偏差。

（2）实际物料或能量利用率。

（3）物料或能量流失部位、环节。

4．分析物料或能量流失原因

针对每个物料或能量流失部位进行分析，找出流失的原因，可从影响生产过程的八个方面来进行分析。

1）原料及能源

原料及能源导致物料或能量流失的原因主要有以下几个方面。

（1）原料不纯或未净化。

（2）原料储存、发放、运输的流失。

（3）原料的投入量和（或）配比不合理。

（4）有毒、有害原料的使用。

（5）未利用清洁能源和余热。

2）技术工艺

技术工艺导致物料或能量流失的原因主要有以下几个方面。

（1）技术工艺落后，能源转化率低。

（2）设备布置不合理，无效传输线路过长。

（3）反应及转化步骤过长。

（4）连续生产能力差。

（5）工艺条件要求过严。

（6）使用对环境有害的物料。

3）设备

设备导致物料或能量流失的原因主要有以下几个方面。

（1）设备破旧、漏损。

（2）设备自动化控制水平低。

（3）有关设备之间配置不合理。

（4）主体设备和公用设施不匹配。

（5）设备缺乏有效维护和保养。

（6）设备的功能不能满足工艺要求。

4）过程控制

过程控制导致物料或能量流失的原因主要有以下几个方面。

（1）计量检测、分析仪表不齐全或监测精度达不到要求。

（2）某些工艺参数（如温度、压力、流量、浓度等）未能得到有效控制。

（3）过程控制水平不能满足技术工艺要求。

5）产品

产品导致物料或能量流失的原因主要有以下几个方面。

（1）产品设计本身不合理，生产过程中需要消耗大量的能源和资源才能生产出产品。

（2）产品性能不稳定，能源和资源使用转化率低于国内外先进水平。

（3）不利于环境的产品规格和包装。

6）废物处理

废物导致物料或能量流失的原因主要有以下几个方面。

（1）可利用的余热或废物等未进行再利用和循环利用。

（2）单位产品废物产生量高于国内外先进水平。

7）管理

管理导致物料或能量流失的原因主要有以下几个方面。

（1）有利于绿色生产的管理条例，岗位操作规章等未能得到有效执行。

（2）现行的管理制度不完善，如岗位操作规程不够严格、生产记录不完整、信息交换不够流畅、缺乏有效的奖惩措施等。

8）员工

员工导致物料或能量流失的原因主要有以下几个方面。

（1）员工的素质不能满足生产需求，如缺乏优秀管理人员、专业技术人员、熟练操作人员等。

（2）缺乏员工主动参与绿色生产的激励措施。

2.2.2.6 提出绿色提升实施方案

针对评价和分析重点，根据问题产生的原因进行分析，提出绿色提升实施方案。

2.2.3 实施方案的产生与筛选

根据上阶段诊断的结果，针对诊断在原料及能源、技术工艺、设备、过程控制、产品、废物处理、管理及员工等方面的问题，制定绿色提升实施方案，并对其进行初步筛选，确定的实施方案将供下一阶段进行可行性分析。

2.2.3.1 产生方案

绿色提升实施方案应广泛采集，主要流程如下。

1）广泛采集，创新思路

在全厂范围内利用各种渠道和多种形式，进行宣传动员，鼓励全体员工提出绿色提升实施方案或合理化建议，并制定奖励措施以鼓励创造性思想和方案的产生。

2）通过平衡分析产生方案

进行物料及能量平衡分析，为绿色提升实施方案的产生提供依据，方案的产生要紧密结合平衡分析结果，只有这样才能使产生的方案具有针对性。

3）广泛收集国内外同行业的先进技术及成功案例

类比法是一种快捷、有效地产生方案的方法，应组织工程技术人员广泛查阅国家发布的技术目录等资料，收集国内外同行业的先进技术及成功案例，并以此为基础，结合本企业的实际情况，制定绿色提升实施方案。

4）组织行业专家进行技术咨询

当企业利用自身的力量难以完成某些方案的产生时，可以借助外部力量，组织行业专家进行技术咨询，这对启发思路、畅通信息很有帮助。

5）全面、系统地产生方案

清洁生产涉及企业生产和管理的各个方面，虽然物料平衡和废物产生原因分析有助于方案的产生，但是在其他方面可能也存在一些清洁生产机会，因此，可从影响生产过程的八个方面全面、系统地产生方案。

（1）原料及能源替代。

（2）技术工艺改造。

（3）设备维护和更新。

（4）过程控制优化。

（5）产品更换或改进。

（6）废物回收利用和循环利用。

(7) 加强管理。

(8) 员工素质的提高及积极性的激励。

2.2.3.2 筛选方案

绿色提升实施方案的筛选方法有初步筛选及权重总和计分排序筛选两种。

1) 初步筛选

初步筛选是指对已产生的绿色提升实施方案进行简单的检查和审计，从而分出可行的无费/低费方案、初步可行的中费/高费方案和不可行方案三大类。其中，可行的无费/低费方案可立即实施，初步可行的中费/高费方案需进行下一步研制和进一步筛选，不可行方案则搁置或否定。初步筛选方案时，主要从以下四个方面考虑其可行性。

(1) 技术可行性：技术是否先进，是否在同行业采用过，是否对产品质量有不利影响。

(2) 环境可行性：绿色提升实施方案实施后是否新增对环境有害的污染物的排放量。

(3) 经济可行性：是否降低企业成本，是否降低运行维护费用，是否减少基建投资等。

(4) 可实施性：实施的难易程度，是否可在较短时间内实施，实施过程中对正常生产和产品质量的影响大小等。

2) 权重总和计分排序筛选

该方法适合于初步可行的中费/高费方案的筛选。其权重值（W）可参考如下规定。

(1) 技术可行性：主要考虑技术是否成熟、先进，权重值 W 为 6~8。

(2) 环境可行性：主要考虑是否减少了对环境有害的污染物的排放量及其毒性，是否减少了对工人安全和健康的危害，权重值 W 为 8~10。

(3) 经济可行性：主要考虑费用效益比是否合理，权重值 W 为 7~10。

(4) 可实施性：对生产影响小、施工容易、周期短、工人易于接受，权重值 W 为 4~6。

(5) 对生产和产品的影响：主要考虑是否影响正常生产和产品质量，权重值 W 为 5~7。

3) 汇总筛选结果

将方案按不可行方案、可行的无费/低费方案、初步可行的中费/高费方案进行分类，并列表汇总方案的筛选结果。

2.2.4 实施方案的确定

本阶段的目的是对筛选出来的初步可行的中费/高费方案进行分析和评估，以选择最佳的、可实施的方案。工作重点：在市场调查和收集资料的基础上，进行绿色提升实施方案的技术、环境、经济可行性分析，从中选择技术上先进适用、环境效益明显、经济上合理有利的最优方案实施。可行性分析应按照技术、环境、经济的先后顺序进行，技术可行性分析认为不可行的方案不必进行环境可行性分析，同时，环境可行性分析认为不可行的方案不必进行经济可行性分析。

最佳的绿色提升实施方案是指在技术上先进适用、有明显环境效益、又在经济上合理有利的方案。

2.2.4.1 市场预测

当方案涉及产品调整和新增或原料调整和新增时，需要进行市场预测。市场预测包括以下几个方面的内容。

（1）市场现状调查：弄清市场对产品的需求现状，调查项目产品的市场容量现状、价格现状，以及市场竞争力现状。

（2）产品供需预测：主要考虑国内外市场发展趋势及市场总需求状况，市场对产品的改进意见等。

（3）价格预测：一般可以采用回归法和比价法进行价格预测。通过对历史资料数据进行充分分析，考虑影响价格因素的变化趋势，进行价格预测。

（4）竞争力预测：竞争力分析主要包括资源占有的优势与劣势，工艺技术装备的优势与劣势，规模效益的优势与劣势，新产品开发的优势与劣势，产品质量、性能的优势与劣势，价格的优势与劣势，商标、品牌的优势与劣势，项目地区的优势与劣势，人才资源的优势与劣势。

（5）市场风险分析：根据项目的具体情况，找出项目存在的主要风险并划分风险程度。新技术、新材料、新工艺的出现可能会对传统工艺产生冲击；新竞争对手的加入可能会导致项目产品市场份额的减少等。

2.2.4.2 技术可行性分析

技术可行性分析对筛选出来的初步可行的中费/高费方案中的技术的先进性、适用性、可靠性、安全性和经济合理性进行系统的研究和分析。先进性主要体现在产品质量和性能、产品使用寿命、单位产品能耗、劳动生产率、自动化水平、装备现代化水平等；适用性指采用的技术应与国内的资源条件、经济发展水平和管理水平相适应；可靠性指采用的技术和设备质量应可靠，并且经过生产实验检验是成熟的；安全性指采用的技术在正常实施的情况下应能保证安全生产运行；经济合理性指采用的技术应有利于降低投资成本和产品成本，提高综合经济效益。

此外，还应了解方案中的技术与国家有关的技术政策和能源政策的符合性，技术的成熟程度；国内有无实施的先例；对产品质量有无影响，能否保证产品质量；技术设备的操作是否安全、可靠。

技术可行性分析应注意的几个问题是：对可能影响产品质量和生产效率的方案，必须进行更为细致的调查、研究，必要时要进行一定规模的试验；对需要改变生产工艺和原料的方案，必须确定该方案对最终产品质量的影响程度；对于节约了某些环节的能耗但可能增加其他环节的能耗的方案，在技术评估时需要进行全面、充分的考虑。技术可行性分析的原则是，方案中采用的技术要有利于节能、提高生产效率、确保经济效益和环境效益相统一。

2.2.4.3 环境可行性分析

环境可行性分析是拟选方案对环境效益进行的全面分析，分析方案是否产生新的污染物，是否对环境产生影响。拟选方案为准备选择的绿色提升实施方案。

（1）产品和过程的全生命周期分析。
（2）资源消耗与资源可永远持续利用要求的关系。
（3）生产过程中废物排放量的变化。
（4）污染物组分的毒性及其降解情况。
（5）操作环境对员工健康的影响。
（6）废物的复用、循环利用和再生回收。

2.2.4.4 经济可行性分析

经济可行性分析从企业的角度分析方案的经济效益，将筛选方案的实施成本与可能获得的各种经济效益进行比较，确定方案实施后的盈利能力和清偿能力。

经济可行性分析通过项目投资产生的经济效益进行分析比较，选择经济效益最佳的方案，为投资决策提供依据。

经济可行性分析的主要指标如下。

（1）投资费用（I）：投资费用=建设投资+建设期利息+流动资金-补贴。
（2）净现金流量（F）：净现金流量=现金流入-现金流出。
（3）投资偿还期（N）：投资偿还期=总投资费用/净现金流量。
（4）净现值（NPV）：净现值用于考察项目经济寿命期（或设备折旧年限）内的获利能力。净现值等于在项目经济寿命期（或设备折旧年限）内将每年的净现金流量按规定的贴现率折算到同一时间点的现值总和。
（5）内部收益率（IRR）：内部收益率反映了投资效益，可视为项目投资的利率。内部收益率等于在项目经济寿命期（或设备折旧年限）内，各年净现金流量现值累积为零时的贴现率。

经济上可行的方案要求，首先，投资偿还期小于基准年限（由项目具体情况而定）；其次，净现值大于零；最后，内部收益率大于基准收益率或银行贷款利率或行业收益率。

2.2.4.5　确定实施绿色提升实施方案

经过技术、环境和经济可行性分析比较后，列表说明不同方案的评价结果，确定最佳可行的实施方案。

2.2.5　绿色提升实施方案的实施

绿色提升实施方案的实施目的是使经可行性分析确定的绿色提升实施方案得到实施，企业实现技术进步，获得明显的环境和经济效益。通过评估已实施的方案效果，激励企业持续推行绿色诊断。

2.2.5.1　制定实施计划

企业根据自身的实际情况，统筹安排，制定科学的、切实可行的实施计划，并按计划实施方案。

在实施阶段，企业应根据方案的难易程度，进行实施时间的排序，并量力制定切实可行的实施计划。计划内容包括资金筹措、设备安装与调试、人员培训、原料准备、场地清理准备、试运行和验收。计划的每项内容应明确其实施时间及负责部门与人员。

2.2.5.2　实施方案

在企业绿色诊断工作小组的主持下按计划实施绿色提升实施方案，直至方案实施完成。方案实施完成后进行跟踪分析，总结取得的环境效益和经济效益，以及实施方案的经验，并与实施前进行对比，说明绿色提升实施方案的效果。

绿色提升实施方案的效果的评价主要是技术、环境、经济和综合评价。技术评价主要评价各项技术指标是否达到原设计要求，若没有达到要求，如何改进；环境评价主要通过调研、实测和计算，对比各项环境指标，主要是能耗、水耗指标，以及废水量、废气量、固废量等废物产生指标在方案实施前后的变化；经济评价主要是对比产值、原料费用、能源费用、公共设施费用、水费、污染控制费用、维修费、税金及净利润等经济指标在方案实施前后的变化，以及实际值与设计值的差距；综合评价在技术、环境、经济评价的基础上，对已实施方案的成功与否进行综合评价。

2.2.6 持续绿色诊断

持续绿色诊断可以使绿色诊断工作在企业内长期、持续地推行下去。本阶段工作的重点是建立和完善绿色诊断组织机构，完善绿色诊断管理制度，制定持续的绿色诊断计划和目标，编写绿色诊断报告。

2.2.6.1 建立和完善绿色诊断组织机构

绿色诊断是一个持续的过程，因此，有必要建立一个固定的组织机构来组织和协调这方面工作，以巩固已取得的成果，并使绿色诊断工作持续地推行下去。

企业绿色诊断组织机构的主要任务如下。

（1）组织、协调并监督绿色诊断提出的实施方案。
（2）定期组织对企业员工的绿色诊断教育和培训。
（3）选择下一轮绿色诊断重点，并启动新的绿色诊断。
（4）负责绿色诊断工作的日常管理。

2.2.6.2 完善绿色诊断管理制度

绿色诊断管理制度包括诊断成果纳入企业的日常管理轨道，建立激励机制和保证稳定的资金来源。

2.2.6.3 制定持续的绿色诊断计划和目标

制定持续的绿色诊断计划和目标，使绿色诊断有组织、有计划地在企业中推行下去，工作内容包括制定绿色诊断计划、绿色提升实施方案的实施计划、绿色新技术的研究及开发计划，绿色诊断最新相关法规及标准的收集。

2.2.6.4 编写绿色诊断报告

编写绿色诊断报告的目的是总结绿色诊断成果，汇总各项调查资料、测试结果，寻找损失原因和提升绿色化的机会，实施并评估绿色提升实施方案，为企业持续实施绿色诊断提供帮助。

绿色诊断报告应全面、概况地描述绿色诊断的全部工作，文字应简洁准确，尽量多地采用图表，使提出的资料清楚、论点明确，利于阅读和审查。

企业绿色诊断报告内容框架如下。

0. 前言

1．项目概况

2．诊断过程

2.1　组织安排

2.2　诊断工作计划

2.3　宣传与教育

3．诊断实施

3.1　企业情况调研

3.1.1　企业基本概况

3.1.2　企业主要工艺及设备

3.2　评价企业绿色工厂创建情况

3.3　评价企业能源和资源消耗情况

3.4　评价企业产污排污情况

3.5　企业平衡分析诊断

3.5.1　输入输出物流和能流的确定

3.5.2　物料、能量平衡分析

3.5.3　物料、能量流失原因分析

4．方案的产生与筛选

4.1　方案产生

4.2　方案筛选

5．方案的确定

5.1　技术可行性分析

5.2　环境可行性分析

5.3　经济可行性分析

6．方案的实施

7．持续绿色诊断

8．总结

第 3 章 绿色诊断的要点

绿色诊断以企业为主体，通过必要的资料收集与分析，重点从绿色制造体系诊断及提升分析、节能诊断及潜力分析、清洁生产诊断及改造分析三方面入手，开展绿色诊断，帮助企业查找绿色制造体系、节能及清洁生产方面存在的问题，针对性地制定提升路径和方案。图 3.1 为绿色诊断过程示意图。

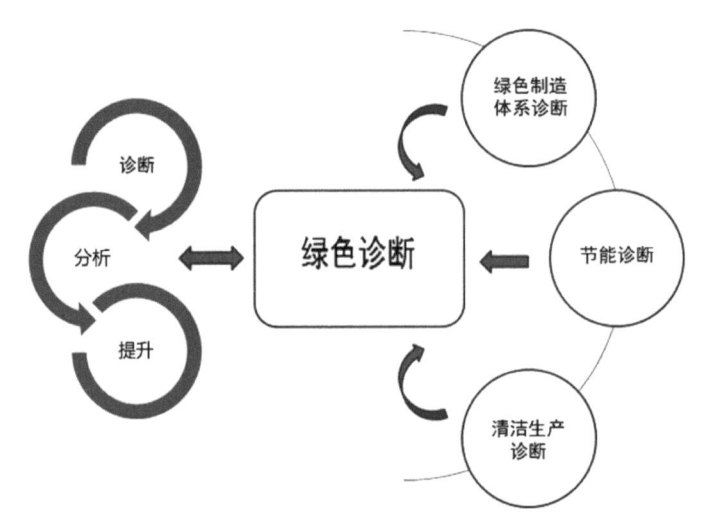

图 3.1　绿色诊断过程示意图

3.1 绿色制造体系诊断要点

3.1.1 绿色制造体系诊断内容

绿色制造体系的主要内容包括绿色工厂、绿色产品、绿色园区和绿色供应链等。在工业和信息化部、国家发展和改革委员会、科学技术部、财政部发布的《绿色制造工程实施指南（2016—2020年）》中，对绿色制造体系的具体目标做出了安排，并提出"到2020年，初步建成较为完善的绿色制造相关评价标准体系和认证机制，创建百家绿色工业园区、千家绿色示范工厂，推广万种绿色产品，绿色制造市场化推进机制基本形成。"

绿色制造体系诊断从工厂出发，按照《工业绿色发展规划（2016—2020年）》要求，积极引导企业按照绿色工厂建设标准建造、改造和管理厂房，集约化利用厂区。鼓励企业使用清洁原料，对各种物料严格分选、分别堆放，避免污染。优先选用先进的清洁生产技术和高效末端治理装备，推动水、气、固体污染物资源化和无害化利用，降低厂区环境噪声、振动及污染物排放，营造良好的职业卫生环境。采用电热联供、电热冷联供等技术提高工厂的一次能源利用效率，设置余热回收系统，有效利用工艺过程和设备产生的余（废）热。提高工厂清洁和可再生能源的使用比例，建设厂区光伏电站、储能系统、智能微电网和能管中心。

绿色制造体系诊断以《绿色工厂评价通则》（GB/T 36132—2018）为基本标准，从基本要求、基础设施、管理体系、能源和资源投入、产品、环境排放及绩效七个方面（见图3.2）对企业进行绿色工厂差距分析，帮助企业摸清绿色制造现状、查找存在的问题、制定绿色制造提升路径，帮助企业加快绿色工厂建设，并结合企业实际情况，帮助企业加快绿色供应链构建、绿色设计推行和绿色制造标准建设。

绿色制造体系诊断以工厂为出发点，将"建设绿色工厂，实现用地集约化、原料无害化、生产洁净化、废物资源化、能源低碳化"作为积极构建绿色制造体系，建设绿色工厂的重点工作内容。

1) 用地集约化节约土地资源

用地集约化的目的在于挖掘土地的利用潜力，节约宝贵的土地资源。工厂通过绿色制造体系建设，转变不合理的土地利用方式，改高投入、高消耗、低效率为低投入、低消耗、高效率；改粗放式利用土地、经济外延增长为集约化利用土地、内涵式挖潜，充分发挥土地资源的资产效益。

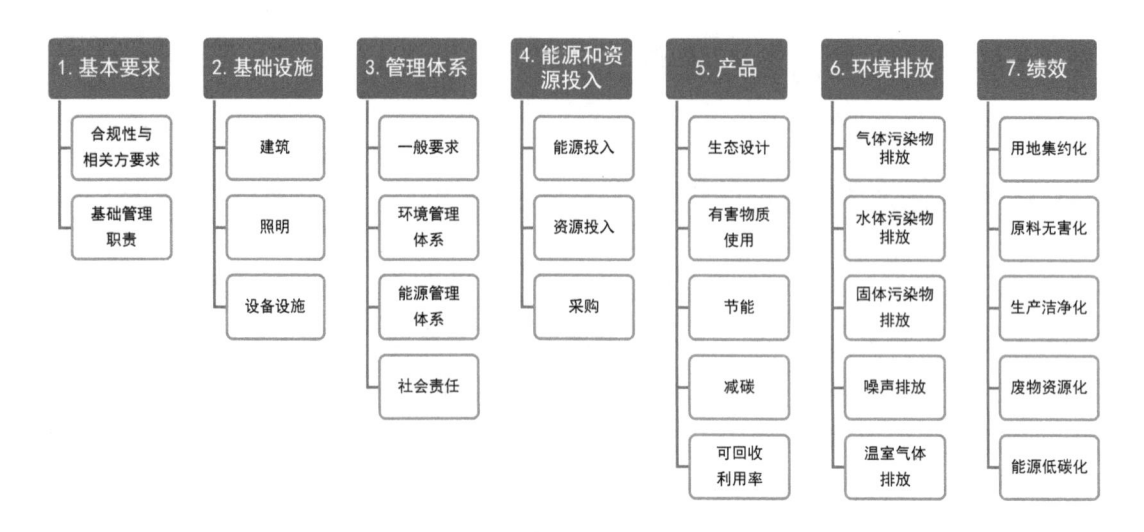

```
1.基本要求       2.基础设施      3.管理体系       4.能源和资      5.产品          6.环境排放      7.绩效
                                                源投入
合规性与         建筑           一般要求         能源投入        生态设计        气体污染物      用地集约化
相关方要求                                                                    排放
基础管理         照明           环境管理         资源投入        有害物质        水体污染物      原料无害化
职责                          体系                            使用           排放
                设备设施       能源管理         采购           节能           固体污染物      生产洁净化
                              体系                                          排放
                              社会责任                        减碳           噪声排放        废物资源化
                                                             可回收         温室气体        能源低碳化
                                                             利用率         排放
```

图 3.2　绿色制造体系诊断内容

加强工厂用地集约化利用，可以改变现有用地的空间组织形式，提高工业用地单位土地面积的利用率，也可以合理配置企业内部的土地利用方式，达到优化企业内部用地结构的目的，从而改变以传统独立式院落为主，用地面积较大，厂房多数为一层的土地资源浪费情况。

2）无害化原料满足产品发展

减少原料有毒、有害物质的使用，是实现绿色发展的必要条件，它会影响从采矿到纺织服装、轻工、机电等几乎所有行业的产品及制造工序。建设绿色工厂从设计环节就将无害化考虑在内，引入生态设计理念，并向供应商提供包含有害物质限制使用在内的采购信息，通过工艺设计和检测手段实现无害化等环保要求。

工厂依据《电器电子产品有害物质限制使用管理办法》等国家法规及相关行业标准，开展有害物质限制使用相关的检测、标识和管理等工作，可有效减少产品中铅、汞、镉、六价铬、多溴联苯和多溴二苯醚等有害物质的含量。企业也可以参照欧盟 RoHS、德国 PAHs 和欧盟 PFOS/PFOA 等相关指令要求，提升原料无害化，进一步与国际接轨，提升产品质量水平。

3）生产洁净化从源头预防

生产洁净化是预防污染、保护环境的重要途径。工厂根据生产洁净化要求，利用先进的处理技术，减少废物的产生和排放，减少对环境的破坏。创建绿色工厂，实施生产洁净化理念，可以从源头减少污染物的排放。

为了减少工业发展对环境的压力，转变先污染后治理的初始模式，绿色工厂的创建应用了源头预防的理念，考虑了废物最小化、污染预防、无废技术、源消减、"零排放"技术等方法和措施，提高了工厂生产过程的洁净化，由末端治理转为源头预防，主动积极开展绿色化工作。

4）废物资源化促进循环经济

绿色工厂建设在重视减少原料消耗的先进技术的同时，应注重废物资源化利用处理等功能的工艺技术。各生产过程从原料、中间产物、废物到产品的物质循环，达到资源、能源、投资的最优利用，应用3R原则（减量化、再利用、资源化）实现社会、经济、生态环境的协调发展。

工厂生产过程中会产生废物，实现废物资源化是循环经济的重要环节。鼓励工厂追求低能耗、低物耗和低污染物排放，向无废物制造迈进，即制造过程不产生废物，或者产生的废物能被其他制造过程作为原料利用，并在下一个制造过程中不再产生废物。通过开发和应用再制造、回收处理等技术，形成资源、能源的全生命周期闭环循环，减少报废固体废物，提高资源与能源的利用效率。

5）能源低碳化提高工厂能效

工厂应增加管理及技术的投入，统筹应用节能、低碳效果突出的绿色技术和设备，加强可再生能源的利用和分布式供能。加快推进新材料、新能源、高端装备、生物产业绿色低碳发展。减少能源消耗总量，提高能源利用效率，控制一次能源消耗，增加二次能源和可再生能源比例。

能源的高效利用有助于工厂的能耗总量控制，是减少企业成本和碳排放的主要手段，也是工厂高效运行的内在要素。工厂推进能源低碳化，实行全面、严格的节约制度和措施，显著提高能源利用效率，追求更少的能源消耗、更低的碳排放、更大的经济效益和社会效益；通过技术进步改造传统产业，推动结构升级，尽快淘汰高能耗的落后生产工艺，形成有利于能源持续利用的合理格局。

3.1.2 绿色制造体系诊断关键点

1）基本要求诊断

查核企业近三年（含成立不足三年）有无重大安全、环保和质量事故，是否被列入失信企业、法人代表黑名单。重点查阅并帮助企业整理营业执照，环保批复，备案文件，能评、环评、安评、建设用地批复，消防审批等文件，核实企业近三年生产经营中未出现重大安全、环保和质量事故的证明。

查核企业是否设有绿色工厂管理机构，是否编写绿色工厂的中长期规划，是否定期开展相关培训。指导企业推动绿色工厂的建设和发展，包括但不限于成立绿色工厂管理机构，分配绿色工厂建设任务，提出绿色工厂的发展目标等。

2）基础设施诊断

查核厂区环评批复、能评批复、三同时制度等。

查核竣工建筑验收报告、建筑空气质量检测报告等，查验是否进行过有害物质检验或控制，并落实证据文件。

查核企业针对危险品、污染物的处理办法及相关制度准则，查验是否已进行严格的监控和管理。

统计厂区的各项建筑信息（建筑层数、建筑架构、单层面积、底层高度、露天仓库及占地设备等），计算容积率，考察企业用地集约化情况。

统计厂区的绿色植物种植情况，如植物种类、绿化面积、透水面积等，计算企业绿化率，并进行对标。

查核企业的计量器具配备情况，如能源计量管理制度、能源计量统计制度、计量设备清单等，查验企业是否按照 GB 17167、GB 24789 等要求配备。

查核企业的照明情况，是否采用 LED 绿色灯具，是否采用自然光照明。

3）管理体系诊断

查询企业的质量管理体系、职业健康管理体系、安全管理体系、环境管理体系和能源管理体系证书，社会责任报告。完善企业的管理体系，不仅满足绿色工厂的创建要求，同时有利于企业程序化、合理化管理。

4）能源和资源投入诊断

近年来企业是否进行了节能管理，实施了节能技术改造项目；注意查验清洁生产报告、能源审计报告、节能自查报告等。

企业是否建立了能管中心、太阳能光伏电站或智能微电网等。

企业是否使用了太阳能、天然气、地热能或其他形式的低碳能源。

查阅企业的用能设备清单，是否存在落后淘汰产品。

企业使用的设备是否达到了能效限定值的强制要求（适用时）。

根据产品生产报表、能源报表，计算产品的单位产品能耗是否满足行业要求或国家要求。

企业的通用设备是否使用了节能型产品或效率高的设备。

企业是否综合考虑了减少原料的使用，评估有害物质及化学品减量使用或替代的可行性。

高耗水行业应开展水平衡测试及水效对标达标，强化工厂生产过程和工序用水管理，严格执行国家取水定额标准。

企业是否制定了供应商的选择原则、评审程序和控制程序，确保供应商持续、稳定地提供符合工厂绿色制造要求的物料。

企业是否开展了绿色供应链管理战略；是否实施了绿色供应商管理；是否建立了绿色信息建设平台。

5）产品诊断

企业生产的产品是否有适用的生态设计/绿色产品标准，并分析其对标情况。

企业生产的产品是否有适用的能效限定标准，并分析其对标情况。

查核企业是否进行了碳足迹的工作。

企业生产的产品（如原料）是否减少了有害物质的使用，是否满足国家对产品中有害物质限制使用的要求。

6）环境排放诊断

查阅企业的污染物（气体、水体、固体）处理设备清单，以及污染物排放指标表，进行对标找出差距。

企业对有害物质的使用是否进行了制度规定，是否有减少或替代的评估及制度。

7）绩效诊断

计算容积率、单位用地面积产值等指标，并于国家标准或省级标准进行对比。

根据生产过程中的废水、废气、固废排放指标，判断其是否超标，并计算固废、废水的综合利用率。

查阅生产报表，计算单位产品原料，并与行业标准进行对比。

根据能源报表、生产报表、产值报表和碳核查报告，计算单位产品能耗、单位产品碳排放量，并与相关标准进行对比。

3.2 节能诊断要点

3.2.1 节能诊断内容

《工业节能诊断服务行动计划》（工信部节函〔2019〕101号）指出，"十三五"以来，通过健全节能政策法规、完善标准体系、强化节能监管、推动节能技术改造，企业能效水平持续提升，部分行业的先进企业能效已达到国际先进水平。但受节能意识薄弱、技术力量不足、管理体系不健全等因素的影响，不同地区、行业间的企业能效水平差距依然较大，企业进一步节能降耗、降本增效的需求十分迫切。

节能诊断以《工业节能诊断服务行动计划》（工信部节函〔2019〕101号）为依据，满足企业节能需求，支持企业深挖节能潜力，持续提升工业能效水平，推动工业绿色发展。

节能诊断围绕企业生产工艺流程和主要技术装备，做好能源利用、能源效率和能源管理三方面诊断工作（见图3.3）。一是核定企业能源消费构成及消费量，编制企业能量平衡表，核算企业综合能源消费量，查找能源利用的薄弱环节和突出问题；二是结合行业特点核算企业主要工序能耗及单位产品综合能耗，评估主要用能设备能效水平和实际运行情况，分析高效节能装备和先进节能技术推广应用潜力；三是检查能源管理岗位设置、能源计量器具配备、能源统计制度建立及执行等能源管理措施落实情况。

图3.3 节能诊断方向

对以煤炭消费为主的工艺装备，重点对燃煤锅炉及窑炉能效进行诊断，分析节能技术改造潜力。轻工、纺织等行业重点诊断燃煤锅炉系统，分析高效煤粉燃烧、工业级循环流化床燃烧、自动控制及远程监控技术应用潜力；钢铁行业重点诊断高炉和焦炉，分析高参数煤气发电、焦炉上升管余热回收利用、中低温余热回收利用技术应用潜力；建材行业重点诊断水泥回转窑烧成系统，分析热效率提升技术应用潜力；石化化工行业重点诊断分析先进煤气化技术，以及炼化、煤化工、电石、硫酸、炭黑等行业中低品位余热高效回收技术应用潜力。

对以电力消费为主的工艺装备，重点对电机系统及电窑炉能效进行诊断，分析先进节能技术装备应用潜力。机械制造行业重点诊断传动机械、矿山机械，分析开关磁阻电机调速系统、大弹性位移非接触同步永磁传动等技术应用潜力；轻工行业重点诊断工业空调、商用空调等，分析光伏直驱变频空调技术应用潜力；钢铁行业重点诊断电炉炼钢工艺，分析全自动密闭加料技术、废钢预热技术应用潜力；有色金属行业重点诊断电解铝电解槽，分析电流强化技术、新型结构电解槽技术应用潜力；石化化工行业重点诊断电石生产装置，分析短网综合补偿技术应用潜力。

对以油气消费为主的工艺装备，重点对燃油燃气锅炉、窑炉及油气资源能量转换设备的能效进行诊断，分析节能技术应用和能源转化效率提升潜力。轻工行业重点诊断燃油燃气锅炉系统，分析煤炭减量燃气替代潜力；建材行业重点诊断分析玻璃熔窑应用大吨位窑炉、一窑多线成型技术，陶瓷窑应用低温快烧、宽断面大型窑炉等技术装备应用潜力；石化化工行业重点诊断分析炼油工艺应用板式空冷技术，乙烯生产应用辐射炉管内强化传热技术，合成氨生产应用节能型天然气转化技术等应用潜力。

3.2.2 节能诊断关键点

节能诊断结合企业实际情况，从生产工艺、技术装备、系统优化、运行管理方面出发，分析问题，提出节能诊断的具体建议，并对各项诊断措施的预期节能效果、经济效益和社会效益进行综合评估。

3.2.2.1 生产工艺诊断分析

根据企业的行业特点，查阅行业先进工艺的相关标准和指导文件，如产业结构调整指导目录、工业节能减排先进适用技术目录、工业节能减排先进适用技术指南、行业准入条件、清洁生产标准等，对照并评估企业现有生产工艺的现状，评估生产工艺产业政策的符合性和先进性，发现现有生产工艺的薄弱环节，并给出合理的优化建议。

3.2.2.2 技术装备诊断分析

查阅行业相关技术装备淘汰目录和先进技术装备推荐目录，对照并评估企业现有技术装备的政策的符合性和先进性，综合评估企业技术装备现状，将其分为先进水平（高能效）、限制类、淘汰类，列出更换目录或提升方向。

1）淘汰技术装备诊断

查阅行业相关技术装备淘汰目录，对照并评估企业现有技术装备的政策的符合性，列入淘汰目录的技术装备应制定合理的淘汰计划。

相关技术装备淘汰目录主要如下。

《产业结构调整指导目录（2019年本）》。

《部分工业行业淘汰落后生产工艺装备和产品指导目录》。

《高耗能落后机电设备（产品）淘汰目录》（第一批至第四批）。

2）先进技术装备诊断

查阅行业先进技术装备推荐目录，对照并评估企业先进技术装备的应用现状，宣贯先进技术装备推广应用政策，为企业推广应用先进技术装备提供建议。

先进技术装备推荐目录主要如下。

《国家重点节能低碳技术推广目录》（2016、2017）。

《"节能产品惠民工程"高效电机推广目录》(第一批至第六批)。

《节能机电设备(产品)推荐目录》(第一批至第七批)。

《高效节能锅炉推广目录》(第一批)。

《节能产品惠民工程高效节能配电变压器推广目录》(第一批至第二批)。

《"能效之星"产品目录》(2014—2020)等。

3) 重点用能设备能效测试

针对重点用能设备开展能效测试,绘制设备的能量平衡计算图表,与设备能效等级标准进行对标,并分析设备能源损失的原因,提出改进建议,找出能效提升的办法。

重点用能设备能效测试依据主要如下。

《用能设备能量平衡通则》(GB/T 2587—2009)。

《工业锅炉能效测试与评价规则》(TSG G0003—2010)。

《清水离心泵能效限定值及节能评价值》(GB 19762—2007)。

《通风机能效限定值及能效等级》(GB 19761—2020)。

《电动机能效限定值及能效等级》(GB 18613—2020)。

《泵类液体输送系统电能平衡测试与计算方法》(GB/T 13468—2013)。

《空气压缩机组及供气系统节能监测》(GB/T 16665—2017)。

《电焊设备节能监测方法》(GB/T 16667—1996)。

《电解、电镀设备节能监测》(GB/T 24560—2009)。

《干燥窑与烘烤炉节能监测》(GB/T 24561—2009)。

《燃料热处理炉节能监测》(GB/T 24562—2009)。

《整流设备节能监测》(GB/T 24566—2009)等。

以窑炉设备能效测试为例,通过测试窑炉尾气温度、助燃空气和燃料、炉渣含碳量、炉壁温度等参数,绘制窑炉设备的能量平衡图,如图3.4所示,描述窑炉不同形式的能源损失,并分析能源损失的原因,找出降低能源损失的办法。

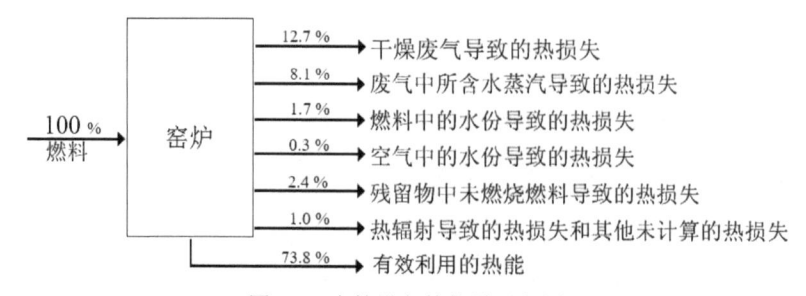

图 3.4 窑炉设备的能量平衡图

能源损失分为不可避免损失和可避免损失。经分析,以下这些损失是可以避免或减少的。

(1) 烟道气损失:包括过剩空气(根据燃烧炉技术、运转情况、操作(控制)及维修情况降低到必需的最低量）和烟道温度（通过优化维护（清洁）和负荷降低温度；窑炉技术的改进）。

（2）烟道和灰烬中未燃烧燃料带来的损失（优化操作和维修；燃烧炉的技术改进）。

（3）对流和辐射损失（通过改进锅炉的保温性能减少该损失）。

了解窑炉存在可以避免或减少的损失后，可提出提高窑炉能效的方法，举例如下。

（1）烟道温度控制。

（2）烟气余热利用。

（3）助燃空气预热。

（4）不完全燃烧最小化。

（5）过量空气控制。

（6）避免辐射热损失和对流热损失。

（7）鼓风机、吹风机的变速控制。

（8）确保窑炉燃烧室在微小正压下运作。

（9）使窑炉负荷与设计负载匹配。

3.2.2.3 系统优化诊断分析

（1）对企业使用的各类能源（如煤炭、天然气、电力、水等）进行能源平衡分析，得到购入储存、加工转换、输送分配、生产使用各个过程中的能源利用效率，分析能源浪费和损失，寻找节能途径。

能源平衡分析参考标准如下。

《企业能量平衡通则》（GB/T 3484—2009）。

《企业能量平衡网络图绘制方法》（GB/T 28749—2012）。

《企业能量平衡表编制方法》（GB/T 28751—2012）。

《用能设备能量平衡通则》（GB/T 2587—2009）等。

企业能量平衡表如表3.1所示。

表3.1 企业能量平衡表

项 目		购入储存			加工转换		输送分配	生产使用
		实物量	等价值	当量值	锅炉	小计		
能源名称		1	2	3	4	5	6	7
供入能量	电力（万kW·h）	1248.1672	3831.87	1534			1534	1503.32
	天然气（m³）	2875583	3824.53	3824.53	3824.53	3824.53		
	自来水（t）	466089	39.94	39.94			39.94	39.14
	蒸汽（t）						3442.08	3373.24
	其他							
	合计		7696.34	5398.47	3824.53	3824.53	5016.02	4915.7

续表

项 目		购 入 储 存			加 工 转 换		输送分配	生产使用
		实物量	等价值	当量值	锅炉	小计		
有效能量	电力（万 kW·h）			1534			1503.32	1262.79
	天然气（m³）			3824.53				
	自来水（t）			39.94			39.14	39.14
	蒸汽（t）				3442.08	3442.08	3373.24	2698.59
	其他							
	合计			5398.47			4915.7	4000.52
回收利用								
损失能量				0		382.45	100.32	915.18
供入能量合计				5398.47		3824.53	5016.02	4915.7
能量利用效率				100%		90%	98%	81%
企业能量利用效率	74.10%							

（2）对企业实施清洁能源等优化能源结构的项目可行性进行诊断分析，如太阳能光伏项目、煤改气项目、移峰填谷项目、空气源等热泵技术项目等。

以太阳能光伏项目为例，诊断工作小组将在现场了解企业所在地的年日照小时数、温度、风速、建筑物承重能力、可安装光伏阵列面积、替代用能方式、负载电能质量要求等参数，并根据了解到的参数，制定项目可行性方案。

（3）新建或扩建项目节能评估：分析项目能效水平在当地的水平，对在建项目能源利用情况进行评估，其是否与获批情况一致，是否有改进空间。

查阅企业的能评报告和实际建设情况，确定企业的实际运行情况与能评批复等一致。在现场调研时，确定是否存在落后淘汰设备，提出进一步的节能改造空间。查阅内容包括但不限于能评报告书（表）、企业项目能评批复、企业生产设备清单、电机设备统计表等。

（4）大数据应用分析诊断优化：针对企业现有的能源管理中心平台，对比分析仿真模型模拟工况运行结果和现场实际运行工况运行结果的差异，优化企业用能过程。

根据现有能管中心的统计数据报表和现场监视情况，分析近年来的能源变化趋势，针对性地提出生产过程中能源优化改进的可能性。

将物联网、云计算和大数据分析"联姻"，形成反馈闭环智能控制技术，对高耗能流程用能设备进行在线实时能源监控及管理，同时进行海量设备能耗数据挖掘分析，引入先进能耗指标，通过对比分析仿真模型模拟工况和现场实际运行工况运行结果，进行闭环反馈能效优化控制，实现能耗数据可视化，达到能耗排放最优化。

在未来，可根据现有基础以能耗和物耗可视化为出发点，紧贴大数据分析技术，形成关键的业务指标可视化与趋势分析，如图 3.5 所示，全方位支撑领导决策，进一步提升能源管理效果。

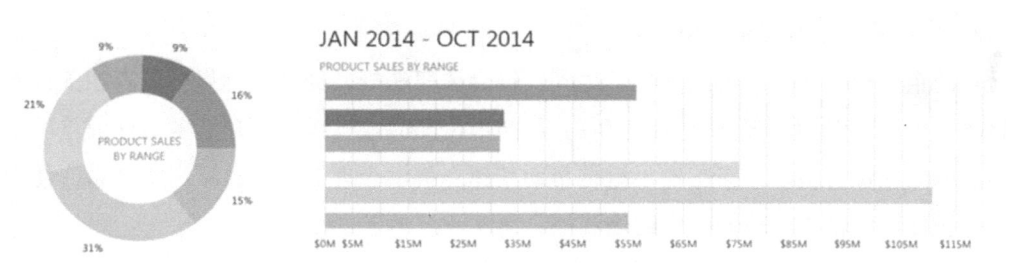

图 3.5　业务指标可视化与趋势分析

3.2.2.4　运行管理诊断分析

1）能源计量体系诊断

对企业能源计量状况进行诊断，为企业提高能源管理水平提供完善的能源计量体系。通过对现有能源计量器具及数据采集、应用现状分析，提出完善三级计量的改进建议，以及现有计量器具的准确度分析。

企业能源计量器具配备应满足的标准如下。

《用能单位能源计量器具配备和管理通则》（GB 17167—2006）。

《石油石化行业能源计量器具配备和管理要求》（GB/T 20901—2007）。

《有色金属冶炼企业能源计量器具配备和管理要求》（GB/T 20902—2007）。

《化工企业能源计量器具配备和管理要求》（GB/T 21367—2008）。

《钢铁企业能源计量器具配备和管理要求》（GB/T 21368—2008）。

《火力发电企业能源计量器具配备和管理要求》（GB/T 21369—2008）。

《建筑材料行业能源计量器具配备和管理要求》（GB/T 24851—2010）。

《纺织企业能源计量器具配备和管理要求》（GB/T 29452—2012）。

《煤炭企业能源计量器具配备和管理要求》（GB/T 29453—2012）。

《制浆造纸企业能源计量器具配备和管理要求》（GB/T 29454—2012）。

《烧结墙体屋面材料企业能源计量器具配备和管理导则》（GB/T 31350—2014）。

《水泥生产企业能源计量器具配备和管理要求》（GB/T 35461—2017）。

《船舶制造企业能源计量器具配备和管理要求》（GB/T 38067—2019）等。

诊断工作小组将勘查企业能源计量器具的配备是否充分考虑了现行国家标准、行业标准和企业标准的指导作用，是否满足生产工艺和使用环境的具体要求。企业常见的问题包括空压机房只有电表，没有压缩空气流量计；锅炉房只有耗煤计量，没有蒸汽流量计；只有锅炉出口总蒸汽流量计，没有各车间或各重要用能设备的蒸汽流量计等。诊断工作小组需列出企业缺失的能源计量器具清单，为企业详细讲解缺失的每个能源计量器具的重要性。

2）能源目标考核体系诊断

帮助企业建立具体、可测量、可达到、符合法律法规、经营目标指标具有相关性的能源目标、指标。例如，部分企业只有各分厂的单位产品成本考核，缺乏各工序或重要用能设备的能源目标考核，诊断工作小组将帮助其建立科学合理的能源目标考核体系，便于企业的能源使用由粗放管理转变为细化监控。

企业的能源目标、指标应符合的要求如下。

（1）与政府部门下达的节能减排目标及能源规划中的目标相协调。

（2）能源目标、指标不仅应在生产工厂、主要工序、能源介质系统、重要用能设备等层面，还应在相关职能部门进行适当分解，相关职能部门包括工艺技术、生产组织、设备管理、采购管理、品质管理等。

（3）能源目标、指标可以对应设为能源成本和效益指标。

（4）在建立和评审能源目标、指标时，应符合持续改进的原则。使用时，应考虑对应的能源基准和能源绩效标杆。

（5）根据能源目标、指标的完成情况，企业应按照相应的评价准则，落实节能目标责任制。

（6）企业生产、设备运行状态受地域、气候差异等影响较大时，能源目标、指标应按不同地域、不同季节分别进行计算确定。例如，冷冻机作为重要用能设备，应设立各季节的能源目标进行考核。

3）经济运行诊断

查阅企业的生产设备日运行报表及设备点检表，必要时将对一些重要用能设备的运行参数进行现场测试，得到设备的实际运行参数，以便与主要能耗设备经济运行标准要求、合理用电用热标准要求对比进行评价，给出评价结论后提出整改建议，提高企业经济运行综合水平。

主要能耗设备经济运行标准如下。

《三相异步电动机经济运行》(GB/T 12497—2006)。

《电力变压器经济运行》(GB/T 13462—2008)。

《交流电气传动风机(泵类、空气压缩机)系统经济运行通则》(GB/T 13466—2006)。

《通风机系统经济运行》(GB/T 13470—2008)。

《离心泵、混流泵、轴流泵与旋涡泵系统经济运行》(GB/T 13469—2008)。

《工业锅炉经济运行》(GB/T 17954—2007)。

《空气调节系统经济运行》(GB/T 17981—2007)。

《生活锅炉经济运行》(GB/T 18292—2009)。

《电加热锅炉系统经济运行》(GB/T 19065—2011)。

《容积式空气压缩机系统经济运行》(GB/T 27883—2011)。

《照明设施经济运行》(GB/T 29455—2012)。

《远置式压缩冷凝机组冷藏陈列柜系统经济运行》(GB/T 31510—2015)。

《水源热泵系统经济运行》(GB/T 31512—2015)。

《船舶燃油锅炉经济运行》(GB/T 34427—2017)。

《评价企业合理用电技术导则》(GB/T 3485—1998)。

《评价企业合理用热技术导则》(GB/T 3486—1993)等。

以企业风机、水泵系统的经济运行诊断为例,分析方法如下。

(1) 根据《评价企业合理用电技术导则》(GB/T 3485—1998),当企业风机效率低于70%,水泵效率低于60%时,应进行改造或更换。

(2) 大功率的风机和水泵应尽量采用软起动装置,替代星-三角起动装置,因为软起动装置起动电流小且平滑无波动,不会对电网产生冲击,不会影响其他设备的正常运行,还能节电。

(3) 考察风机和水泵的负荷情况,如果设备不是长时间在高负荷状态下运转,则应采用变频调节替代阀门、挡板等调节,起到显著的节电效果。

(4) 根据《交流电气传动风机(泵类、空气压缩机)系统经济运行通则》(GB/T 13466—2006),风机管网空气流速应不大于 7.5m/s,分支管网空气流速应不大于 5m/s;输送常温清水时,吸入管路流速应不大于 2m/s,排出管路流速应不大于 3m/s。因为风速和流速太大会产生较大的沿程阻力,从而增加能耗。

(5) 风机和水泵管路中应减少 90° 弯管及其他通流截面突变的管件,这样可减少管路局部阻力损失,降低能耗。送、排风管路系统的漏损率不能超过 10%,这也是风机节电的重要措施。

3.2.2.5 能源管理措施诊断

协助企业识别所有导致能源消耗的活动和运行，按照能源购入储存、加工转换、输送分配、生产使用的四个环节，根据用能单位整个用能系统、各个车间或单元的能源使用状况，制定相应的能源管理措施。

1）购入储存环节

根据用能单位的能源消费种类、数量和能源消费统计表，考察购入能源状况和审计期初、期末存储量、能源消耗及能源流向，并考虑以下内容。

（1）是否合理选择能源供应商：选择能源供应商除考虑价格、运输等因素之外，还要对所供能源的质量进行评价，确认能源供应商的供应能力，选定符合要求和稳定性的能源供应商。

（2）能源采购合同是否全面规范：采购合同应明确的内容包括输入能源的数量和计量方法；输入能源的质量要求和检查方法；对输入能源数量和质量发生异议时的处理规则等。

（3）输入能源的计量是否全面准确：应按采购合同规定的方法对输入能源进行计量，明确规定有关人员的职责和权限、计量和计算方法、记录，以及发现问题时报告、裁定的程序。

（4）输入能源质量的检测是否符合要求：根据能源使用要求，合理确定输入能源质量检测的项目和频次，采用国家和行业标准规定的通用方法，检测输入能源质量。同时，明确规定有关人员的职责、抽样规则、判定基准、记录，以及发现问题时报告、裁定的程序。

（5）储存管理是否合理：应制定和执行能源储存管理文件，规定储存消耗限额，在确保安全的同时，减少储存损耗。

2）加工转换环节

考察输入能源实物量和输出能源品种、数量的情况，并了解各个单元输入量占总输入量的比重，查看转换设备的运行、维护监测、定期检修等管理措施。

（1）是否有使转换设备保持最佳工况的运行调度规程：应制定转换设备运行调度规程，根据生产要求、设备状况和运行状况，确定最佳运行方案，各方面相互配合，使转换设备接近和保持最佳工况。

（2）是否制定全面、合理的操作规程，并严格执行：为使转换设备安全、经济地运行，应制定运行操作规程，对转换设备的操作方法、事故处理、日常维护、原始记录等做出明确规定，并严格执行；运行操作人员须经相关培训后持证上岗。

（3）是否定期测定转换设备的效率，并确定其最低基限：应定期测定转换设备的效率，确定其转换效率允许的最低基限,作为安排检修的依据。

(4)是否制定并执行检修规程和检修验收技术条件:为保证检修质量,掌握设备状况,应制定并执行检修规程和检修验收技术条件。项目改造或大修应对能源绩效的提高进行验证。

3)输送分配环节

了解管路、线路分布,管线始端和末端计量情况,并查看以下内容。

(1)是否制定分配和传输管理的文件,内容是否明确界定其范围、规定有关单位和人员的职责和权限,以及管理工作原则和方法。

(2)能源分配传输系统布局是否合理,是否进行合理调度,优化分配,适时调整,以减少传输损耗。

(3)是否对输配管线定期巡查,测定其损耗,是否根据运行状况,制定计划,合理安排检修。

(4)是否有能源领用制度,并制定用能计划,对有关部门用能是否准确计量,建立台账,定期统计。

4)生产使用环节

主要考察各个单元(车间、工序、部位、设备等)的能源输入量和输出量,并分析工艺、耗能设备经济运行和定额管理情况,合理有效地利用能源,主要查看以下内容。

(1)生产工艺的设计和调整是否考虑合理安排工艺过程,充分利用余能使加工过程能耗最小;各工序是否通过优化参数、加强监测调控、改进产品加工的方法降低能耗。

(2)耗能设备是否为节能型设备,耗能设备是否在最佳工况下运行,是否严格执行操作规程,并加强维护和检修。

(3)是否合理制定能源消耗定额,并将能耗定额层层分解落实;是否对实际用能量进行计量、统计和核算;是否对定额完成情况进行考核和奖惩,是否对定额及时修订。

企业应制定的能源管理文件如下。

① 能源评审控制程序。

② 能源法律法规及其他要求控制程序。

③ 能源基准与标杆及能源绩效参数控制程序。

④ 能源目标、指标及管理实施方案控制程序。

⑤ 新、改、扩建项目用能控制程序。

⑥ 设备、设施配置与控制程序。

⑦ 能源采购控制程序。

⑧ 运行控制程序。

⑨ 能源计量和统计控制程序。
⑩ 能源管理岗位责任制管理制度。
⑪ 设备设施能耗管理制度。
⑫ 节能技改项目管理制度。
⑬ 节能现场管理及审查制度。

3.3 清洁生产诊断要点

3.3.1 清洁生产诊断内容

清洁生产诊断的对象是企业，其目的有两个：一是判定出企业中不符合清洁生产的地方和做法；二是提出方案解决这些问题，从而实现清洁生产。通过清洁生产诊断，对企业生产全生命周期的重点（或优先）环节、工序产生的污染进行定量监测，找出高物耗、高能耗、高污染的原因，有的放矢地提出对策、制定方案，减少和防止污染物的产生。

企业清洁生产诊断是对企业现在的和计划进行的工业生产实行预防污染的分析和评估，是企业实行清洁生产的重要前提。在实行预防污染的分析和评估过程中，制定并实施减少能源、水和原料的使用，消除或减少产品和生产过程中有毒物质的使用，减少各种废物排放及其毒性的方案。

通过清洁生产诊断，达到：①核对有关单元操作、原料、产品、水、能源和废物的资料；②确定废物的来源、数量及类型，确定废物削减的目标，制定经济有效的削减废物产生的对策；③提高企业对由削减废物获得效益的认知；④判定企业效率低的原因和管理不善的地方；⑤提高企业经济效益和产品质量。

清洁生产诊断的总体思路可以用一句话来介绍，即判明废物的产生部位，分析废物的产生原因，提出方案减少或消除废物。图3.6表述了清洁生产诊断的思路。

废物在哪里产生？通过现场调查和物料衡算找出废物的产生部位，并确定其产生量，这里的"废物"包括各种废物和排放物。为什么会产生废物？如何消除这些废物？针对每个废物的产生原因，设计相应的清洁生产方案，包括可行的无费/低费方案和初步可行的中费/高费方案，方案可以是一个、几个甚至十几个，通过实施这些清洁生产方案消除这些废物的产生原因，从而达到减少废物产生的目的。

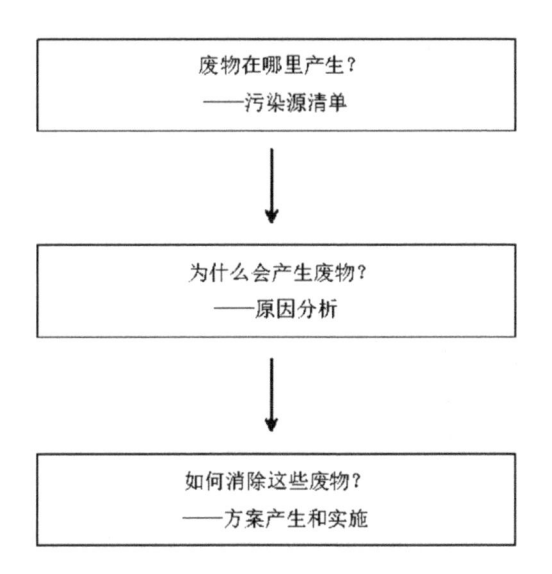

图 3.6 清洁生产诊断的思路

如图 3.7 所示，对废物的产生原因分析主要针对八个方面进行。

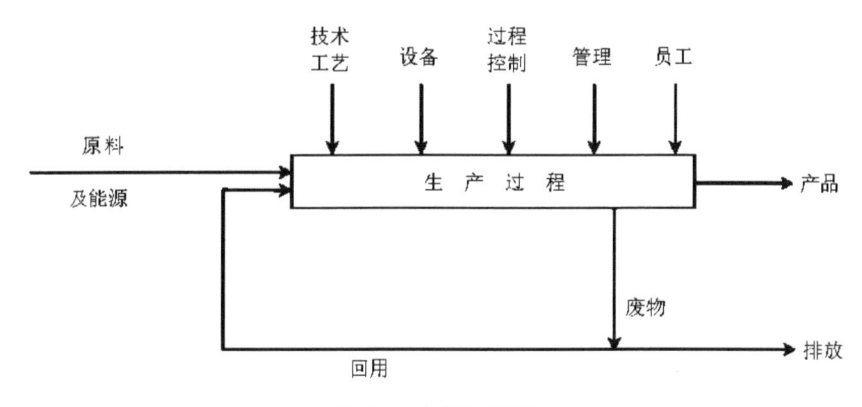

图 3.7 生产过程图

1）原料及能源

原料本身所具有的特性，如毒性、难降解性等，在一定程度上决定了产品及其生产过程对环境的危害程度，因此，选择对环境无害的原料是清洁生产所要考虑的重要方面。同样，作为动力基础的能源，是每个企业所必需的，有些能源（如煤炭、油等）在使用过程中直接产生废物，而有些则间接产生废物（如一般的电力，使用本身不产生废物，但火电、水电和核电的生产过程均会产生一定的废物），因此，节约能源、使用二次能源和清洁能源也有利于减少废物的产生。

2）技术工艺

生产过程的技术工艺水平基本上决定了废物的产生量和状态，先进、有效的技术可以提高原料的利用率，从而减少废物的产生，结合技术改造预防污染是实现清洁生产的一条重要途径。

3）设备

设备作为技术工艺的具体体现，在生产过程中也具有重要作用，设备的适用性及其维护、保养等情况均会影响废物的产生。

4）过程控制

过程控制对许多生产过程是极为重要的，如化工、炼油及其他类似的生产过程，反应参数是否处于受控状态并达到优化水平（或工艺要求），对产品的利率和优质产品的得率具有直接影响，因此也影响废物的产生。

5）产品

产品的要求决定了生产过程，产品性能、种类和结构等的变化往往要求生产过程进行相应的改变和调整，因此也会影响废物的产生。另外，产品的包装、体积等也会对生产过程及废物的产生造成影响。

6）废物

废物本身所具有的特性和所处的状态直接关系到它是否可现场再用和循环使用。只有当其离开生产过程时才成为废物，否则仍为生产过程中的有用材料和物质。

7）管理

加强管理是企业发展的永恒主题，任何管理上的松懈均会严重影响废物的产生。

8）员工

任何生产过程，无论自动化程度多高，从广义上讲均需要人的参与，员工素质的提高及积极性的激励也是有效控制生产过程和废物产生的重要因素。

以上八个方面的划分并不是绝对的，虽然各有侧重点，但在许多情况下存在相互交叉和渗透。例如，一套大型设备可能决定了技术工艺水平；过程控制不仅与仪器、仪表有关，还与管理及员工有很大的联系，等等。分析的唯一目的就是不漏过任何一个清洁生产机会。对于每个废物的产生原因都要从以上八个方面进行分析，这并不是说每个废物的产生都存在八个方面的原因，可能是其中的一个或几个。

3.3.2 清洁生产诊断关键点

清洁生产诊断的重点和难点是工作的主线，是工作的重心，也是绩效的主要产出点。需要从企业存在的实际问题中找出审核重点，从行业特点中挖掘清洁生产的潜力。

企业清洁生产诊断是一项系统而细致的工作，在整个过程中应充分发动全体员工的积极参与性，解放思想、克服障碍、严格按审核程序办事，以取得清洁生产的实际成效并巩固。①充分发动群众献计献策。②贯彻边诊断、边实施、边见效的方针，在诊断的每个阶段都应注意实施已成熟的可行的无费/低费方案。③对已实施的方案进行核查和评估，并纳入企业的环境管理体系，以巩固成果。④对诊断结论，要以定量数据为依据。⑤在方案产生和筛选完成后，对前4个阶段的工作进行总结和评估，从而发现问题、找出差距，以便在后期工作中进行改进。⑥在诊断结束前，对筛选出来还未实施的可行的方案，制定详细的实施计划。

3.3.2.1 重点关注

（1）未能实现达标排放、超出污染物排放总量控制指标或未能实现稳定达标排放的环节。

（2）对比行业清洁生产标准差距较大的环节。特别是未达到行业清洁生产三级标准的相关环节。

（3）企业节能减排规划内容所涉及环节，有利于提高生态效率的环节（含污染预防、节能、节水、提高资源综合利用效率）。

（4）三比较（与自己比、与先进比、与极限值比）后潜力较大的环节、部位，构成提高企业经济效益瓶颈的环节。

（5）对投入、产出数据进行数理分析后确定的相关环节。

（6）其他相关要素。

3.3.2.2 基本原则

确定审核重点的基本原则如下。

（1）考虑被审核对象污染物产生量大、排放量大的环节。

（2）考虑被审核对象资源和能源消耗量大的环节。

（3）考虑被审核对象污染物毒性大、难以处置的环节。

（4）考虑被审核对象物流进出口多、量大，难以控制的环节。

（5）考虑被审核对象影响产量瓶颈的环节。

（6）考虑被审核对象通过采取措施有明显环境和经济效益的环节。

对于产品比较单一，工艺比较简单的企业，可以通过简单比较法确定清洁生产诊断的重点和难点，通常将污染最严重、消耗最大、清洁生产机会最明显的企业列为清洁生产诊断重点。

对于工艺复杂、产品品种和原料多样的企业，通过权重总和计分排序法排序确定本轮的重点，也为以后的清洁生产提供依据，相关因素及权重值如表3.2所示。

表 3.2　相关因素及权重值

因　　素	W 权重值
废物（主要污染形式）	10
主要消耗	7～9
环保费用	7～9
市场发展潜力	4～6
车间积极性	1～3

3.3.3　清洁生产诊断方式

（1）企业环保总体情况：查阅企业环评批复及环保设备"三同时"情况，分析企业生产过程中涉及污染物排放的主要工序及各工序的污染物排放种类与排放量，并与相关排放限额进行对标。

（2）查看企业原料采购、运输、储存、管理、使用情况，并分析清洁原料替代空间。

（3）对企业现有的生产工艺及已采取的污染防治措施进行分析，结合企业实际情况，分析《国家涉重金属重点行业清洁生产先进适用技术推荐目录》《国家鼓励发展的重大环保技术装备目录》《安徽省工业领域节能环保产业"五个一百"推介目录》等文件中清洁生产先进技术工艺的适用性。

（4）查看企业末端治理设施及运行效果，分析污染物排放、废物综合利用、处理工艺和设施等方面的改善空间。

第 4 章
化工行业绿色诊断

随着我国科技与经济的高速发展,化工行业获得了前所未有的发展,但是在发展过程中也存在资源利用不充分及浪费的情况。当前,我国能源面临的形势较为严峻,以石油为例,石油资源对外依存度接近 70%,我国工业能耗约占全国能耗的 70%,远高于发达国家约占 1/3 的水平;同时我国单位国内生产总值能耗约为世界平均水平的 2.8 倍,重化工行业的单位产品能耗远高于世界先进水平,其中,原油加工、乙烯、合成氨等重要炼油与化工过程的单位产品能耗与世界先进水平还存在至少 5%~15%的差距。

在市场经济快速发展的背景下,化工行业以惊人的速度发展起来,化工行业作为高能耗、高污染企业的典型代表,严重影响本地区及周边地区的环境。因此,在化工行业推行绿色发展、低碳发展和循环发展意义重大。

4.1 化工行业与绿色诊断的关系

4.1.1 化工行业的特点

化学工业简称化工，是国民经济的基础产业和支柱产业之一，与农业、国防、国民经济各部门及人民生活有极为密切的关系。在我国生产的化工产品中，有70%以上直接为农业、轻工业提供化肥、农药、配套原料和生活必需品，所以化工行业同农业、轻工业和国民经济各部门的发展及人民生活水平的提高关系极大。

我国化工行业一直受到国家的高度重视。经过70多年的发展，我国已形成门类齐全、基本能适应国民经济和相关工业发展的化工行业体系。改革开放以来，我国化工行业不仅在总量上迅速发展，而且在产品结构、技术结构、投资结构、组织结构、工艺装备水平等方面取得了长足进步。如今，我国已形成包括石油及其制品、基础化学原料、农药化肥、化学制品、橡胶塑料等在内的多个重要子行业，涉及国民经济各领域的完整工业体系，成为我国经济发展的重要支柱产业，主要经济指标居全国各工业行业之首。

化工有一个重要的特点，就是煤炭、石油、天然气等，既是化工的能源，又是化工行业的原料，这两项加起来占产品成本的25%~40%，在氮肥工业达70%~80%。因此，广义的化工是工业部门的第一用能大户。这一特点使得节能减排工作在化工行业有着极为重要的意义。化工行业是重要的基础原料工业，同时是重要的能源消耗部门。化工行业包括12个行业、4万多种产品，但能源消耗主要集中在几种主要耗能产品的生产过程中，如氮肥（合成氨）、烧碱、电石、黄磷、炭黑等。对化工行业而言，能源不仅是燃料、动力，还是生产原料，目前用作原料的能源占化工行业能源消费总量的40%左右。

化工生产中需要进行一系列化学反应，一类反应是吸热反应，即反应过程中要吸收热量；另一类反应是放热反应，即反应过程中放出热量。化工生产往往需要在较高的温度、较大的压力下操作，有的甚至采用电解、电热等操作，对热能和电能的需求量较大。被加热的物料往往还要进行冷却，需要大量的冷却水，故化工行业也是用水大户。化工行业能量消费的复杂性，使得工艺与动力系统紧密结合成为现代化工行业的一个显著特点。

化工行业内部行业众多，各行业之间能耗差距很大，这一点是化工行业不同于其他工业的一个特点。而我国的化工行业即使在同一行业之间，差距也很大。以合成氨为例，即使同类原料、同等规模的生产企业之间，单位产品能耗差距也很大，大中企业差别40%左右，大企业与小企业甚至差别60%以上。

我国化工行业能源结构以煤炭、焦炭为主，占化工行业总能耗的50%以上，与发达国家化工行业以石油、天然气为主的能源结构相比,我国化工行业的用能结构是以低品质能源为主的能源结构。改革开放以来,我国化工行业的发展取得了长足进步,基本满足了经济社会发展和国防科技工业建设的需要。但化工行业的能源利用效率与发达国家仍有较大差距,这种能源结构,带来了能耗上升和污染严重的后果。这也意味着我国化工行业在技术创新、产业结构、绿色发展等方面有极大的改善空间。

近年来,节能环保已从专业人员关注的问题变成国家最高领导层关注的问题。通过《中华人民共和国节约能源法》的颁布、实施和修改,我国将节约资源作为基本国策,实施节约与开发并举,把节约放在首位的能源发展战略。"十三五"是我国全面建成小康社会的决胜阶段,也是我国由化工大国向强国迈进的关键时期。因此,化工行业的节能减排、绿色发展不仅是企业发展的需要,更是国家和社会的需要。

4.1.2 化工行业的发展现状和趋势

化工行业有多种分类方法。按原料来源划分,可分为石油化工、天然气化工、煤炭化工、盐化工等,天然气常与石油共生,因此,常把天然气化工归属于石油化工;从产品出发,可划分为无机化工、基本有机化工、高分子化工、精细化工等。还有其他多种分类方法,但每种分类方法都难以严格适应。

目前,世界化工的主体是石油化工,石油化工是化工行业的重要组成部分,它囊括了很多行业,如橡胶助剂行业、合成材料行业、农药行业、化肥行业等,在中国国民经济的发展中有重要作用,是中国的支柱产业之一。石化行业的持续、高速发展,能有效地推动农业、机械制造、建筑、轻工等相关行业的发展,从而促使整个国民经济高速发展。但由于中国原油资源储量不足,目前原油进口依存度已高达72%,如此高的依存度已经威胁到国家的能源安全,因此,煤炭化工的发展对中国有着重要的战略意义。传统煤炭化工如煤制合成氨、甲醇、焦炭和电石等的价格和消费量有所回升,但是由于产能过剩,当前传统煤炭化工行业开工率仍然较低。新型煤炭化工以生产洁净能源和可替代石油化工产品为主,如柴油、汽油、航空煤油、液化石油气、乙烯原料、聚丙烯原料、替代燃料(甲醇、二甲醚)等,它与能源、化工技术结合,可形成煤炭—能源化工一体化的新兴产业。

从产品生产过程的角度分析,基本有机化工行业作为整个石化行业的龙头,起着至关重要的作用。因此,基本有机化工行业已成为国家产业政策重点支持的行业。随着国家投融资体制的不断改革,国内基本有机化工行业已经由过去的以国有企业投资为主,转变为国有企业、港台、外商投资并举的局面,投资主体呈现多元化的趋势。投资主体的多元化,不但可以加快我国基本有机化工行业的发展速度,还可以极大地提高整个行业的产业发展水平。基本有机化工行业的景气状况主要受到整体经济环境的影响。我国基本有机化工行业受快速增长的国民经济拉动，仍保持快速增长的态势。

基本有机化工原料（有机化工中间体）是化工原料的一个重要分支，在化工行业中起到承上启下的重要作用，既是基础原料的下游产品，又是精细化工产品的原料，具有品种繁多、合成路线选择性广、市场需求前景好、合成技术进展迅速等特点。它主要包括炔烃及衍生物、醇类、酮类、酚类、芳香烃衍生酸酐等，其产品主要有乙烯、丙烯、苯乙烯、三苯、甲醇、乙醇等。我国已经成为全球有机化工中间体主要生产国和供应国，目前我国有机化工中间体行业呈现装置大型化、原料供应充足、下游需求旺盛、部分合成技术取得突破的局面。

改革开放以来，包括石油和化工在内的原料工业在我国发展迅速，目前主要产品已经达到很大规模，多种产品产能居世界首位，在国际上占据举足轻重的地位。随着我国工业化的阶段性变化，原料工业的内部结构特征也发生了变化，主要是传统产业比重下降，高端和新型产业得到了较快发展。

"十二五"是我国原料工业调整转变的关键时期，既要满足国民经济发展的要求，也要为应对未来需求升级和产能过剩进行战略性调整。面对国内经济增长速度换挡期、结构调整阵痛期、前期刺激政策消化期三期叠加的复杂形势和世界经济复苏艰难曲折的外部环境，我国化工行业始终坚持稳中求进的总基调，大力推进结构调整、科技创新，全行业总体保持平稳较快发展，综合实力显著增强，为促进经济社会健康发展做出了突出贡献。主要体现如下。

1）综合实力显著增强

"十二五"期间，我国石化和化工行业继续维持较快增长态势，产值年均增长 9%，工业增加值年均增长 9.4%，2015 年，行业实现主营业务收入 11.8 万亿元。我国已成为世界第一大化工产品生产国，甲醇、化肥、农药、氯碱、轮胎、无机原料等重要大宗产品产量居世界首位。主要产品保障能力逐步增强，乙烯、丙烯的当量自给率分别提高到 50%和 72%，化工新材料自给率达到 63%。

2）结构调整稳步推进

区域布局进一步改善，建成了 22 个千万吨级炼油、10 个百万吨级乙烯基地，形成了长江三角洲、珠江三角洲、环渤海地区三大石化产业集聚区；建成了云贵鄂磷肥、青海和新疆钾肥等大型化工基地，以及蒙西、宁东、陕北等现代煤炭化工基地。化工园区建设取得了新进展，产业集聚能力持续提升，建成了 32 家新型工业化示范基地。产品结构调整持续深化，22 种高毒农药产量降至农药总产量的 2%左右，高养分含量磷复肥在磷肥中的比例达到 90.8%，离子膜法烧碱产能比例提高到 98.6%，子午线轮胎产量比重提高到 90.9%。随着新型煤炭化工和丙烷脱氢等技术的突破，非石油基乙烯和丙烯产量占比提高到12%和27%，有效提高了我国石化和化工产品的保障能力。

3）科技创新能力显著提升

企业的创新主体地位进一步增强，建成了数百个石化和化工企业技术中心。高强碳纤维、六氟磷酸锂、反渗透膜、生物基增塑剂等一批化工新材料实现了产业化，一些拥有特色专有技术的中小型化工企业逐渐成为化工新材料和高端专用化学品领域创新的主体。氯碱用全氟离子交换膜、湿法炼胶等生产技术实现了突破，建成了万吨级煤制芳烃装置。对二甲苯和煤制烯烃等一批大型石化、煤炭化工技术装备实现了国产化，部分已达到国际先进水平。

4）节能减排取得成效

在全国率先建立能效领跑者发布制度，涌现出一批资源节约型、环境友好型化工园区和生产企业。2011—2014年，全行业万元产值综合能耗累计下降20%，重点耗能产品单位能耗目标全部完成；行业主要污染物排放量持续下降。2014年，石化和化工行业万元产值化学需氧量（COD）、氨氮和二氧化硫（SO_2）的排放强度分别为0.43千克/万元、0.07千克/万元和1.79千克/万元，较2010年分别下降47.6%、40%和23.5%；煤炭化工、农药、染料等行业污染防治水平得到进一步提升，磷矿石等化学矿产资源综合利用效率不断提高，重金属排放得到了有效控制。

5）两化融合逐步深化

超过90%规模以上的生产企业应用了过程控制系统（PCS），生产过程基本实现了自动化控制。生产优化系统（APC）、生产制造执行（MES）、企业资源计划管理系统（ERP）也已在企业中大范围应用，生产效率进一步提高。石化、轮胎、化肥、煤炭化工、氯碱、氟化工等行业率先开展智能制造试点示范。

6）国际合作成果显著

"十二五"时期，石化和化工行业对外开放水平不断提高。巴斯夫、沙特基础工业企业及杜邦等国际化工跨国企业积极拓展在华业务，建设研发中心和生产基地，发展高新技术产业，产品档次明显提升。国内石化和化工企业开展了一系列有影响力的跨国并购，中国化工行业收购了马克西姆—阿甘企业、倍耐力企业等，取得了较好成效，提高了国内行业全产业链的竞争优势；轮胎行业在天然橡胶资源丰富的东南亚地区重点布局，投资建设多家工厂；氮肥行业向孟加拉国、巴西、越南、新西兰等国家输出合成氨、尿素生产技术；钾肥行业在海外10多个国家投资了20多个项目。

我国石化和化工行业的经济总量和发展质量都有较大的进步，但与发达国家相比，发展水平仍有差距。

1）结构性矛盾较为突出

传统产品普遍存在产能过剩问题，电石、烧碱、聚氯乙烯、磷肥、氮肥等重点行业的产能过剩尤为明显。以乙烯、对二甲苯、乙二醇等为代表的大宗基础原料和高技术含量的化工新材料、高端专用化学品国内自给率偏低，工程塑料、高端聚烯烃塑料、特种橡胶、电子化学品等高端产品仍需要大量进口。

2）行业创新能力不足

科技投入整体偏低，前瞻性原始创新能力不强，缺乏前瞻性技术创新储备，达到国际领先水平的核心技术较少。核心工艺包开发、关键工程问题解决能力不强，新一代信息技术的应用尚处于起步阶段，科技成果转化率较低，科技创新对产业发展的支撑较弱。

3）安全环保压力较大

随着城市化的快速发展，"化工围城""城围化工"问题日益显现，加之部分企业安全意识薄弱，安全事故时有发生，行业发展与城市发展的矛盾凸显，"谈化色变"和"邻避效应"对行业发展制约较大。随着环保排放标准的不断提高，行业面临的环境生态保护压力不断加大。

4）产业布局不合理

石化和化工行业企业数量多、规模小、产能分布分散，部分危险化学品生产企业尚未进入化工园区。同时，化工园区"数量多、分布散"的问题较为突出，部分园区规划、建设和管理水平较低，配套基础设施不健全，存在安全环境隐患。

4.1.3　化工行业绿色诊断的意义

城市化水平的不断提高，居民消费的升级，能源、重化工产品的需求快速增长，特别是基本工业产品的需求量激增，钢铁、冶金、石化、建材、机械制造等重型工业行业保持较高的增长速度。重型工业化的快速发展，使我国环境形势日趋严峻，很多地区主要污染物排放量超过环境承载能力，流经城市的河段普遍受到污染，土壤污染面积扩大，水土流失严重，生态环境总体恶化的趋势仍未得到根本扭转。

此外，我国还面临着二氧化碳等温室气体减排的巨大压力。在环境承载能力有限的情况下，传统的高投入、高消耗、高排放、低效率的经济增长方式急需转变。这是对包括石化和化工行业在内的多个工业行业提出的重大课题。近几年，公众对环保的关注度日益上升，给石化和化工行业带来了很大的压力。

随着全球经济的逐步发展，尤其是新兴经济体的发展，全球对石化产品的需求将继续增加，但是受到全球环境保护要求提高的影响，未来数十年，世界石化产业的关注重点将从总规模和总产能的增加，转向更加关注质量、效益和对环境友好的提升。同时，我国经济发展正处于增速换挡、结构调整、动能转换的关键时期，石化和化工行业进入新的增长动力孕育和传统增长动力减弱并存的转型阶段，行业发展的安全环保压力和要素成本约束日益突出，供给侧结构性改革、提质增效、绿色可持续发展任务艰巨。因此，绿色化工必将成为发展重点，加大新能源开发力度，进一步推进全行业节能减排，践行清洁生产，推进化工行业循环经济发展战略必将成为全行业的新常态。

对企业绿色诊断的目的在于为企业查找节能、绿色制造体系及清洁生产方面存在的问题，帮助企业制定提升路径方案，促进企业能效提升和绿色发展转型。通过绿色诊断的实施，企业可以发掘自身发展过程中的问题，通过科技创新、清洁生产，不断提高核心竞争力。主要体现在：一是加快节能、环保技术的开发应用，实现清洁生产；二是开发多种能源和资源，如可再生的生物质能源和化学品开发等；三是产品的开发重点转向技术含量高、回报率好、具有前瞻性的产品领域，而技术的开发重点转向大型化生产技术、炼化一体化技术、新催化技术、绿色化学品技术、替代能源和替代石化原料技术、信息应用技术、生物化工技术、新材料与纳米技术等方面。

4.2 化工行业绿色诊断重点与绿色技术

4.2.1 化工行业绿色诊断重点

在化工企业的生产过程中，绿色诊断重点包括三个方面：节能减排诊断、清洁生产诊断、绿色工厂诊断。

1. 节能减排诊断

在《中华人民共和国国民经济和社会发展第十三个五年规划纲要》中明确提出，我国今后要朝着绿色、环保、节能的方向发展。在此大背景下，化工企业的节能减排将是大势所趋。在化工企业的生产过程中，节能减排诊断的重点主要在以下四个方面：流程工艺、化工单元操作设备、化工过程系统和操作控制。

1）流程工艺

流程工艺节能的基本方向首先是化学反应器，其次是分离工程。化学反应器取决于催化剂和化学反应工程。

（1）催化剂是流程工艺中的关键物质，现有的流程工艺约有80%采用了催化剂，而在即将投入工业生产的新的流程工艺中，约有90%采用了催化剂。

同样，催化剂是流程工艺节能中的关键物质，这是因为一种新的催化剂可形成一种新的更有效的工艺过程，使反应转化率大幅度提高，温度和压力条件下降，单位产品能耗显著下降。另外，提高催化剂的选择性，减少了副产物，既节省了原料消耗，又降低了分离过程的负荷和能耗。

例如，ICI企业用低压（5MPa）、低温（270℃）的铜基催化剂代替高压（35MPa）、高温（375℃）的锌—铬催化剂合成甲醇，不仅使合成气压缩机的动力消耗减少了60%，整个工艺的总动力消耗减少了30%，而且在较低温度下大大减少了副产物，节省了原料消耗和甲醇精馏的能耗，使吨甲醇的总能耗从4.19×10^7 kJ降低到3.6×10^7 kJ。

（2）绝大多数化学反应过程都伴随有流体流动、传热和传质等过程，每种过程都有阻力，为了克服阻力，推动过程进行，需要消耗能量，若能减少阻力，则可降低能耗。另外，一般的化学反应都有明显的热效应，对吸热反应有合理供热的问题，对放热反应有能量合理利用的问题。

例如，氨合成塔过去一直采用轴向塔，流体阻力很大，现在许多企业提出低压降的径向塔，使塔压降大大降低，以直径为2100mm的氨合成塔为例，压降从4.2MPa降低到63kPa。

（3）分离工程化工生产中应用的分离方法有很多，如精馏、吸收、萃取、吸附、结晶、膜分离等，每类方法中还包含多种方法，每种方法的能耗是不同的，需要加以选择。

（4）改进工艺方法和设备。例如，用炼焦行业的湿法熄焦方式炼制10kt焦炭，仅熄焦方式一项就比用先进的干法熄焦方式多损失500t左右的标准煤。

精馏塔由板式塔改为规整填料塔，可以降低塔压降，减少塔底与塔顶的温差，提高生产能力，减小回流比，减少动力消耗。

2）化工单元操作设备

化工单元操作设备的种类很多，如流体输送机械（泵、压缩机等）、换热设备（锅炉、加热炉、换热器、冷却器等）、蒸发设备、塔设备（精馏、吸收、换热设备萃取、结晶等）、干燥设备，每类设备都有其特有的节能方式。

（1）流体输送机械对可变负荷的设备采用转速控制、回收压缩热等。

（2）换热设备的节能方法：加强设备保温，防止结垢，保持合理传热温差，强化传热；对锅炉和加热炉控制过量空气，提高燃烧特性，预热燃烧空气，回收烟气余热；采用高效率设备，如热管换热器等。

（3）蒸发设备的节能措施：预热原料、多效蒸发、热泵蒸发等。

（4）塔设备的节能途径：减小回流比、预热原料、利用塔顶热、使用串联塔、采用热泵、采用中间再沸器和中间冷凝器等。

(5)干燥设备控制和减少过量空气、余热回收、排气的再循环、热泵干燥等。

3)化工过程系统

化工过程系统节能是指从系统合理用能的角度,对生产过程中与能量的转换、回收、利用等有关的整个系统进行的节能工作。

从原料到产品的化工过程,始终伴随着能量的供应、转换、利用、回收、排弃等环节,如预热原料、进行反应、冷却产物、气体的压缩和液体的泵压等。这不仅要求外部提供动力和不同温度下的热量,而且又有不同温度的热量排出。通过对能量的转换过程进行控制,以及对能量回收系统的改善,可以进一步实现热回收。对动力与蒸汽进行有效控制,以及对能量回收系统进行优化是节能的重要途径之一。

通过优化换热网络提高能源的回收率、减少能量的损耗,是能量回收系统热集成的具体体现。在化工生产过程中,往往需要多套装置联合作业才能生产出目的产品。工艺的热联合可以将各个装置联系起来,有助于提高整体能量的使用率,减少装置的冷却负荷、不必要的加热系统,既能节省燃料,又能减少污染物的排放。就目前而言,最常用的能量回收系统的优化方法是夹点技术。所谓的夹点指的是在能量转换过程中温差最小的点,这个点对于能量的回收利用具有非常大的作用,通过控制夹点的温差可以有效地降低资源的消耗和能量的浪费,普遍应用在节热和节水领域。同时,随着人工智能的不断普及,可以采用人工智能方法对能量回收系统进行优化控制。

4)操作控制

操作控制节能包括两个方面:一方面是节能需要操作控制;另一方面是通过操作控制节能。

节能需要操作控制,通过仪表加强计量工作,做好生产现场的能量衡算和用能分析,为节能提供基本条件。特别是在节能改造之后,回收利用了各种余热,加强了物流与物流、设备与设备之间的相互联系和相互影响,使生产操作的弹性缩小,采用控制系统进行操作。

另外,为了搞好生产运行中的节能,必须通过操作控制节能。例如,产品纯度的控制不够准确是引起生产过程能量损失的一个主要原因。若产品不合格,则将承受很大的损失,所以一些设备要留有颇大的设计限度,使产品的纯度高于所需的纯度,大大增加能耗。

在生产过程中,各种参数的波动是不可避免的,如原料的成分、气温、产量、蒸汽需求量等,若生产优化条件随着这些参数的变化而变化,则能取得很好的节能效果。计算机使得这种优化控制成为可能。

2. 清洁生产诊断

推进化工行业清洁生产活动主要指在生产活动的源头及生产工艺的整个过程对污染物的生产、排放进行控制,从而达到降低生产能耗的目的。清洁生产的核心思想就是通过能源节约、能耗降低、污染减少,最终实现行业经济效益、环境效益的增加。

当前推行的清洁生产模式的关键难题是相关生产技术的问题,清洁生产技术关系着化工行业生产的各个流程和环节,主要涉及整个生产过程的设计、化工原料的选择和购买、污染物的循环及利用、销售途径的设计等,针对不同的生产环节要进行不同的细化和分析,将各个生产环节之间进行串联,增强不同生产部门之间的沟通和交流,提高整个生产过程中清洁生产技术的使用率,降低企业的污染物排放。

1)科学选用化学催化剂

催化剂是化学生产中不可忽视的材料,对于化学生产起着极大的催化作用。然而在实际的化工生产中,所选用的催化剂都是有害的物质,会对环境造成极大的危害,所以对其废物的处理一直以来都是化工生产中的主要问题。利用绿色化工技术,能够很好地解决该问题,通过合理选择催化剂或避免选择含有有害物质的催化剂,可以极大地减少有害物质的产生。科研人员的目光不能只关注化学反应,而要将目光放得更远,研究安全无害的催化剂,尽可能地降低催化剂废物的排放。

2)选择适当的化工原料

清洁生产要求化工生产企业秉持"预防为主、综合治理"的理念,从源头上解决问题。需要从两个方面着手:一是选择低排毒和环保性高的生产原料;二是注重安全防范意识。做到这两个方面,就能极大地降低化工生产的污染,并极大地起到保护环境的作用。通常而言,类似于树木的自然界野生材料或稻草、麦秸等农业生产物都可以作为化工生产的原料,这些物质都属于我们常见的无害物质。例如,在生产氢气的过程中,可以采用生物质气化技术,从根本上解决化工生产带来的环境污染。

3)提升化学反应的选择性

为了在化工生产中起到事半功倍的效果,在一般情况下,需要在化工技术的应用中提升化学反应的选择性。选择性指在保证化工生产达到一定标准或规定的前提下,降低其带来的环境污染,并起到一定的降低经济成本的目的,大幅度提升资源利用效率。此外,在生产过程中,为了保证化工的有效生产,需要有针对性地控制具有危害生成物的反应,从源头上进行预防,最终达到绿色生产的目的。

4)环境友好型产品

环境友好型产品是指在整个化学生产中都没有有害物质的产生,对环境零污染的产品。在化工生产中,除一些无害生产材料以外,采取的节能设备同样可以被认为是环境友好型产品。人们日常生活中用到的绿色有机食品、绿色能源电动车都可以被认为是环境友好型产品。我国虽然和其他国家相比具有大量的资源,但是人口较多,人均资源分配较少,所以在化工生产中一定要注意能源的节约,尽可能地降低化工生产中的能源损耗。例如,汽车行驶中所使用的燃料通常是柴油和汽油,这些能源不仅属于不可再生资源,而且会产生大量的废气,对空气造成极大的污染。所以,当下最为迫切的就是采用新能源。

5) 产业链循环发展

循环经济主要是指经济活动中存在的物质循环、使用、再生的模式,是建立在资源回收及利用的基础之上的。循环经济模式要求企业建立生态发展的产业链,坚持"3R"原则,促进化工行业各种废物的再使用和再利用,减少废物的产生,同时提高废物的利用率。随着循环经济模式影响范围的不断扩大,很多化工企业都开始进行循环经济模式的探索,很多城市在这方面已经取得了一定的成绩。例如,某市通过建立化工行业四大产业链实现了化工产品的精细化和集约化加工,不仅减少了化工行业废物的产生,同时促进了化工行业节能减排工作的高效进行。

3. 绿色工厂诊断

绿色工厂诊断包括厂区的绿化、碳核查和碳足迹诊断。其中,碳核查和碳足迹诊断主要确认企业是否开展相关工作,是否根据核查结果对生产过程进行指导改善。碳核查诊断主要根据《工业企业温室气体排放核算和报告通则》(GB/T 32150—2015)、《中国化工生产企业温室气体排放核算方法与报告指南》和《中国石油化工生产企业温室气体排放核算方法与报告指南》的要求进行;碳足迹诊断衡量在产品全生命周期各阶段的排放量总和,即从原料开采、产品生产(或服务提供)、分销、使用到最终处置、再生利用等多个阶段的各种温室气体排放量的加权之和。

由于化工行业有很多,碳核查和碳足迹诊断涉及的边界、产品、生产过程又相当复杂和多样,因此这里仅对厂区的绿化诊断进行简要阐述。

在早期的工厂布置中,大多不考虑美化和绿化,随着工业技术的发展,尤其是化工技术的日新月异,化工生产对环境的影响范围日益扩大,影响的复杂程度日益加剧。在这种情况下,要使化工企业受到社会欢迎,并能吸引人们去工作,就必须对化工企业的环境加以治理并进行绿化。如果化工企业的绿化工作开展不好,环境质量差,则会使人们感到化工企业散发的有害物质造成的威胁,精神上受到刺激,心情上受到压抑。例如,江苏省某化工厂在开展绿化工作以前,许多员工认为化工厂污染太严重,因而不安心工作。直到化工厂加强了环境治理,开展了绿化工作,环境污染得到了改善,红绿色彩增加了厂区的生气,厂容焕然一新,员工的心情才随之稳定了。化工过程系统的几个绿化先进企业的经验也说明,优美的环境给员工带来了愉快和舒适,振奋了精神,提高了劳动生产率。

1) 绿地率

厂区绿地率是厂区绿地面积与厂区面积之比,其中绿地面积指成块绿化面积的总和。其计算方法为:厂区绿地率=[厂区绿地面积(m^2)/厂区面积(m^2)]×100%。这是一项与土地利用有关的指标,也是现阶段法定衡量工业厂区环境绿化质量的最重要的指标。《城市绿化管理学》(上海城市管理学院,中国林业出版社,2001版)提到,"1980年厂区绿地率应不低于25%,2000年又将这一指标提高到了30%"。若厂区绿地率不满足要求,则应根据计算结果和企业战略需要提出绿化规划。

2) 植物的多样性

研究表明,树木可以起到滞尘和减尘的作用,植物叶片表面特性和本身的湿润性具有很大的滞尘能力,当含尘气流经过树冠时,一部分颗粒较大的灰尘被树叶阻挡而降落。由于树木能够吸附和过滤灰尘,使空气中灰尘减少,因此也减少了空气中的细菌含量。不同的园林植物,由于叶面粗糙性、树冠结构、枝叶密度和叶面倾角的差异,导致它们滞尘能力的差异。因此,厂区绿化植物的数量和种类很重要,特别是化工行业,应选择吸污能力优、污染适应性强的植物。在此前提下,应尽量采用能在厂区中生长良好的植物,以丰富厂区绿化种类,一旦采用,能使厂区在冬天保持较好的环境质量,特别是常绿乔灌草。应提高植物的使用频度,以80%为宜。应采用如乔木罗汉松、刺槐、灌木山茶、毛鹃、地被竹、花叶蔓长春、鸭趾草、八仙花、紫茉莉等容易生长的植物。

3) 绿地养护管理

绿地的养护管理不是简单地浇浇水、拔拔草、打打药,而是一项经常性、系统性的工作。如果对树木、草坪长期放任不修剪,或者不按科学进行修剪,则绿地内植株偏歪、枝条紊乱、杂草滋生,景观上杂乱无章、毫无美感。若对病虫害防治不及时,缺乏对病虫害的测报,综合防治不重视,则可能导致绿地内病虫害严重,得不到有效控制,严重影响绿化功能。

4.2.2 化工行业绿色技术

1. 蒸汽节能技术

化工生产中的一系列化学反应,有的是吸热反应,有的是放热反应,因而工艺与动力系统的紧密结合使得蒸汽的需求量较大。蒸汽节能技术包括产汽系统节能和用汽系统节能两部分。

1) 产汽系统节能

(1) 采用分层给煤装置。该装置具有结构精巧、操作简单、运行可靠、节能效果明显等优点。一般的锅炉改造投资回收期不到一年,有明显的现实意义。值得注意的是,该装置适用于4~65t/h的正转链条锅炉。

(2) 采用锅炉微机控制系统。从负压、气温、燃烧、气压及气泡水位控制系统等进行自动控制,使燃烧达到最佳状态,从而实现节能。

（3）采用 H—Na 离子交换系统。通过该系统可以进一步改善水质，降碱除盐，省去污水处理的工序，同时使排污率由15%降为5%，从而节约了大量热能。例如，某厂使用 H—Na 离子交换系统后，年节煤达到5400t，经济效益十分可观。

（4）蒸汽蓄热器的利用。蒸汽蓄热器的原理是当锅炉负荷减少时，将锅炉内多余蒸汽供入蒸汽蓄热器，使蒸汽在一定压力下变为高压饱和水。当供热负荷增加，锅炉蒸发量供不应求时，降低蒸汽蓄热器中的压力，高压饱和水分离为蒸汽和低压饱和水，产生的蒸汽供用户使用。工业锅炉设置蒸汽蓄热器后，锅炉在正常负荷下运行，消除了负荷波动对锅炉燃烧和热效率的影响，提高了锅炉热效率。采用蒸汽蓄热器一般可节约燃料5%～15%。

2）用汽系统节能

（1）提高蒸汽品位。蒸汽干湿度通常要求小于5%，否则导致导热率降低，并且容易产生水击。如果在管道、阀门中安装疏水器，如达到国际先进水平的自由半浮球式疏水器（杭州西湖阀门厂），则可以减少蒸汽在输送时的能耗，提高蒸汽品位。

（2）凝结水与废蒸汽回收。提高凝结水的回收率，防止凝结水的损失是蒸汽节能中的重要环节。提高凝结水的回收率不仅减少了锅炉软化水补充量，减轻了水处理系统的负荷，同时提高了给水温度。凝结水是清洁的软水，含有16%～30%的显热，因此，回用凝结水节能显得尤为有意义。例如，通过疏水器和合理地回收管道形成的疏水器回收系统，无须动力，投资少，可100%杜绝跑、冒、滴、漏现象，不仅节约了能源，还节约了软水，是实实在在的高效节能。

（3）及时消除泄漏。据统计，一个3mm 的小孔，在0.6MPa 的蒸汽系统中，一年的漏汽量相当于60t 标准煤。因此，在化工生产中，必须消除泄漏，以减少能源浪费。

（4）做好保温工作。研究数据显示，一段通0.6MPa 蒸汽的4m 长的 DN25 管，一年不保温的热损失相当于1t 标准煤。故要通过综合考虑投资和运行费用，选择导热系数小、容质轻、坚固性好、耐温、耐湿的材料作为保温材料。

2. 使用新工艺和新设备

使用新工艺和新设备，从源头上减少能量是节能的理想措施。新工艺和新设备有助于提高目的产品的收率、装置的操作弹性，从而降低能耗。

1）热管换热器

热管换热器利用密闭管内工质的蒸发和冷凝进行传热，是一种新型的高效传热元件，由密闭管壳、管芯及工质三个基本部分组成。热管换热器具有传热性能好、适用温度范围广、结构简单、热流密度可调等优点。据介绍，一台2791千瓦时的热水锅炉使用气—液热管换热器后，烟气温度由原来的230℃下降到170℃，给水温度由原来的10℃上升到60℃，热量回收率达到26%，锅炉热效率提高了3.1%，节能效果显著。

2）精馏过程节能

在工业生产中，石化行业的能耗所占比例最大，又以精馏的能耗居首位。在加入精馏过程的能量中，绝大部分能量被冷却水或分离产品带走，造成了极大的能量浪费，因此精馏过程节能的潜力很大。

（1）优化工艺操作。精馏过程在最佳状态附近运行，以减少不必要的能耗。①选择最优回流比，严格控制产品质量。对精馏过程来说，提高产品质量必须增大回流比，从而大幅度增加能耗。故从合理用能的角度来看，要合理确定对产品质量的要求。②改进调节系统。可采用前馈调节系统，借助计算机控制系统，在外界干扰因素出现后做出快速灵敏的调节，以避免被控参数的改变，进而造成资源浪费。③选择适宜的进料热状态及操作压力。适宜的进料热状态及操作压力有助于化工生产顺利进行，同时最大限度地节能降耗。

（2）改进传统工艺。①应用热泵技术。通过压缩机和膨胀阀，将塔顶的低温位热送到塔底高温处利用，比再沸器直接加热的能耗少得多，一般只相当于后者的20%～40%。②采用多效蒸馏。采用多效蒸馏可节能30%～40%，还可能达到既节能又跨越其恒沸点的双重效果。

（3）其他。①应用中间再沸器和中间冷凝器。主要利用温度差及相对廉价的冷剂及热剂，达到节能目的。②充分利用余热。热精馏过程中的余热量很大，可根据余热温位的高低合理利用，如原料液预热、利用余热锅炉生产低压蒸汽等。③采用高效节能塔。例如，在精馏过程中可以降低回流比，达到节能的目的；采用直立分壁式塔，可节能20%～45%。④采用膜分离技术代替传统的精馏塔。例如，某厂在醇类浓缩中采用膜分离技术代替传统的精馏塔，使醇类的收率得到大幅度提升。

3. 采用新节能技术工艺

目前，新研发的化工节能技术有精馏装置节能技术、机泵变频调控技术等。其中，机泵变频调控技术的基本原理就是将计算机作为控制核心，实时地通过计算机应用程序对机泵进行监控，根据机泵的运转状态对机泵进行调控，从而保证机泵并不是保持某一负荷一直运转，而是根据需要自动调节转速，实现有效节能。精馏装置节能技术中有一项就是对常规的精馏装置进行技术创新，使用直径14m的精馏塔，并在精馏塔中装填最新节能技术的孔板波纹填料，提高精馏塔的利用率，达到精馏装置节能的目的。

4. 使用生物技术

（1）化工行业要想实现可持续发展，就必须转变一直以来不可再生能源的现状，必须重视对新能源的开发和利用，其中，生物能源是一种具有可持续发展优势的环保资源，生物能源与石化能源在很多方面具有共性，能够相互转化。通过热化分离的方法，将生物能源转化为具有石化能源功能的资源，在转化过程中能够产生特殊的中间物质，并在此基础上将其转化为生物质资源，可以将其用于发电，达到节能减排的目的。

（2）生物技术减少污染物。生物技术的原理就是利用微生物和系统实现对可再生资源的转化，将更多的可再生资源转化为化学产品。例如，在常见的工业废水的处理中采用生物活性泥，其废物处理反应条件较为温和，能够有效地减少污染物的排放，现如今已经在化工行业中得到了广泛应用。在传统的化工生产中，许多化工生产过程需要应用动物尸体或植物等有机原料，再加上对石油、煤炭的大量开采和使用，给生态环境带来了极大的污染，而在采用生物技术之后，极大地避免了此类问题。

5. 装置的集成设计和联合建设

由于我国化工企业规模普遍较小且分散，企业的能耗居高不下，所以，炼油与化工企业联合集成建厂加强企业的规模化效益是节能技术的一个发展趋势。它不仅使装置的总体操作费用降低，同时使装置的整体能耗降低，而且装置的燃烧效率大幅度地提升。热联合也是现在流行的新概念，为了增加热效率，减少不必要的投资成本，缩减加热设备，同时将冷却设备过程中回收的热量用于其他工段的加热，大幅度地降低燃料成本。

可以跨界进行联合，不局限于化工设备之间的联合，可以是炼油设备与化工设备的联合，即自上游炼油至下游化工的大联合，这种联合除可以实现原料互相的有效供应之外，还可以使原料的利用率及热量得到充分利用，使炼油和化工这两个领域的经济效益得到提升。研究发现，通过对单套装置和双套装置的应用能耗和成本分析，单套装置的能耗和成本都要低于双套装置，分别降低18%和25%。

4.3 某化工企业绿色诊断示范案例

4.3.1 企业基本情况

某农药生产企业是国内农药原药生产的龙头企业，主要的农药原药年生产能力达5万吨以上，产品主要有噻嗪酮、氯氟氰菊酯、吡虫啉、乙草胺等。企业的主要用能设备包括反应釜、薄膜蒸发器、造气炉、螺杆压缩机、冷水机组、风机和水泵等。

4.3.2 能源消费结构

企业能耗品种共有三种，电力、热力和焦炭，2018年某农药生产企业能源消费总量折合为 34938.75 吨标准煤，其能源消费结构如表 4.1 所示。

表 4.1 2018 年某农药生产企业的能源消费结构

能源名称	单位	实物量	当量值 吨标准煤	%	等价值 吨标准煤	%
电力	万千瓦时	7695	9457.16	27.07	25393.5	47.27
热力	GJ	674121.53	23001.03	65.83	25845.82	48.11
焦炭	t	2553.59	2480.56	7.10	2480.56	4.62
合计			34938.75	100	53719.88	100

4.3.3 能源实物流向平衡图

企业能源系统主要由电力系统和热力系统组成，其中，电力主要用于一、三、四、五分厂的生产用电，以及公用和行政管理，图 4.1 为企业电力流向平衡图。企业使用的热力均为外购，主要用于各分厂生产系统反应釜加热，少量用于公用和行政管理，图 4.2 为企业热力流向平衡图。焦炭均用于一分厂生产光气，图 4.3 为企业焦炭流向平衡图。

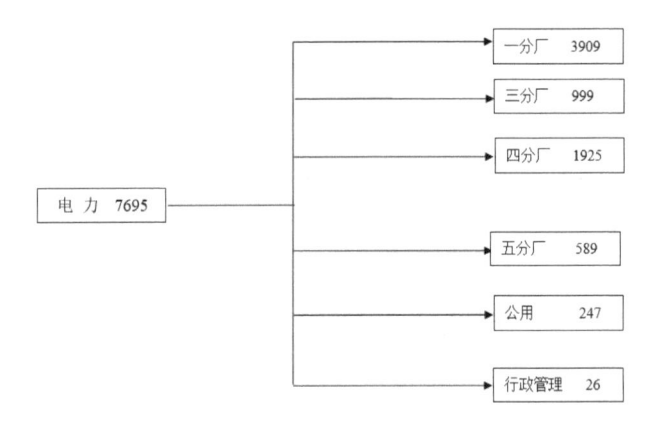

电力 7695
- 一分厂 3909
- 三分厂 999
- 四分厂 1925
- 五分厂 589
- 公用 247
- 行政管理 26

图 4.1 企业电力流向平衡图

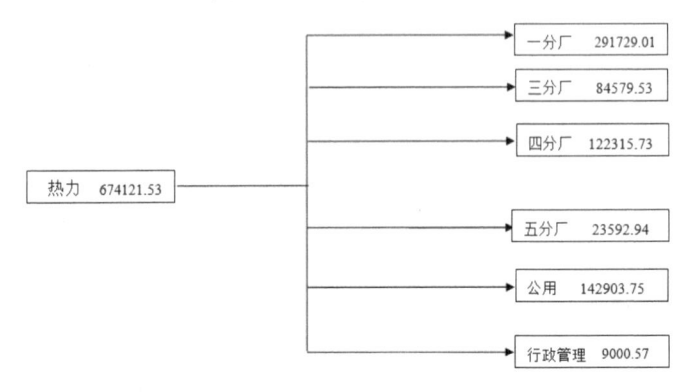

热力 674121.53
- 一分厂 291729.01
- 三分厂 84579.53
- 四分厂 122315.73
- 五分厂 23592.94
- 公用 142903.75
- 行政管理 9000.57

图 4.2 企业热力流向平衡图

图 4.3　企业焦炭流向平衡图

4.3.4　单位产品能耗综合计算表

对全厂的能耗流向进行分析,将各能源消耗分摊到各分厂,计算 2018 年单位产品综合能耗,如表 4.2 所示。

表 4.2　2018 年单位产品综合能耗计算

产品名称	产量	用电量	蒸汽	单位产品综合能耗（当量）	电耗	汽耗
	t	万 kW·h	GJ	kgce/t	万 kW·h/t	GJ/t
氨基甲酸酯	2909.08	1031.85	89401.26	1.48	0.35	30.73
十八酰氯	8239.33	1633.04	99042.18	0.65	0.20	12.02
噻嗪酮	2571.34	1028.54	97710.92	1.79	0.40	38.00
硫双威	227.05	215.70	5574.65	2.00	0.95	24.55
氯氟氰菊酯	727.36	506.61	36052.89	2.55	0.70	49.57
烯酰吗啉	544.27	217.71	22011.91	1.87	0.40	40.44
丁醚脲	610.06	274.53	26514.73	2.04	0.45	43.46
乙草胺	13303.99	1064.32	66023.11	0.27	0.08	4.96
丁草胺	2301.58	625.05	45769.22	1.01	0.27	19.89
解草啶、丙草胺	1674.90	235.34	10523.40	0.39	0.14	6.28
吡虫啉	1685.21	589.82	23592.94	0.91	0.35	14.00

4.3.5　能源管理制度分析

能源管理制度的不足：企业主要用能设备的计量器具配备仍有所欠缺；企业尚未制定能源定额管理制度；内部节能宣传教育培训工作尚需要深入和提高。

能源管理制度的改善：进一步充实和完善各项能源管理制度,并加强对制度的贯彻、落实；尽快按照《能源管理体系　要求及使用指南》（GB/T 23331—2020）建立能源管理体系,促进企业节能工作的深入开展。

建议企业完善主要用能设备的计量器具配备，同时配备一些必要的便携式能源监测仪表，以加强监测管理。

4.3.6 绿色改造方案

1）DMM 生产废水采用机械蒸汽再压缩蒸发技术（MVR）蒸馏

目前企业 DMM 生产废水多采用传统的多效蒸发，多效蒸发把前效产生的二次蒸汽作为后效的加热蒸汽，虽然在一定程度上节省了生蒸汽，但前效仍然需要源源不断地提供大量生蒸汽，并且末效产生的二次蒸汽需要冷凝水冷凝。

MVR 的原理：从蒸发器分离出来的二次蒸汽经压缩机压缩后，温度、压力升高，热焓增大，然后进入蒸发器加热室冷凝，并释放出潜热，受热侧的料液得到热量后沸腾汽化产生二次蒸汽，经分离后进入压缩机。周而复始重复上述过程，蒸发器蒸发的二次蒸汽源源不断地经过压缩机压缩，提高热焓，返回蒸发器作为蒸发的热源，这样可以充分回收利用二次蒸汽的热能，省掉生蒸汽，达到节能的目的，同时省去二次蒸汽冷凝水和真空泵系统。

根据 DMM 生产废水 5t/h 的蒸发需求，原多效蒸汽器蒸汽消耗量为 2.1t/h，循环水 157.5m³/h，真空泵功率 15kW，改为 MVR 系统后，从理论上讲，在启动后正常运转时，不再需要外来蒸汽的供应，但压缩机需要多消耗约 355kW·h 的电能，全年按 8000 小时运行，预计年可节约运行费用 200 万元，同时相对于多效蒸汽器，MVR 设备维护相对简单，年可节约维护费用约 20 万元。MVR 系统投资约 1000 万元，静态投资回收期 4.5 年。

项目节约标准煤的计算过程如下。

多效蒸发每小时耗标煤为

2.1t/h×103kgce/t+157.5m³/h×0.143kgce/m³+15kW·h×0.33kgce/(kW·h)=244kgce

MVR 每小时耗标煤为

355kW·h×0.33kgce/(kW·h)=117.15kgce

全年节约标准煤=(244-117.15)×8000/1000=1014.8tce

2）高温烟气余热利用

生产过程中产生的 VOC 气体送 RTO 炉焚烧处理后产生 950℃高温烟气，烟气量 12000m³/h，目前通过骤冷塔冷却至 200℃，再经洗涤塔洗涤后达标排放，高温烟气余热没有得到利用。

建议在骤冷塔与洗涤塔之间增加余热锅炉回收余热产生蒸汽，并入蒸汽管网供生产使用，预计每小时产出低压蒸汽 3.3t。

项目预计投入 200 万元，年可减少外购蒸汽 3.3t/h×8000h=26400t，年可减少外购蒸汽费用约 500 万元，扣除 80 元/t 水余热锅炉运行成本后，项目年可产生效益约 280 万元，静态投资回收期 0.7 年。

3）蒸汽冷凝水余能回收

目前企业在生产过程中存在部分蒸汽冷凝水直接排放，造成余热浪费，排放时有噪声及"白雾"的现象。建议利用蒸汽冷凝水对生产过程中产生的废水进行预热，具体为将噻嗪酮废水储槽升级换代，增设夹套，同时增加废水预热储槽数量，保证预热时间，提高蒸汽利用率。

项目预计投入 50 万元，年可减少外购蒸汽 800t，年可减少外购蒸汽费用约 14 万元，静态投资回收期 3.6 年。

4）螺杆式冷水机替代活塞式冷水机

目前企业冷水机组为 8 台活塞式冷水机，单台制冷量 44×104kCal/h，电功率 190kW，制冷性能系数 COP 为 4.4。而螺杆式冷水机组，即使更换为 2 级能效标准设备，COP 也可以达到 5.8，较活塞机式冷水机组节能(5.8-4.4)/5.8=24%。同时，活塞式冷水机零部件较多，更换后可大大减少企业的设备维护成本。根据企业冷量需求，可配置 200×104kCal/h、44*104kCal/h 两台螺杆式冷水机。

项目预计投入 300 万元，年可减少冷水机组电力消耗约 200 万千瓦时，年可减少外购电力费用约 120 万元，静态投资回收期 2.5 年。

5）LED 高效照明替代传统灯具

企业照明原采用普通荧光灯和高压金属卤化物灯，建议采用 LED 高效照明替代，项目预计投入 100 万元，年可减少电力消耗约 62.5 万千瓦时，年可减少外购电力费用约 30 万元，静态投资回收期 3.3 年。

6）高效节能变压器

企业现变压器为 SZ11-6300/35，空载损耗约 6kW，建议企业结合即将进行的变压器扩容，更换为 SZ13-6300/35，在同等容量的情况下，SZ13-6300/35 空载损耗约 4.2kW。

项目年可减少电力消耗约 3.7 万千瓦时，年可减少外购电力费用约 2.2 万元，项目节约标准煤为 3.7×3.3=12.21tce（扩容更换不计算静态投资回收期）。

7）落后电机淘汰

企业现有落后电机 1272 台，合计功率 11084.5kW，建议更换为 YBX3 系列。

项目预计投入 220 万元，年可减少电力消耗约 11084×80%（负荷率）×2%（节电率）×8000（年运行时间）=142 万千瓦时，年可减少外购电力费用约 85 万元，静态投资回收期 2.6 年。

8）能源结构优化

企业现废气焚烧炉采用柴油作为燃料，每年用量约 120t，燃料费用约 78 万元。地区天然气热值约 9200kCal/m³，单价为 3.5 元/m³，则单位热值价格为 $3.8×10^{-4}$ 元/kCal；柴油热值约 10200kCal/kg，单价为 6.5 元/kg，则单位热值价格为 $6.37×10^{-4}$ 元/kCal，即同样供热，使用柴油的价格较天然气高(6.37-3.8)/6.37×100%=40%。

如果将废气焚烧炉燃料改为天然气，则每年可以节约的锅炉燃料费用约 31 万元，加之供油泵运行维护费用，每年共可节约 35 万元，这是一笔相当可观的效益。

由于废气焚烧炉的燃烧器为油气两用，因此仅需要投资天然气管道铺设费用，预计改造费用约 58 万元，静态投资回收期 1.8 年。

第 5 章

钢铁行业绿色诊断

5.1 钢铁行业与绿色诊断的关系

钢铁行业对国民经济发展至关重要，既是为国家建设提供原料保障的重要基础产业，又是产业关联度高、涉及面广、消费拉动力大的重要支柱产业，不仅保障了中下游产业对原料的需求，而且在稳增长、稳就业、促税收、强国防等方面发挥了重要作用。与此同时，钢铁行业是高能耗、高排放的行业，能耗占工业行业比重最高，二氧化硫、氮氧化物和颗粒物等污染物排放总量居高不下。实现工业绿色发展，打赢污染防治攻坚战，核心是推动钢铁行业绿色发展。为此，在绿色发展理念深入人心、工业绿色发展扎实推进的背景下，开展钢铁行业绿色诊断，深入分析钢铁行业企业发展与生态环境保护的关系，有助于明确制约钢铁行业绿色发展的症结，从而更好地为提升钢铁行业绿色发展水平、打赢污染防治攻坚战明确方向。

5.1.1 钢铁行业的特点

钢铁行业是国家重要的工业部门,直接影响着国家经济的发展,对于振兴装备制造行业,具有重要的战略意义。但是,钢铁行业在生产过程中不仅消耗了大量的资源和能源,还伴随着废气、粉尘及废水等影响环境的污染物的产生。随着经济发展和环境保护的要求,钢铁企业从19世纪70年代的"公害治理""节能减排"到20世纪初期的"清洁生产""绿色制造""资源循环""工业生态链",在生产工艺、技术和环境等问题的对策上发生了变化。

对我国的钢铁行业来说,应该结合我国的实际情况,按照国际钢铁行业的技术进步和环境保护的发展趋势,对我国钢铁企业进行系统的诊断分析,结合流程优化、技术改进、原料控制等手段,全面实现钢铁企业的节能减排,构建新型钢铁工业系统,实现钢铁生态化转型。

1. 能源消耗大

从能耗方面看,改革开放以来,钢铁行业吨钢综合能耗逐年下降,大中型企业平均吨钢综合能耗由1980年的2000kgce/t、2000年的885kgce/t,降低至2017年的570.5kgce/t。各工序能耗也有了不同程度的下降。目前我国综合能源利用效率比发达国家低10多个百分点,约为33%,单位产值能耗是日本、德国、美国等国家的4~10倍,是全球平均水平的2倍多。

我国2015—2017年重点统计钢铁企业能耗指标变化情况如表5.1所示。

表5.1 2015—2017年重点统计钢铁企业能耗指标变化情况

指标名称	单位	2015年	2016年	2017年
一、综合能耗指标				
吨钢综合能耗	kgce/t	571.9	585.7	570.5
吨钢耗电	(kW·h)/t	471.6	475.9	468.3
二、工序能耗指标				
烧结工序能耗	kgce/t	47.2	48.53	48.5
球团工序能耗	kgce/t	27.7	26.8	25.6
焦化工序能耗	kgce/t	99.7	96.9	99.7
炼铁工序能耗	kgce/t	387.3	390.6	390.8
转炉工序能耗	kgce/t	−11.7	−13.4	−13.9
电炉工序能耗	kgce/t	59.7	55.6	58.1

2. 资源消耗大

钢铁企业的生产需要消耗大量的资源,在产品全生命周期中,大约需要消耗超过17种原料,如表5.2所示。

表 5.2 生产 1kg 普通钢铁的原料消耗

原料名称	消耗量（g）	原料名称	消耗量（g）	原料名称	消耗量（g）
生铁	1500	铁锰矿	24	氯化钠	0.27
石灰石	1700	白云石	14	空气	0.05
氧	680	氟石	13	氢	0.01
原油	150	砂砾	5.6	硫	0.003
黏土	63	斑脱土	4.8	水	34000
橄榄石	39	铝土矿	1.5		

在水资源消耗方面，以前大部分的钢铁企业都处于无节制的使用状态，并未考虑到如何对水资源进行循环再利用。随着水资源短缺和污染日益严重，国家明确要求各钢铁企业充分提高水资源的利用率，近年来，取得了很好的效果。2017 年，钢铁行业能耗指标持续改善，重点钢铁企业的吨钢耗新水量和主要污染物排放量持续降低。2017 年吨钢耗新水量为 2.93m³，比上年同期下降了 5.27%，创出历史最高水平，水资源重复利用率达到 97.80%，比上年同期提高了 0.06%。

3．环境影响程度大

我国钢铁行业"先污染、后治理"的发展路径没有得到根本改变，钢铁行业并没有因为吨钢能耗降低、资源利用效率上升而实现污染物排放总量的下降，由传统粗放式的发展向集约化的绿色发展转变迫在眉睫。

吨钢能耗、污染物排放总量的逐年降低难以抵消因钢铁产量增加导致的吨钢能耗和污染物排放总量的增加。表 5.3 为 1997—2015 年钢铁行业污染物排放总量及占比，1997—2015 年，废气排放量、烟（粉）尘排放量和二氧化硫排放量总量及占比均呈总体上升态势，废气排放量从 1.97 万亿立方米增加至 17.38 万亿立方米，占比从 17.42% 上升至 25.37%；烟（粉）尘排放量从 149 万吨上升至 240 万吨，占比从 12.09% 上升至 21.68%；二氧化硫排放量从 87.78 万吨增加至 203.78 万吨，占比从 6.44% 上升至 14.55%。

表 5.3 1997—2015 年钢铁行业污染物排放总量及占比

年份	废气排放量 总量（亿立方米）	废气排放量 占工业行业比（%）	烟（粉）尘排放量 总量（万吨）	烟（粉）尘排放量 占工业行业比（%）	二氧化硫排放量 总量（万吨）	二氧化硫排放量 占工业行业比（%）
1997 年	19748	17.42	149.07	12.09	87.78	6.44
2004 年	45716	19.27	175.43	10.88	113.41	6.49
2005 年	56190	20.96	194.95	11.58	142.24	7.18
2006 年	73691	22.26	186.4	12.45	149.4	7.32
2007 年	86922	22.39	169.82	12.74	162.47	8.24
2008 年	110593	22.38	145.71	12.79	160.75	8.74

续表

年份	废气排放量 总量（亿立方米）	废气排放量 占工业行业比（%）	烟（粉）尘排放量 总量（万吨）	烟（粉）尘排放量 占工业行业比（%）	二氧化硫排放量 总量（万吨）	二氧化硫排放量 占工业行业比（%）
2009年	103583	23.75	135.99	13.32	170.18	10.05
2010年	122928	23.68	149.75	15.63	176.65	10.39
2011年	173215	25.68	206.15	20.05	251.45	13.26
2012年	160875	25.31	181.28	18.93	240.62	13.55
2013年	173002	25.85	193.51	18.92	235.12	13.92
2014年	181694	26.17	427.18	33.68	215.03	13.57
2015年	173826	25.37	240.29	21.68	203.78	14.55

现有的钢铁生产技术还不能完全消除对环境的负面影响，主要如下。

（1）废气排放。钢铁行业排放的废气主要包括CO_2、CO和SO_x，主要来源是燃料生产和使用环节，即烧结（球团）、炼焦等环节；其次是炼铁、炼钢等环节。在全球范围内，各国钢铁行业的CO_2排放量占CO_2排放总量的很大比例。2006年，日本钢铁行业CO_2排放量占排放总量的13%，德国钢铁行业CO_2排放量占排放总量的7%。而我国钢铁行业CO_2排放量随着钢铁产量的增加也在增加，占世界钢铁行业CO_2排放总量的37.2%，截至2007年，我国钢铁行业的CO_2排放量已经达到9.16亿吨。

（2）废水排放。废水的排放主要源于焦化、炼铁、炼钢等燃料生产和工艺环节，主要污染物种类为悬浮物、油、COD和氨氮等，其中，COD和氨氮是钢铁行业废水处理的主要考核指标。

（3）固废。固废主要源于炼铁、炼钢和焦化等燃料生产和工艺环节，排放量巨大，其中矿渣的排放量最大，其次为工业混合固废、粉尘、灰尘等。

从统计的数据来看，我国钢铁行业资源消耗量大，污染物排放量多，钢铁行业的发展对社会造成了一定危害，已经被列为国家节能减排的重要行业之一。《钢铁行业清洁生产技术推行方案》已经确定了清洁生产技术推广的方案，提出了总体目标，主要包括钢铁行业减排二氧化硫、粉尘、钢渣、COD、尾矿，分别为7.5万吨、300万吨、800万吨、10万吨、3000万吨，节约用水1.8亿立方米，表5.4为近年吨钢污染物排放和资源综合利用效率。诊断降低钢铁行业的资源消耗和污染物排放，不仅有利于提高我国钢铁行业的经济效益和市场竞争力，同时，对于节能减排和逐步实现我国的可持续发展战略具有非常重要的意义。

表 5.4　吨钢污染物排放和资源综合利用效率

年　份	耗新水量（m³）	二氧化硫排放量（kg）	粉尘排放量（kg）	固废综合利用率（%）	水资源重复利用率（%）
1989 年	63.15	—	—	76.69	75.00
1990 年	58.15	—	—	74.75	76.10
1995 年	45.14	8.06	13.68	83.03	81.00
2000 年	25.50	5.56	5.08	86.10	84.00
2005 年	8.60	2.83	2.18	90.00	94.30
2010 年	4.10	1.63	1.19	94.00	97.10
2015 年	3.25	0.85	0.81	97.40	97.60
2017 年	3.10	0.55	0.59	97.50	97.80
2018 年	2.75	0.53	0.56	98.10	97.90

5.1.2　钢铁行业的发展现状和趋势

当今，企业面临着经济全球化、市场竞争日趋激烈化、消费者需求多样化、信息技术飞速发展并广泛应用的新经济环境，传统制造模式已经不适应市场的需求。对于企业来说，尤其是钢铁企业这样的制造型企业，探索新的制造模式已成为当务之急。因为传统制造模式下的钢铁企业在生产过程中耗费了大量的能源，同时释放了大量的废气、固废，对环境造成了极大的破坏，危害了人类健康，不符合可持续发展战略。同时，国内外企业之间出现的联合兼并、组建大企业集团的趋势使得国际钢铁市场竞争越来越激烈，导致市场价格越来越接近行业成本，利润空间越来越小。在这种环境下，降低成本成为钢铁企业提高竞争力的重要手段和途径。作为高能耗、重污染型的行业，如何有效地降低成本、保护环境，绿色制造的发展模式成为钢铁企业的解决方法。实施绿色制造的钢铁企业不仅取得了良好的经济效益，而且保护了环境，承担了社会责任，为企业的可持续发展提供了可能。因此，钢铁行业有必要转变其传统制造模式，走绿色制造的可持续发展之路，绿色制造不仅着眼于节约资源、保护环境、提高劳动生产率，而且与目前国际上先进的管理模式相结合，如并行工程、六西格玛管理、价值链管理，使绿色制造模式发展到更具有广度和深度的战略层面上。

5.1.2.1　钢铁行业发展现状

随着经济社会发展对钢铁产量、质量和效益等方面的需求变化，我国钢铁行业发展政策经历了多次调整和优化。

1. 钢铁行业绿色发展意识淡薄期（1949—1978 年）

新中国成立后至改革开放前这 30 年间，我国的钢铁产量实现了较大的提升，钢铁行业空间布局基本形成，这为社会主义经济建设和国防建设提供了有效保障。尽管如此，这个时期我国的钢铁产量仍难以满足社会主义建设的需要，因此，举全国之力增加钢铁产量和优化空间布局是这个时期的中心任务。但由于绿色发展意识淡薄及钢铁冶炼技术较为落后，钢铁行业绿色发展问题并未提上议事日程，因此难免出现单纯追求数量增长而忽视环境保护的问题。

"一五"时期（1953—1957 年）和国民经济调整时期（1963—1965 年）是我国钢铁行业发展的两个重要时期。"一五"时期，我国实施苏联援建的八大钢铁项目建设，1956 年，规划并建设了"三大、五中、十八小"，1964 年，"三线建设"时期新建、扩建和援建了一批钢铁工厂，这三次建设高潮为钢铁行业后续发展奠定了扎实的基础。然而，1958 年 6 月开启的以全民炼钢为中心的"大跃进"过量开采矿石、大量砍伐树木，破坏了矿产和森林资源。

2. 钢铁行业绿色发展起步期（1979—2000 年）

改革开放以来，我国的钢铁产量从 1978 年的 3178 万吨增加至 1996 年的 1 亿吨，世界排名从第 5 名上升至第 1 名。钢铁产量的快速增长加大了对资源和环境的压力，钢铁行业高能耗、高排放、高污染的特征愈加明显。1983 年，环境保护被正式确定为我国的基本国策之一，"八五""九五"时期，国务院相继发布了《关于环境保护若干问题的决定》《污染物排放总量控制计划》《跨世纪绿色工程规划》，促使我国钢铁行业加大推动节能减排和循环发展力度，部分钢铁企业开展了卓有成效的实践。

太钢在 1979 年成立了环境保护处和环境卫生处；在 1983 年走出了一条"以渣养渣、以渣治渣、综合治理、变废为宝"的治渣新路；在"七五"时期（1986—1990 年），建立了污染源自动监测系统；在"八五"时期（1991—1995 年），成为中国首家加入国际环保组织的中国企业；在"九五"时期（1996—2000 年），完成了废水处理和烟尘治理等八大环保工程。与此同时，鞍钢、济钢、唐钢等钢铁企业相继实施以节能降耗为中心的环保工程。国家也积极支持和鼓励钢铁企业进行研发和技术改造，大力推广节能降耗先进技术和经验，这对加快绿色技术普及应用、整体提升钢铁行业绿色发展水平具有重要的推动作用。

1979—2000 年，我国重点钢铁企业逐渐认识到节能降耗的重要性，率先开启了节能减排、资源综合利用的绿色发展之路。这一时期，国家主要通过支持和鼓励钢铁企业加大研发和改造力度，推广绿色发展典型经验和先进技术，以促进钢铁企业加强环保管理和治理力度。

3. 钢铁行业绿色发展推进期（2001—2012年）

21世纪以来，我国钢铁行业的绿色发展逐步由企业自发、国家倡导向行业规范、国家强制转变。国家开始通过产业政策、发展规划和行业规范有计划地推进钢铁行业的绿色发展，逐步提高吨钢能耗、吨钢新水量、烟（粉）尘排放量等能源和污染物排放标准，倒逼钢铁企业加快淘汰落后产能、主动适应新环保要求。

2002年，我国发布的《清洁生产促进法》要求企业对生产和服务过程中的资源和废物进行监测，2005年，国务院发布的《国务院关于加快发展循环经济的若干意见》将包括冶金在内的重点行业加强能耗管理、实现废物"零排放"作为重点环节，以上法律法规包含但并未专门针对钢铁行业。直至2005年5月，国家发展和改革委员会发布了《钢铁产业发展政策》，这是在国家层面首个专门针对钢铁行业出台的产业政策，在六条政策目标中有两条专门针对钢铁行业节能降耗减排，这反映出钢铁行业面临的资源环境压力日益严峻。2015年，工业和信息化部对《钢铁产业发展政策》进行了修订，在节能减排、资源综合利用方面提出了新的、更高的标准。

2009年3月，在国际金融危机不断蔓延、钢铁行业面临前所未有挑战的背景下，国务院发布了《钢铁产业调整和振兴规划》，其主要任务是遏制钢铁行业下滑势头，将推进节能减排作为六大规划目标之一。2010年国务院发布的《关于进一步加大节能减排力度加快钢铁工业结构调整的若干意见》更进一步地直接将节能减排作为政策的重要目标，这也是新中国成立以来首次将钢铁行业节能减排上升为国家重点工作之一。

4. 钢铁行业绿色发展攻坚期（2013年至今）

党的十八大以来，绿色发展成为五大发展理念之一，钢铁企业面临越来越大的环保压力，推动钢铁行业绿色发展的政策密集出台。2013年发布的《大气污染防治行动计划》将包括钢铁行业在内的工业企业大气污染综合治理放在首位；2015年开始实施的修订后的《中华人民共和国环境保护法》规定排污单位需要缴纳排污费；2016年国务院发布的《关于钢铁行业化解过剩产能实现脱困发展的意见》中规定了对环保不达标的企业进行整改或勒令退出。这些法律法规对钢铁行业绿色发展提出了"硬约束"，钢铁行业进入全过程、全系统和全产业链绿色发展攻坚期。与此同时，"十二五"规划和"十三五"规划都对钢铁行业绿色发展做出了更为全面且日益严格的要求和规定，同时适时地对产业政策和行业生产经营规范进行了多次修订，从而提高钢铁行业绿色发展水平，以适应经济社会发展对钢铁行业的新要求。值得注意的是，2019年生态环境部联合四部门发布了《关于推进实施钢铁行业超低排放的意见》，其中的环保排放标准和要求是全球最严的，这既是推动钢铁行业高质量发展、助力打好污染防治攻坚战的重要举措，也是我国钢铁行业绿色发展的新起点。

5.1.2.2 钢铁行业发展趋势

新时代社会主要矛盾的变化对行业节能环保工作提出了更多新任务、新要求，钢铁行业绿色发展面临着新的困难和挑战。传统的节能减排思想、技术措施及发展方式已不能完全替代绿色发展，必须寻求新的突破。京津冀及周边地区、长江三角洲等区域的钢铁产能布局过重，环境容量和环境承载力难以承受。党中央、国务院深化环保领域改革，推动环保督查的常态化、日常化，尤其对京津冀大气污染传输通道内的企业开展了多轮督查和巡查工作（"2+26"城市），钢铁企业限产、停产成为当前主要的调控方式，直接影响了不少企业的生产经营活动。钢铁企业降低碳排放将承受越来越大的压力，碳排放量配额趋紧将是大势所趋，碳约束和履约压力加大，一些经济发达地区已开始实施逐年递减的碳减排措施任务，促进高耗能企业转型和退出。

1. 深化供给侧结构性改革，为经济结构调整、环境改善、应对全球气候变化做出重要贡献

2017年化解钢铁过剩产能达到5500万吨，连同2016年的6500万吨，两年共化解钢铁过剩产能超过1.2亿吨。同年，依法取缔"地条钢"产能1.4亿吨，彻底解决了困扰钢铁行业健康发展的顽疾。这不仅使国内钢铁优质产能得到了更好的发挥，使我国钢铁产能利用率基本恢复到合理水平，而且节约了大量资源和能源，大幅度减少了污染物的排放。此外，为配合《京津冀及周边地区 2017 年大气污染防治工作方案》《京津冀及周边地区 2017—2018 年秋冬季大气污染综合治理攻坚行动方案》的实施，"2+26"城市的钢铁企业在市场利好不断的情况下，仍严格自觉执行采暖季"钢铁产能限产50%"、错峰停、限产等政策。

2. 提升节能减排水平，加速行业转型

为了达到甚至超额完成国家的环保要求，钢铁行业不断推进提升节能减排水平、加速行业绿色低碳转型、破解企业节能环保难点等深化节能减排的管理措施，新建、改建、扩建项目时按照"从源头做起，设计高起点，工艺技术、环保设施一流"的理念，实现源头治理、过程控制和末端治理相结合，有效降低能耗和污染物排放。我国钢铁行业能耗不断降低，碳排放有关基础数据台账正在系统建立并开始有效管理，行业认真完成政府要求的各项转型升级和节能减排目标任务。鞍钢启动了总投资达30亿元的环保提升项目建设，包括5套焦炉脱硫脱硝项目、3座烧结脱硫脱硝项目、炼钢转炉一次干法除尘改造、原料场全封闭等，成为世界第一家全面实现焦化烧结脱硫脱硝先进工程技术升级改造全覆盖的钢铁企业。宝武、太钢、河钢和唐钢在打造清洁生产环境友好型、都市型钢铁工厂方面率先积极探索，并取得了国内外公认成就；首钢京唐、鞍钢鲅鱼圈、山钢、马钢、南钢、攀钢西昌钢钒企业也在绿色生产制造和资源综合利用方面取得了突破性进步；在江苏更是聚集了沙钢、兴澄特钢、永联钢铁等一批城乡结合且各具特色的绿色钢铁企业；凌源钢铁及新钢等中小型钢铁企业也在节能减排对标及加大环保投入、补齐绿色发展短板等方面取得了积极进展。全行业更多的企业都在更严格的环保节能执法中经受了考验，并寻求与各级政府积极配合，更加科学并积极地应对日益严峻的环保节能低碳挑战。

3. 构建宣传钢铁的绿色价值链，推动钢铁行业绿色发展

越来越多的钢铁企业秉承"绿色产品、绿色物流、绿色产业、绿色制造和绿色采购"五位一体的绿色发展理念，将绿色发展作为钢铁行业转型升级及实现可持续发展能力提升的重要战略举措。

5.1.3 钢铁行业绿色诊断的意义

钢铁企业实施绿色诊断，有助于协调好企业利益和环境保护的关系，从而使经济的发展既能满足当代人的需求，又不至于对后续的生存和发展构成威胁，实现社会经济的可持续发展。钢铁行业绿色诊断是降低能耗、提高能源使用效率、降低企业成本、提高竞争优势的重要途径。由于钢铁产品具有可循环利用的特点，因此其在满足使用性能的同时，为社会长远发展积蓄着资源和能源。

5.2 钢铁行业绿色诊断重点与绿色技术

钢铁行业应强化能源环保管理，完善管理制度。《关于加强单位和领导干部环境保护与环境治理工作考核管理办法（第一版）》的实施，加大了对各责任单位及领导干部的考核力度，有效促进了环保管理工作的进行。

5.2.1 钢铁行业绿色诊断重点

钢铁工业作为典型的制造流程，其绿色诊断过程除考虑结构、功能及整体性、复杂性之外，深入研究钢铁制造流程系统的"流"和"序"也至关重要。

1. 节能诊断要点

企业节能诊断需要对使用能源的各个环节进行合理有效的分析，达到减少能源损失、提高能源利用效率的目的。尽管不同的钢铁企业使用的能源不同，但使用过程都包含四个相同的基本环节：购入储存、加工转换、输送分配、生产使用。要做好以上环节的诊断，必须分析能源管理机构、建立能源管理制度、加强计量器具配备及能源的统计管理，通过能量平衡、能源审计、能源计量和用能设备管理等手段，对能源因素进行控制，不断地改进管理绩效。

钢铁企业节能诊断工作涉及生产的各个环节，是一个全局性、系统性的复杂系统工程，因此，节能诊断不能仅针对独立设备与工序进行，而应从整体上寻求优化的节能点。钢铁企业应在强化能源管理生产管理、健全经济责任制的同时，充分完善系统节能及流程管理，建设发布控制、集中管理的现代化能源管理方式。各工序的能耗与回收情况间接或直接影响着工序能耗，而能源的分布和利用情况，又决定着企业的能源利用效率及能源管理水平。

钢铁生产过程是高耗能的，然而，复杂的能源管理体系确保炼钢全过程尽可能地高效利用和回收再利用能源。

（1）焦化工序节能管理要点。稳定炼焦用煤质量；均衡生产；合理使用煤气；做好余热回收；加强炉体绝热保温；加强焦炉的热修维护；推广应用焦化节能技术等。能源管理应重视的影响焦炉能耗的技术参数：出炉烟气温度、出炉烟气中 O_2 的体积分数、出炉烟气中 CO 的体积分数、焦饼中心温度、炉体表面温升和设备状况等。

（2）烧结工序节能管理要点。提高成品率；增加垂直烧结速度；厚料层烧结；稳定烧结过程工艺参数；推广应用烧结节能新技术等。能源管理应重视的影响烧结工序能耗的主要指标和因素：料层厚度、烧结矿残碳质量分数、漏风率、余热回收量、废气温度、返矿率、点火煤气消耗、熔剂与燃料粒度等。

（3）球团工序节能管理要点。改善原料供应；利用先进工艺、设备和技术；促进余热的回收和利用等。

（4）高炉炼铁工序节能管理要点。提高风温；精料入炉；喷吹燃料；富氧鼓风；脱湿鼓风；炉顶高压等。能源管理应重视的影响高炉炼铁工艺能耗的主要参数：设备状况、炉顶煤气中 CO_2 体积分数、炉顶温度、吨铁炉体冷却热损失、焦比、燃料比、直接还原度、高炉煤气 CO 利用率、热风温度等。

（5）转炉炼钢工序节能管理要点。提高废钢比；改进吹炼工艺；提高技术操作水平；控制、提高命中率；改进生产设备；回收利用炉气余能；减少辅助材料消耗；改进生产组织管理；改善炼钢前后工序衔接等。

（6）轧钢工序节能管理要点。①加热炉。使用轻质的耐火材料，减少加热炉的蓄热损失；对加热炉的炉温和蓄热室的温度进行有效控制；回收加热炉废气热量，提高煤气利用率，减少废气污染；改变水管支撑机构，降低加热炉排烟的温度等。②轧制。降低原料和动力消耗；钢坯显热应合理利用等。

（7）副产煤气节能管理要点。①煤气回收管理。合理使用原料，生产过程中原料使用和配比影响煤气热值；提高操作水平，操作水平影响煤气的回收量；重视回收分析和保证计量器具质量，计量数据直接影响煤气回收工作；加强与煤气柜信息沟通，煤气柜是煤气回收利用最重要的缓冲环节。②煤气安全管理。生产、使用过程中的安全管理；设备、技术管理；责任、制度管理；煤气检测管理；工作人员考核管理等。③煤气储存、运输及使用管理等。

（8）电力节能管理要点。实现电力系统的安全稳定运行；提高功率因数及电能质量；加强谐波治理与无功补偿；开发节电技术，应用先进技术提高用电效率，以实现节电。

2. 清洁生产诊断要点

清洁生产诊断是基于自愿原则，从提升企业清洁生产能力出发，着眼于可持续发展，由企业聘请专业机构对其工艺流程、产排污节点、治污措施、环境管理等方面进行全方位调研和评估，从而发现问题、分析问题并解决问题的咨询服务。通过清洁生产诊断，人们可以发现在规划、管理和操作等不同层面存在的实际问题，完善企业治理手段，提升企业治理水平，减少对周围环境的影响。

企业开展清洁生产诊断，提升自身环境治理和管理水平，是凝聚绿色发展驱动力的必然要求；是防患于未然，积极应对我国行政、司法和公众监督高压态势的必然要求；是应对我国钢铁工业调整升级，开展超低排放改造的必然要求；也是企业落实社会责任，深入贯彻落实党的十九大精神和全国生态环境保护大会精神，树立和践行"绿水青山就是金山银山"理念，做"美丽中国"行动者的必然要求。

从政策管理层面上看，企业现状与国家及地方钢铁产业政策存在差距，主要体现在部分高炉、转炉容量临近限制类使用限期；企业现状与钢铁行业相关环保要求存在差距，尤其是《钢铁企业超低排放改造工作方案（征求意见稿）》（2018年5月）中要求：京津冀及周边、长江三角洲、汾渭平原大气污染防治重点区域具备改造条件的钢铁企业应于2020年10月底前，基本完成超低排放改造，其他地区逐步推进。以2018年开展清洁生产诊断的几家钢铁企业为例，厂区各工序烟（粉）尘、二氧化硫和氮氧化物排放浓度、总量、在线监测系统等与超低排放要求均有较大差距。

从管理层面上看，环保制度及其执行情况、人员培训、环境监测（包括在线监测）和排污口规范化等方面都存在差距，尤其在对第三方的规范环境管理上，包括在线监测第三方运营机构及其他危险废物、一般固废委托处置运营单位，普遍重视不足。

（1）全厂环境监测体系不满足排污许可及超低排放改造要求。《钢铁企业超低排放改造工作方案（征求意见稿）》要求："烧结机头、烧结机尾、球团焙烧、高炉出铁场、高炉矿槽、转炉二次烟气、电炉烟气、焦炉烟囱、装煤地面站、推焦地面站、干法熄焦地面站、自备电站排气筒等主要排放口要安装自动在线监测系统，并同步安装分布式控制系统（DCS）。料场出入口、焦炉炉体、烧结环冷区域、高炉矿槽区域、炼钢区域等易产尘点，安装视频监控。厂区内应至少安装一套 PM10 空气质量在线监测系统。厂区要建设监控汽车运输的门禁系统和视频监控系统，鼓励安装机动车尾气遥感监测系统。自动监测、DCS 监控、视频监控等数据至少要保存一年以上。"主要问题包括厂区距离超低排放要求差距较大，仅部分工序安装了在线监测系统，在线监测多委托第三方管理，各种运行不正常现象未能得到及时解决。在全厂例行监测中，部分含污染物的排气筒未开展年度监测。

（2）环境管理制度应严格执行企业制定的相关环境管理制度，但在实际操作中未严格执行。例如，存在作业车间窗户未关闭、未及时清扫等现象；高空平台直接清扫作业；各类排烟观测孔打开后未及时关闭等；环保设备设施损坏，未及时维修和恢复。

（3）一线人员环保水平不足。一线人员环保水平不足以应对各级环保督查，有待提升。例如，在线监控室岗位人员存在操作不熟练、对异常数据原因解释不到位、数据调用不熟练等问题。

（4）第三方日常管理存在改进空间。第三方运营即便资质齐备，日常管理仍存在改进空间。例如，在线监测运行期间普遍会出现故障和异常现象，未能得到及时解决；第三方外委处置中，危险废物、固废的最终处置去向未核实，存在巨大环境隐患。

（5）污染纠纷和扰民投诉。污染纠纷和扰民投诉也是必须关注的问题，如早期钢铁企业厂区噪声扰民、村庄距离厂区较近引发污染投诉等。

从技术层面上看，各工序的清洁生产管理等方面也存在差距，需要从以下方面进行改进。

（1）原料场环保管理要点。采用封闭型原料大棚；采用封闭的原料输送带等。

（2）焦化工序环保管理要点。①管理控制方面。炉门、炉框装煤孔封堵和修缮应常态化；调火、结焦时间、配煤控制应合适；环保设施运行、点检维护应到位；排放指标应严格控制。②环保设施方面。除尘、废水处理能力配置应足够大；化产系统异味捕集设施能力应足够；煤炭、焦炭储存和运输采用全密闭形式，干熄焦厂房应封闭等。

（3）烧结工序环保管理要点。①原料场环保。烧结原料场应采用全封闭形式；翻车机、卸料间应封闭除尘；运输带应采用全封闭形式。②烧结机环保。台车速度要满足除尘能力，机头电除尘效率要高，脱硫应稳定运行；机尾电除尘应提效改善；溶剂、筛分、转运等布袋除尘应采用大风量。

（4）炼铁工序环保管理要点。①水循环控制。冲渣系统消纳劣质水，冲渣水应采用全闭路；水渣控水应全部返回冲渣系统；煤气洗涤系统应排放进入冲渣系统。②除尘控制。

出铁场应采用全封闭形式，除尘风量应匹配均衡；高炉煤气应采用干法除尘；矿焦槽应采用全封闭除尘。

（5）炼钢工序环保管理要点。①电炉、转炉、精炼炉。应严格控制冶炼强度，限制原料中杂质的质量分数；一次、二次、屋顶除尘能力应足够大；连铸应采用切割烧结板除尘。②公辅系统。高低位料仓及皮带运输系统应采用全封闭除尘；三脱站、倒罐站、拆炉拆包除尘能力应足够强；辅料、卸料间应采用全封闭形式。

（6）轧钢工序环保控制要点。①热轧。粗轧、精轧应采用烧结板除尘；轧钢水处理的浮油应加以清理和控制。②冷轧。油雾不锈钢丝网除尘、酸雾洗涤塔、碱雾洗涤塔应达标；酸洗氮氧化物处理、抛丸机除尘能力应满足生产要求；冷轧酸碱废水处理能力及方法应合适。

5.2.2 钢铁行业绿色技术

1）焦化工序绿色技术

（1）无烟装煤焦炉。7.63m 焦炉采用微负压无烟装煤系统，可单独调节每孔炭化室的煤气压力，杜绝由于集气管压力波动引起的煤气逸散及荒煤气放散，可减少环境污染。

（2）焦炉煤气脱硫制酸。集成焦炉煤气脱硫制酸系统，脱硫采用单乙醇胺法将煤气中的 H_2S 脱硫到质量浓度为 $50mg/m^3$ 以下，脱硫后的 H_2S 用于生产硫酸，洁净煤气用于生产轧钢。

（3）煤调湿。该系统采用太钢双相不锈钢制作的蒸汽管式干燥机，利用干熄焦系统的蒸汽作为热源进行干燥处理，使煤水分（质量分数）由 10.0%降至 6.5%，结焦时间缩短 4%，酚氰污水减少 3.5%，每年可节约 9226 吨标准煤。

（4）干熄焦。干熄焦时焦炭冷却时间为 2～2.2h，可使 1050℃焦炭冷却至 250℃以下，冷却后的焦炭由输送带运输至筛焦楼。每吨红焦约产生压力 9.8MPa、温度 540℃的高温高压蒸汽 550kg，干熄焦余热发电使用抽汽凝汽式，汽轮发电机组功率为 50000kW。

（5）焦化废水处理工艺。工艺流程为：除油预处理→A_2/O 生化处理＋生物酶生化处理技术→活性炭粉脱色除味降低 COD 系统→企业水系。

（6）酚氰污水处理系统。采用传统 A_2/O＋生物酶生化处理技术，新增活性炭粉末深度处理工序，处理后废水各项指标均达到炼焦化工行业污染物排放新要求，在企业内部水系统中可全部循环使用，可实现焦化废水零排放。

2）烧结工序绿色技术

（1）环冷烟气低温余热锅炉回收烟气中的低品位余热能源，产生过热蒸汽用于供热或发电。工艺流程为：烧结机→环冷机余热回收→余热回收供企业管网。

（2）采用活性炭吸附技术，集脱硫、脱硝、脱二噁英、脱除重金属和除尘五位一体，是当今世界最先进的污染物协同控制技术；富集 SO_2 用于生产硫酸。工艺流程为：烧结机→活性炭法脱硫脱硝制酸→硫酸回用于轧钢生产。

烧结烟气循环利用技术（见图5.1）是烧结工序节能环保新技术之一。经工业实验验证，与传统烧结工艺对比，烧结烟气循环利用技术具有如下效果：烧结质量不受影响，产量可提高 15%～20%；利用烧结烟气余热，节省固体燃料 2.1～2.4kg/t，CO_2 减排 3%～4%；烧结外排废气总量减少 15%，减轻烧结机电场除尘负荷，有利于后续脱硫处理；二噁英类持久性有机污染物减排。目前，该技术已在宝钢、宁钢、沙钢等钢铁企业实现工业化应用。

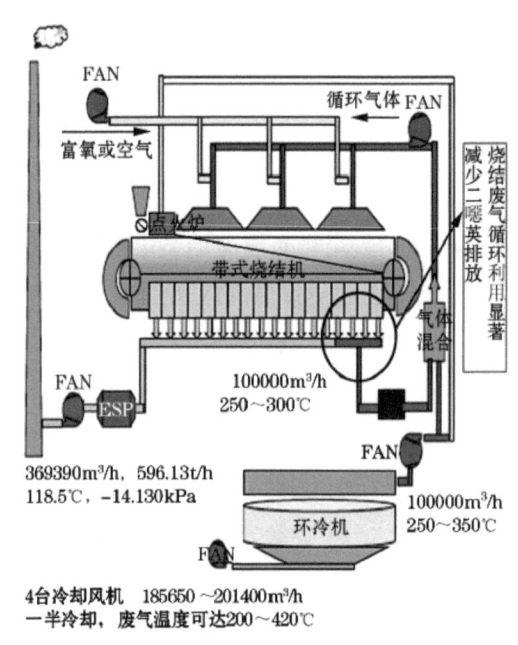

图5.1 烧结烟气循环利用技术

3）炼铁工序绿色技术

（1）高炉煤气干法除尘。中国自主开发的内滤式煤气反吹干法除尘系统，可降低水耗和运行成本，提高煤气质量。年可节约新水 160 万吨，增加 TRT 发电量 30%。

（2）煤气余压发电技术（TRT）。配套建设干法煤气余压发电装置，煤气利用率可达 99% 以上，吨铁发电量达 50 千瓦时，每年可发电 2.8 亿千瓦时。

（3）蒸汽—燃气联合循环技术（CCPP）。将剩余高炉煤气优先用于热转换效率高的蒸汽—燃气联合循环装置，再用于常规发电装置和煤锅炉，最终使剩余煤气达到零放散，年回收利用高炉煤气 50 亿立方米，发电 3.6 亿千瓦时，节约标准煤 38 万吨。蒸汽—燃气联合循环技术如图 5.2 所示。

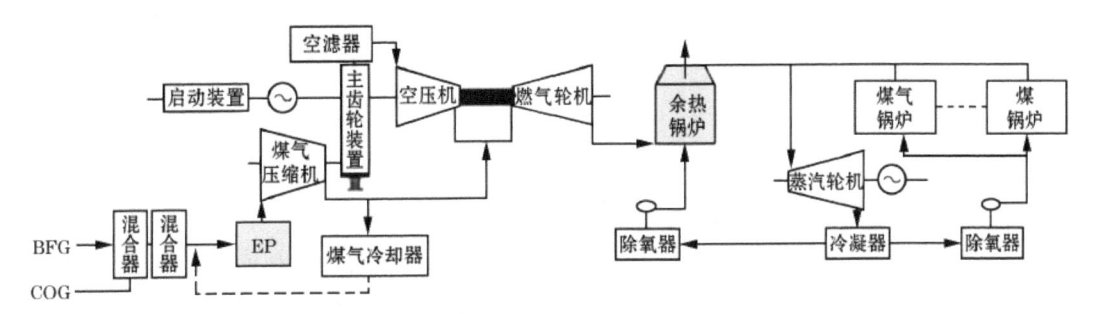

图 5.2 蒸汽－燃气联合循环技术

（4）高炉矿渣综合利用技术。中国现已引进当今最先进的立磨技术，建设高炉矿渣超细粉生产线，年综合利用矿渣 280 万吨，可提高矿渣经济附加值，减少 CO_2 排放。其工艺流程为：高炉水渣→矿渣超细粉生产线→超细粉。中国目前正在建设国内第一条利用高炉热熔渣制棉的生产线，这条生产线每年可回收利用高炉矿渣约 8 万吨，创效 8000 万元以上，具有显著的低能耗、低污染、无排放等特点。其工艺流程为：高炉热熔渣→热渣制棉生产线→岩棉。

4）炼钢工序绿色技术

（1）转炉煤气干法除尘。转炉煤气经干法除尘后全部回收，可直接供用户使用，耗电量低、热能可充分利用，除尘效率高，排尘质量浓度低于 $30mg/m^3$，可提高煤气回收量 20%，每吨钢可回收 $115m^3$ 煤气，热值约 8360J。

（2）炼钢厂房全封闭。结合国内外先进除尘技术，在炼钢厂房内，电炉采用四孔、狗窝和屋顶罩三级捕集除尘方式，转炉采用一次除尘、狗窝和屋顶罩二次除尘方式，实现了冶炼过程烟尘的有效捕集，合理地将高温烟气和常温烟气进行混合，有效降低了除尘器入口的烟气温度。

（3）转炉余热蒸汽发电。利用转炉余热蒸汽进行发电，年发电达 1 亿千瓦时。目前正在实施电炉及 AOD 炉余热回收项目，项目达产后年可回收蒸汽 36 万吨，年可节约标准煤 3.4 万吨。

5）轧钢工序绿色技术

轧钢工序一般分为热轧和冷轧工序，热轧工序的绿色技术如下。

（1）蓄热式加热炉。利用加热过程余热，比常规加热炉节能 30%，年可节约标准煤 5.6 万吨。

（2）轧机辊道变频调速。对辊道、风机、水泵实施变频改造，年可节电 0.9 亿千瓦时。

（3）余热蒸汽发电。回收加热炉烟气余热，配套饱和蒸汽发电机组，年可发电 0.4 亿千瓦时。

（4）塑烧板除尘。采用世界一流的防油防水塑烧板除尘器，排放质量浓度可低于 20mg/m³。

（5）加热炉汽化冷却。用汽化冷却替代传统的水冷却，可回收大量的余热蒸汽。

（6）纯氧燃烧技术（拟实施）。可节约高热值煤气的使用，降低能耗，减少氮氧化物的排放。

冷轧工序的绿色技术如下。

（1）冷轧混酸、盐酸再生。①采用喷雾焙烧技术，对废混酸进行再生，年可回收氢氟酸 1.45 万吨、硝酸 1.2 万吨，年可节约石灰 2.5 万吨，回收金属氧化粉 7770 吨。②采用预脱硅+喷雾焙烧技术，对废盐酸进行再生，年可回收盐酸 1.3 万吨，回收氧化铁粉 4200 吨，同时可有效减少中和用石灰量。

（2）冷轧氮氧化物处理。对轧钢过程中产生的废气通过催化还原反应生成氮气和水排入大气，年可减排氮氧化物 250 吨。

（3）冷轧硫酸钠净化回收。对不锈冷轧厂冷线产生的电解硫酸钠废液进行净化回收，每年可回收硫酸钠超过 2000 吨，节约氧化钙 4515 吨。冷轧硫酸钠净化回收工艺流程如图 5.3 所示。

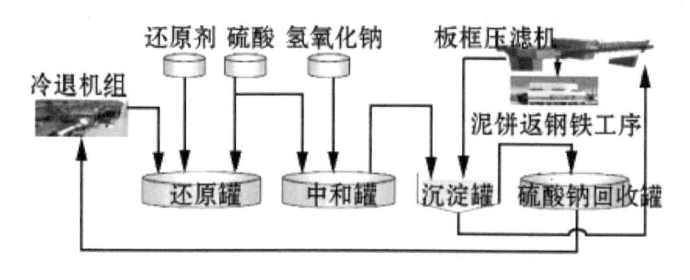

图 5.3　冷轧硫酸钠净化回收工艺流程

6）发电环节绿色技术

（1）锅炉采用低氮燃烧技术，可使锅炉烟气中产生的氮氧化物质量浓度从 750mg/m³ 降至 400mg/m³。

（2）采用五电场高效电除尘，烟尘排放质量浓度可控制在 20mg/m³ 以内。

（3）采用石灰石—石膏法脱硫工艺，可使 SO_2 排放质量浓度控制在 100mg/m³ 以内。

（4）采用 SCR 液氨脱硝工艺，可使氮氧化物排放质量浓度控制在 100mg/m³ 以内。

7）钢铁固废综合利用技术

（1）冶金除尘灰资源化利用。将除尘灰等含铁尘泥成形处理，与钢渣中分选出的渣钢及焦炭一起加入竖炉，在竖炉中这些物料被还原成铁水作为炼钢原料回用于生产，冶炼过程中产生煤气，洗涤净化后作为清洁燃料利用，炉渣制成水淬渣作为生产超细粉的原料。

该方法实现了固废的资源化利用,是钢铁生产过程中实现固废零排放的有效手段。

(2)钢渣资源化。钢渣是钢铁企业最主要的固废。太钢建设了钢渣综合利用项目,建成后年可产 50 万吨钢渣肥料、30 万吨路基材料等高附加值产品,彻底使不锈钢尾渣变废为宝,实现综合利用。目前,钢渣资源化生产线包括:不锈钢尾渣湿选处理线;不锈钢尾渣干燥、肥料生产线;碳钢尾渣破碎和超细粉生产线;钢渣路基材料生产线;炼钢辅料生产线等。

转炉渣辊压破碎—余热有压热闷技术(见图 5.4)是炼钢工序节能环保新技术之一。国内仍有很多钢铁企业采用落后的热泼处理工艺,将热态钢渣运至钢渣热泼场,倾翻落地,喷水冷却,然后用铲运机将冷却的钢渣经粗选废钢后运出堆弃。热泼法存在投资大,占地大,对环境污染严重,金属铁不能全部回收,钢渣稳定性不好、不能利用等问题。转炉渣辊压破碎—余热有压热闷技术属国内外首创,热闷时间短,耗水、耗电量低,实现了钢渣处理过程高效化、装备化和环境洁净化。处理后的钢渣浸水膨胀率低于 1.6%,游离氧化钙质量分数低于 2.12%,可满足建材行业相关标准要求;粒度小于 20mm 的钢渣质量分数大于 72.5%,有利于后期破碎磁选。此外,钢渣余热有压热闷产生的蒸汽温度为 120℃、压力为 0.2~0.4MPa,为钢渣余热回收利用创造了条件。目前,已完成 60 万吨/年钢渣处理产业化示范工程。

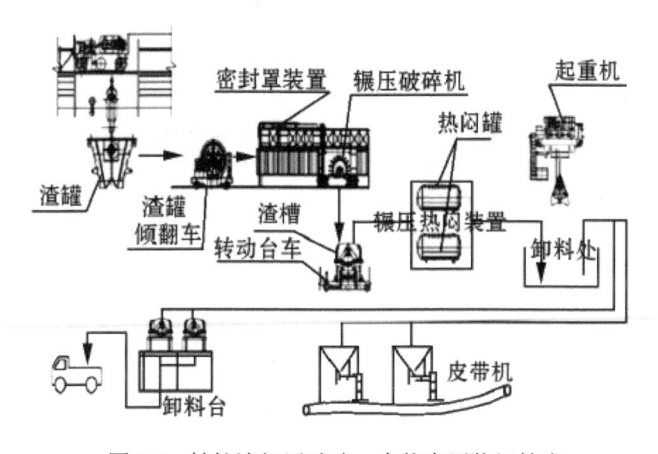

图 5.4 转炉渣辊压破碎—余热有压热闷技术

5.3 钢铁企业绿色诊断示范案例

某钢铁企业绿色诊断示范案例如下。

5.3.1 某企业用能系统诊断

1）能源管理制度的完善性、合规性

某钢铁企业目前建立了 18 项能源管理制度（见表 5.5），所有文件均经过了审核、审批，部分规定进行了汇签确认。

表 5.5　某钢铁企业能源管理制度一览表

序号	制 度 名 称	序号	制 度 名 称
1	《能源管理制度》	10	《能源计量人员岗位责任制》
2	《能源采购和审批管理制度》	11	《能源消耗定额管理规定》
3	《能源财务管理制度》	12	《节能奖惩制度》
4	《能源生产管理制度》	13	《主要用能设备的管理制度》
5	《能源统计管理规定》	14	《能源工作例会制度》
6	《能源介质统计规定》	15	《能源管理部门及人员岗位职责》
7	《能源计量器具管理规定》	16	《生活用能管理制度》
8	《能源计量器具配备规定》	17	《能源宣传教育和培训》
9	《能源介质管网管理范围划分规定》	18	《节能技术措施管理规定》

诊断发现

该企业目前能源管理制度大部分建立时间为 2013 年或之前，目前仍没有更新，计量、统计管理规定存在重复的情况，部分制度内容可操作性有待提高。具体问题如表 5.6 所示。

表 5.6　某钢铁企业能源管理制度诊断问题

能源管理基本模块	主要管理内容	制度覆盖	制度体现管理内容的情况备注
能源管理体系的建立与完善	能源管理组织体系、能源绩效评价管理	▶	《能源管理制度》中规定了组织管理体系，明确了能源管理工作内容；《能源消耗定额管理规定》《节能奖惩制度》对绩效管理程序进行了规定，但绩效评价内容过于简单
能源生产运行	能源介质的生产、调度、使用的经济、平衡、安全性管理	▶	《能源管理制度》中缺少能源介质生产调度使用的经济安全管理要求，以及煤气、水、电力、蒸汽等方面的专业管理办法覆盖相关管理内容
能源生产运行	能源管线的管理与维护	▶	《能源介质管网管理范围划分规定》等规定了能源管线划分接线，但缺少维护、使用过程中的具体申请流程
节能管理与实施	节能技术应用与节能项目实施管理	▶	《节能技术措施管理规定》等对节能技术应用与节能项目实施管理，但节能项目实施管理后的评价不完善
用能设备效率监测与诊断	重要用能设备的识别与能效检测管理	▶	《主要用能设备的管理制度》提出了有关重要用能设备的管理要求，但重要用能设备的能效检测管理规范尚未正常开展，无法识别重要用能设备

续表

能源管理基本模块	主要管理内容	制度覆盖	制度体现管理内容的情况备注
能源统计管理	能源指标统计规范、标准	▲	依据国家统计局发布的《能源统计报表制度》，企业的管理文件《能源统计管理规定》《能源介质统计规定》具体明确了能源统计方法，但未将一次能源（煤炭、焦炭）纳入管理范围；未制定统一的统计规范、标准
能源监测管理	用能需求变化申请管理	▲	《能源介质管网管理范围划分规定》明确了能源管理分工界面，但缺少用能申请、审批具体工作规范和管理流程
	用能合理性监察	▲	《能源管理制度》《生活用能管理制度》等提出了用能合理性监察的要求，但未按制度系统化、规范化地开展能源监察工作
	高耗能设备淘汰管理	□	无制度支撑

注：■ 表示现有制度较好地体现了该管理内容；▲ 表示现有制度仅部分体现了该管理内容；□ 表示该管理内容目前无制度支撑。

改进建议

企业即将开展能源管理复审，建议结合能源管理制度复审的有利时机，对国家法律法规进行重新辨识，全面梳理企业各项能源管理制度，从制度的有效性、可操作性和管理流程进行完善。

2）烧结工序能耗分析

烧结工序能耗指标如表 5.7 所示。

表 5.7 烧结工序能耗指标

能源种类	实物量计算单位	2017 年 1—6 月累计			
		实耗	折标煤（t）	实物单耗	单位能耗（kgce/t）
燃料					
烟煤	t	17615	12582.39	17.39	12.425
焦粉	t	34718	33725.07	34.28	33.303
高炉煤气	m³	66551680	7127.68	65.72	7.038
动力					
电力	kW·h	40472549	2984.45	39.97	2.947
生产水	m³	174311	7.22	0.17	0.007
压缩空气	m³	22354832	339.79	22.07	0.336
低压蒸汽	t	12405	1213.21	12.25	1.198
脱硫系统					
电力	kW·h	762880	56.25	0.75	0.056
生产水	m³	78860	3.26	0.08	0.003
回收利用					

续表

能源种类	实物量计算单位	2017 年 1—6 月累计			
			实耗	折标煤（t）	实物单耗	单位能耗（kgce/t）
高炉煤气消耗	m³	22161212	2373.47	21.88	2.344
低压蒸汽	t	-15383	-1504.46	-15.19	-1.486
中压蒸汽	t	-111770	-11601.73	-110.37	-11.456
小计					-10.598
合计			47306.61		46.71
		年累计产量（t）		1012681.00	
		固体燃料消耗（累计）		51.68 kg/t	

诊断发现

2017 年上半年该钢铁企业烧结工序能耗为 46.71kgce/t。优于能耗限额标准准入值≤50kgce/t 水平。烧结工序采用了提高原料品味、热风保温、余热回收等技术，其中，固体燃料消耗 51.68kg/t，指标控制较好。但烧结工序的高炉煤气消耗和回收利用都有可提升空间，电力消耗指标高于行业平均水平。

改进建议

（1）高炉煤气消耗指标偏高，有下降空间。根据烧结料层的热反应情况（烧结过程各层反应原理如图 5.5 所示），建议企业通过以下措施降低高炉煤气的消耗：①采用厚料烧结技术，烧结过程中的燃烧带从烧结开始沿料层高度逐渐往下进行，随着燃烧带的下移和上层烧结矿带的"自蓄热作用"，最高温度逐渐升高。而厚料烧结能够强化料层的"自蓄热作用"，故在保持一定燃烧带温度的情况下，通过充分利用料层蓄热降低固体燃料消耗的效果非常明显。②改善布料状况，均匀的布料可以使烧结料的粒度、化学成分和水分沿台车宽度方向均匀分布，使透气性均匀，避免了点火火焰燃烧效果不良或火焰外喷，从而降低高炉煤气的消耗。

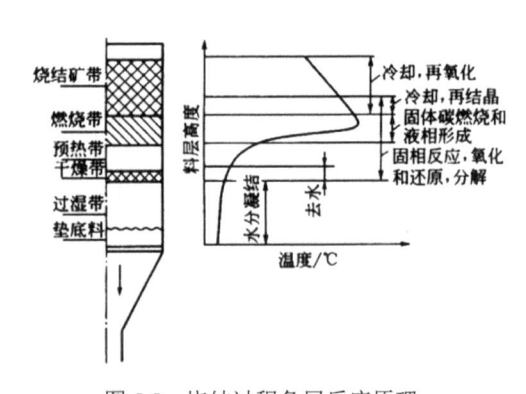

图 5.5 烧结过程各层反应原理

（2）目前，企业烧结余热发电装置除利用烧结过程的烟气余热资源之外，还使用了企业的二次能源高炉煤气作为补充燃料，但烧结余热锅炉的运行效率比企业的燃气发电机组（使用高炉煤气+转炉煤气）的运行效率低，造成烧结余热锅炉中高炉煤气的利用率低于燃气发电机组，无法实现煤气的高效利用，因此建议企业通过对燃气系统和蒸汽系统的整体优化,实现系统的高效利用。

目前企业有 3 台发电机组,分别是燃气发电机组、烧结余热发电机组、余热蒸汽利用发电机组,运行效率依次降低。建议企业根据煤气、蒸汽系统和发电机组的使用情况,通过以下措施实现系统的高效、经济运行,图 5.6 为蒸汽、高炉煤气系统改造前后工艺比较。措施包括:①停用余热蒸汽利用发电机组;②将节省的余热蒸汽补充至烧结余热发电机组,从而提高蒸汽发电效率;③烧结余热发电机组达到了运行负荷,可停止其补充的高炉煤气;④将节省的高炉煤气全部用于燃气发电机组,从而提高高炉煤气的利用率。

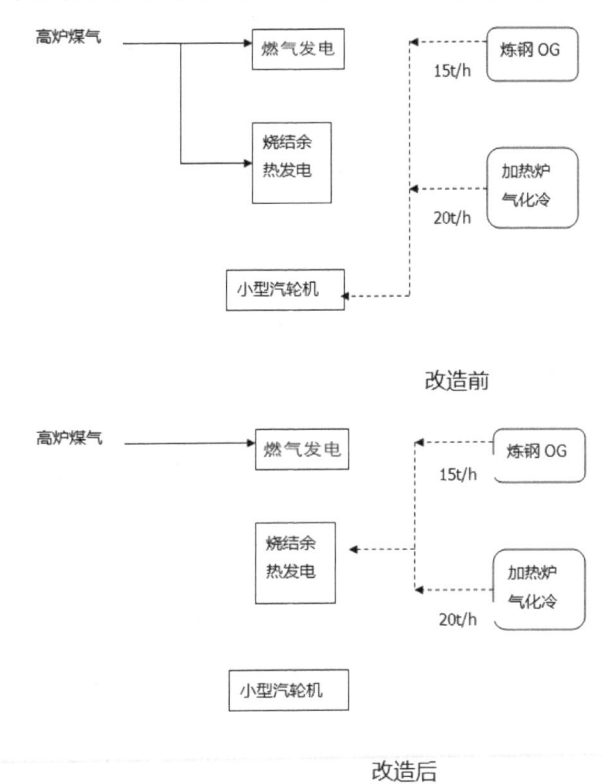

图 5.6 蒸汽、高炉煤气系统改造前后工艺比较

5.3.2 某钢铁企业绿色制造系统诊断

1. 合规性与相关方要求

合规性与相关方要求涉及 2 项具体指标:①工厂应依法设立,在建设和生产过程中应遵守有关法律法规、政策和标准,近三年无重大安全、环保、质量事故,成立不足三年的企业,成立以来无重大安全、环保、质量事故;②对利益相关方环境要求做出承诺的,应同时满足有关承诺要求。

诊断发现

1)"法律法规、政策和标准满足性"指标

企业依法设立,在建设和生产过程中遵守有关法律法规、政策和标准,依法进行项目申报及办理相关审批手续,项目建设所需的环境保护、职业安全卫生等手续均按要求申报审批。

查国家企业信用信息公示系统,系统中暂无行政处罚信息,也无列入经营异常名录信息。

由于历史原因,发现企业有些审批手续是补办的。

2)"利益相关方承诺"指标

企业通过了环境管理体系认证,制定了《质量、环境管理手册》,承诺如下。

(1)遵守国家和地方适用的法律法规、标准和相关制度、要求。

(2)"预防为主、防治结合",在"采购—生产—服务"全过程中尽可能减少对环境的负面影响。

(3)对废物、噪声等实施有效控制。

(4)加强培训教育,不断提高员工的环境意识。

(5)明确各层次职责,加强监督检查力度,确保环境表现持续改进。

(6)促进相关方共同为"环保型"产品及资源再利用做贡献。

(7)承诺将环境管理体系方针传达到全体员工,并为公众所获取。

企业重视环境保护,积极履行承诺。

改进建议

(1)建立项目管理档案,各项审批文件汇集成册,依法、及时开展项目的审批报备。

(2)按照国内法律法规要求,及时办理各项审批手续,严格执行环保设施、职业卫生防护设施、安全设施的"三同时"制度。

2. 大气污染物排放情况

大气污染物排放的基本要求是工厂的大气污染物排放应符合相关国家标准及地方标准要求。

诊断发现

1)执行标准

《钢铁烧结、球团工业大气污染物排放标准》(GB 28662—2012)。

《炼铁工业大气污染物排放标准》(GB 28663—2012)。

《炼钢工业大气污染物排放标准》(GB 28664—2012)。

《轧钢工业大气污染物排放标准》(GB 28665—2012)。

2）排放达标情况

企业产生的废气主要有二氧化硫、烟尘、氮氧化物等。多年来,企业坚持环保设施和生产设施同步运行,其大气污染物达标排放。企业有 24 个废气排放口,其中,7 个废气排放口设置有在线监测设施,对排放数据实时监测。为了加强对大气污染物排放情况的了解,对于未设置在线监测系统的废气排放口,企业于 2017 年 1 月委托某检测企业对主要污染物排放情况进行监测。各分厂主要污染物排放均达标排放。

综上数据,企业的大气污染物排放远低于应执行污染物浓度限值标准,符合基本要求。

改进建议

(1)企业的废气排放口有 24 个,其中 7 个设置有在线监测设施,未设置在线监测设施的废气排放口中的主要污染物是烟尘,建议企业做好除尘设备的维护保养,经常检查控制阀、脉冲阀及定时器等的动作情况,检查滤袋是否有使用后掉袋、松口、磨损等现象,保证除尘设备的有效运行。

(2)有条件的企业可增加对未设置在线监测设施的废气排放口的委外监测次数。

3. 水体污染物排放情况

水体污染物排放的基本要求是工厂的水体污染物排放应符合相关国家标准及地方标准要求。

诊断发现

在生产过程中,产生的废水全部回收进行循环使用,无生产废水外排。少部分雨水进行统一回收,处理后作为生产补充用水。对多余的雨水经护厂河排涝泵站直接排到三圩港和四圩港。生活废水经厂区现有的化粪池处理后,由厂区污水管网外排至城市污水管网。

改进建议

企业无外排生产废水,应注意厂区内污水管道、污水处理池的日常维护和检查,防止渗水、漏水。

4. 固废排放情况

固废排放的基本要求是工厂需要委托具有能力和资质的企业进行固废处理,处理时应符合相关废物拆解处理要求标准。

诊断发现

对于该评价指标,企业实际情况如下。

企业根据固废不同的成分和性质采用不同的处理工艺,真正实现固废的综合利用,达到废物资源化利用的目的。

工业固废主要分为危险废物和一般工业固废两类,企业产生的一般工业固废主要有布袋除尘灰、高炉水渣、钢渣和氧化铁皮;危险固废主要有废矿物油等。表 5.8 为工业固废处置措施和综合利用途径一览表。

表 5.8　工业固废处置措施和综合利用途径一览表
（2017 年 1—6 月）

类别	名称	产生量（t）	综合利用量（t）	处理方式	备注
一般工业固废	高炉水渣	226006	226006	送往磨粉厂生产矿渣微粉外售	
	钢渣	99471	99471	送往钢渣处理生产线，分拣的渣钢返回炼钢，尾渣制砖；煤渣外卖给建材企业	
	布袋除尘灰	43502	43502	企业统一收集后送往烧结系统返回冶炼工序	
	氧化铁皮	7960	7960		
危险废物	废矿物油			储存在废油库中，委托有资质的企业进行处理	执行处置标准 GB 18484—2001

企业的废矿物油回收分类单独存放，废油库由专人管理，制定《废油管理规定》，建立台账，当存放至一定量时，委托有资质的企业进行处理，因为产生量较小，并且废矿物油各分厂根据设备需要可回收利用，所以自 2013 年起，危险废物一直暂存在废油库中，未委外处理。

企业对一般工业固废全部回收利用，资源利用效率为 100%。

放射源废物管理如下。

根据工艺设备配置需要，连铸机结晶器在线安装了 8 台 137CS 液位计，高炉安装了 2 台料位仪。

其中，8 台液位计安装在 8 台连铸机结晶器内，用于结晶器中页面测量，每台液位计都包含 1 枚 137CS 放射源，总计 8 枚放射源。2 台料位仪分别安装在 1 号和 2 号高炉上，用于高炉内料位测量，每台料位计都包含 1 枚 137CS 放射源，总计 2 枚放射源。

10 枚放射源的管理工作，企业专门制定了《放射源安全管理规定》，采取了污染及安全管理措施，并规定了放射性物品突发事件应急处置报告流程。

企业使用的放射源安全性良好，焊接固定在生产线上，暂未达到使用年限，当超过使用年限退役时，将上报当地生态环境厅批准后实施。

改进建议

（1）注意放射源的使用年限，做好安全防护。

（2）应明确废油库最大储存量，及时委外处理。

5. 噪声排放情况

噪声排放的基本要求是工厂的厂界环境噪声排放应符合相关国家标准及地方标准要求。

诊断发现

企业实际情况如下。

噪声源主要是各种风机、放散阀、制氧机、行车等设备及生产操作，数量较多。企业主要从噪声源和噪声传播途径着手，综合考虑平面布置和绿化的降噪效果，控制噪声对厂界环境的影响。采用低噪声新工艺、新材料、新技术，选用机加工精度高、装配质量好的设备；针对主空压机、冷却（助燃）风机、鼓风机等产生噪声较大的设备安装消声器；加强绿化，各厂房周围设置3m绿化带，增加对噪声的阻尼作用。将行政办公区与生产区分开布置，在生产区四周设置绿化带，在厂界四周种植密集的灌木和乔木。

企业目前有项目在建设施工，施工期有一定的噪声。

2017年1月，企业委托有资质的企业在厂界四周设4个监测点进行监测，表5.9为厂界噪声监测结果，表5.10为厂界噪声达标排放情况，均满足《工业企业厂界环境噪声排放标准》（GB 12348—2008）要求。

表5.9 厂界噪声监测结果 单位：dB(A)

监测点位	昼间	夜间
Z1	56.6	52.4
Z2	55.2	52.3
Z3	58.1	54.6
Z4	53.8	51.8

表5.10 厂界噪声达标排放情况 单位：dB(A)

年份	执行噪声标准编号	昼间噪声范围	昼间噪声标准限值	夜间噪声范围	夜间噪声标准限值	达标情况	数据来源
2017	《工业企业厂界环境噪声排放标准》（GB 12348—2008）	53.8~58.1	65	51.8~54.6	55	达标	江阴秋豪检测有限企业

东、西、南、北厂界昼夜噪声均满足《工业企业厂界环境噪声排放标准》（GB 12348—2008）3类标准要求，对周围环境敏感点的噪声贡献值较小。

噪声排放符合国家标准及地方标准要求，符合基本要求。

改进建议

（1）加强对生产设备的保养、检修与润滑，保证设备处于良好的运转状态。

（2）合理安排新建项目的建设，减少施工期的噪声影响。

第 6 章

建材行业绿色诊断

6.1 建材行业与绿色诊断的关系

6.1.1 建材行业的特点

建材产品包括建筑材料及制品、非金属矿及制品、无机非金属新材料三大类,广泛应用于建筑、军工、环保、高新技术产业和人民生活等领域。建材行业与国民经济发展密切相关,是国家基础设施建设、建筑行业良性发展及固定资产投资发展的基础,是改善人居条件、治理生态环境和发展循环经济的重要支撑。目前我国建材行业的发展仍然是粗放式的,产业结构调整未到位,主要特点表现如下。

(1)高度依赖资源和能源。水泥、陶瓷、玻璃、砖瓦等俗称"窑业",是建材行业的主要产品。建材行业通过消耗大量的能源和资源获得产品,一半以上的生产成本花费在水泥生产过程的能耗上。

(2)产业资源利用不高效。我国地域广阔,各地区之间经济发展不平衡,资源和能源供给存在差距,作为基础原料行业的建材行业,为地区经济、社会发展提供原料,这也造成了区域发展的不平衡。在经济较为发达的东部地区,一些建材产品产能过剩,在西部一些经济欠发达地区，建材产品供不应求。建材物流费用在建材产品成本中占很大比重，由于其量大、体重、价值低，因此与其他产品不一样，在储存、装卸、运输方面具有较为明显的要求。

（3）供大于求。"十三五"时期以来，我国建材行业整体运行较好，建材新兴产业加快发展，产业布局逐步优化，但不容忽视的是，当前水泥、平板玻璃产能过剩的矛盾还没有得到根本解决，总体供大于求的局面尚未改变，建材行业稳定运行的基础并不牢固。

6.1.2 建材行业的发展现状和趋势

作为我国重要的基础原料行业，建材行业在国民经济发展中处于十分重要的战略地位，是我国国民经济发展的支柱产业之一。其产品 70%以上用于建筑，其余用于交通、水利、农业、国防等产业，为各行业的稳定和持续发展提供了重要的基础平台和物质保障。同时，建材产品是基本的民生产品，为人类的基本生存提供不可或缺的居住和生存条件，建材行业的稳定和可持续发展关系到人类的繁衍生息和生死存亡。

经过几十年的发展，我国建材行业已形成完整的工业体系。其中，产品基本配套，门类比较齐全，市场已达到面向国内外两个方面。改革开放之后，我国主要建材产品的年产量已连续多年居世界第一，主要建材产品的年人均消费水平接近或超过世界人均消费水平，与世界发达国家的差距越来越小。有些主导建材产品，如水泥等的人均消费水平已远远超过世界平均水平。在国民经济快速稳定增长的带动下，产业由劳动密集型向资本、技术密集型转变，建材行业实施了由大变强、靠新出强的跨世纪发展战略；由数量粗放式增长向质量、效益的集约化增长转变，资源和环境意识已在全行业不断增强。截至 2019 年，我国建材行业"大而不强"的特征得到了很大的改善，进入了"较大较强"的进程阶段，建材行业作为我国的基础性工业，支撑起整个工业发展的现代化，打牢了工业发展所需的坚实基础。

1）产业规模持续扩大

2019 年，建材行业增加值同比增长 8.5%，比整个工业增速高 2.8%，主要建材产品生产总体保持增长。其中，全国水泥产量 23.3 亿吨，同比增长 6.1%，平板玻璃产量 9.3 亿重量箱，同比增长 6.6%，产品混凝土产量 25.5 亿立方米，同比增长 14.5%。瓷质砖、陶质砖、卫生陶瓷制品产量同比分别增长 7.5%、7.4%、10.7%。

2）创新能力不断增强

近年来，建材行业取得了一批支撑行业发展的技术成果。水泥窑协同处置、脱硫脱硝除尘综合治理技术装备广泛应用；全氧燃烧技术在平板玻璃行业实现了工业化应用；大尺寸石英坩埚、陶瓷薄砖制备、喷墨打印等技术逐步推广，陶瓷原料干法制粉等关键技术取得突破；无碱高强玻纤、高强碳纤维、碳化硅纤维、玄武岩纤维实现了工业化生产；低品位矿选矿提纯、均化及再利用等非金属矿加工技术稳步推广，矿物功能材料在精细化工等领域的应用水平明显提升。

3）绿色发展进展显著

为推动建材行业转型升级，2016年至今，工业和信息化部组织编制了《建材工业鼓励推广应用的技术和产品目录》，引导建材行业绿色发展。同时大力推广绿色工厂建设，目前《水泥行业绿色工厂评价要求》《建筑陶瓷行业绿色工厂评价要求》《卫生陶瓷行业绿色工厂评价要求》已正式发布实施，行业清洁生产成效显著，水泥、平板玻璃行业主要污染物排放浓度明显下降，建材行业资源综合利用效率持续提高。

4）国际竞争能力日益增强

目前，平板玻璃、玻璃纤维、建筑陶瓷的国际市场占有率均居世界第一。建材成套技术装备的出口规模继续扩大，水泥、平板玻璃建设工程服务占国外市场份额50%以上，服务总包和投资建设的国外水泥生产线熟料产能超8000万吨。大型建材企业在境外收购、投资建厂的步伐明显加快。

2020年是全面建成小康社会和"十三五"规划的收官之年，我国建材行业的发展机遇和挑战并存，建材行业必须加快转型升级步伐，加速优化产业体系，拓展发展空间，注重提质增效，由高速增长转向中高速平稳发展。

（1）优化调整产业体系。随着产业升级、污染防治攻坚战、去产能等工作的推进，传统的粗放式发展已不合时宜，加快转型升级步伐，持续研发新技术、新产品，成为建材企业适应新形势、谋取新发展的必然选择。

（2）推进绿色发展。发展绿色建材成为适应建设"两型社会"和生态文明的需要。以清洁生产和减少碳排放为主要目标，在绿色生态环保条件下，建材行业的发展必然遵循节能减排的原则。实现建材行业可持续发展，不能以简单的数量增加和规模扩张去实现，而要大力实施绿色技术创新，大力推动生产力更新和绿色化。

（3）促进信息智能技术全面融合。工业和信息化部发布了《建材工业智能制造数字转型三年行动计划（2020—2022年）》，大力推进信息化和工业化高层次的深度融合，积极发展智能制造。引导建材企业提高信息化、自动化水平，推进智能制造，促进建材行业与信息智能技术在更广的范围、更深的程度、更高的水平上实现融合发展，推动建材行业转变发展模式、调整产业结构、转换增长动力，加快高质量发展的步伐。

6.1.3 建材行业绿色诊断的意义

根据当前社会和经济发展形势，绿色发展成为实现国民经济快速发展和科学发展的重点工作。党的十七大强调，到2020年要基本形成节约能源、资源和保护生态环境的产业结构、增长方式和消费模式。党的十七届五中全会明确要求树立绿色、低碳发展理念，发展绿色经济。

建材行业是高能耗、高资源消耗、高排放的行业之一。建材行业对环境的影响贯穿建材生命周期始终：从原料的开发、能源和建材的生产与运输、生产、使用，直至废气处理；同时是复杂多面的：矿产资源的消耗、化石能源的消耗及温室气体、酸雨气体、富营养化物质等污染物的排放。目前建材行业的发展，无论是在生产阶段、使用阶段还是废物处理阶段，都存在与绿色发展、节能减排、资源节约、环境友好、生态文明、可持续发展等社会建设目标不相符的现象。因此，有必要对建材行业实施绿色诊断。在建材行业大力开展绿色诊断工作对该行业的发展有重要意义：第一，推动建材行业建设绿色示范工厂，实现用地集约化、原料无害化、生产洁净化、废物资源化、能源低碳化；第二，促进建材行业实施以节能减排为主要目标的工艺装备整体改造升级，进一步提高全行业的节能减排水平；第三，政府相关部门可参考建材行业绿色诊断对行业、企业绿色发展情况的研究、分析结论，制定行业绿色发展相关标准，实施行业绿色发展推进计划；第四，通过绿色诊断实现绿色生产和绿色产品，满足市场对绿色建材的需求。

6.2 建材行业绿色诊断重点与绿色技术

6.2.1 建材行业绿色诊断重点

根据工业和信息化部《工业节能诊断服务行动计划》（工信部节函〔2019〕101号）及《水泥行业绿色工厂评价要求》《建筑陶瓷行业绿色工厂评价要求》《卫生陶瓷行业绿色工厂评价要求》《耐火材料行业绿色工厂评价导则》《玻璃行业绿色工厂评价导则》等绿色制造、清洁生产等相关文件要求，建材行业绿色诊断重点从节能诊断及潜力分析、绿色工厂诊断及提升分析、清洁生产诊断及改造分析三方面入手开展绿色诊断，具体以节能低碳、清洁生产、绿色设计、资源利用、绿色管理等为主要内容架构，分析行业、企业发展现状，进行对标分析，查找节能、绿色制造体系及清洁生产方面存在的问题，针对性地制定提升路径和方案。

1）节能诊断要点

（1）企业用能总体情况诊断：重点诊断企业主要生产工艺和主要技术装备，企业主要用能种类及情况分析、企业能量平衡表，核算企业综合能源消费量，指出企业能源利用的薄弱环节和突出问题。

对于水泥企业，在技术装备方面，重点诊断熟料生产是否采用了新型干法水泥生产线，并且生产线规模应不低于2500吨/日，独立的水泥粉磨工厂生产规模应不低于60万吨/年。水泥生产工艺与技术装备不应采用《产业结构调整指导目录》中提到的淘汰类设备，烧成系统宜采用高效低氮预热、预分解及先进烧成技术，提高悬浮预热、预分解和高温烧成过程燃烧、传热效率，降低氮氧化物产生量；原料、水泥粉磨系统采用立磨、辊压机终粉磨等高效节能料床粉磨技术。在生产控制方面，水泥生产采用分布式控制系统（DCS）、现场总线技术、窑头和筒体温度监测控制系统、窑尾加料控制技术等，原燃料、产品等质量控制采用在线分析、智能化验等技术。在能源投入方面，充分利用余热，利用清洁能源、可再生能源、可燃废物等代替传统的化石能源，提高燃料替代率，提高清洁、可再生能源使用率。在产品能耗方面，单位熟料和水泥产品的综合能耗符合GB 16780规定的行业准入值或同等水平要求，单位熟料碳排放量优于行业平均水平，表6.1为水泥行业能源低碳化指标。

表6.1 水泥行业能源低碳化指标

指 标	单位熟料产品能耗	单位水泥产品能耗	水泥粉磨站粉磨电耗	单位熟料碳排放量
单位	kgce/t	kgce/t	(kW·h)/t	tCO$_2$/t
限定值	≤111	≤92	≤28	≤0.87
先进值	≤100	≤80	≤25	≤0.84

对于建筑陶瓷企业，在技术装备方面，重点诊断工厂是否采用了节能、节水、高效、低物耗、低排放的先进工艺技术。在能源投入方面，诊断工厂生产环节是否利用了窑炉产生的余热，是否采用了清洁能源、可再生能源代替传统的化石能源。在产品能耗方面，建筑陶瓷单位产品能耗是否符合GB 21252等能耗限额标准中的准入要求，建筑陶瓷碳排放量优于行业平均水平，表6.2为建筑陶瓷行业能源低碳化指标。

表6.2 建筑陶瓷行业能源低碳化指标

产品	吸水率 E≤0.5%的陶瓷砖		吸水率 0.5%≤E≤10%的陶瓷砖		吸水率 E＞10%的陶瓷砖	
指标	单位产品能耗	单位产品碳排放量	单位产品能耗	单位产品碳排放量	单位产品能耗	单位产品碳排放量
单位	kgce/m^2	kgCO$_2$/m^2	kgce/m^2	kgCO$_2$/m^2	kgce/m^2	kgCO$_2$/m^2
限定值	≤6.5	≤20.88	≤5	≤15.05	≤4.8	≤14.99
先进值	≤5.5	≤13.68	≤4.5	≤9.86	≤4.3	≤9.50

对于卫生陶瓷企业，在技术装备方面，重点诊断工厂是否采用了《产业结构调整指导目录》等文件鼓励先进的工艺技术，包括但不限于陶瓷连续球磨、高压成形、低压快排水成形、湿法修坯、快速干燥、机器人施釉、窑炉节能技术、二次回烧、性能全检、自动包装、工序机械输送、智能化转运仓储等工艺技术。在能源投入方面，诊断工厂生产环节是否利用了窑炉产生的余热，如将烟气余热用于烘干工序，工厂是否采用了自动化、信息化技术对企业能源系统的生产、输配和消耗环节实施动态监控。在产品能耗方面，单位产品能耗是否优于行业平均水平，单位产品碳排放量是否优于行业平均水平，表 6.3 为卫生陶瓷行业能源低碳化指标。

表 6.3 卫生陶瓷行业能源低碳化指标

指　标	单位产品能耗	单位产品碳排放量
单位	kgce/t	tCO_2/t
限定值	≤500	≤1.76
先进值	≤300	≤0.66

对于玻璃企业，在技术装备方面，重点诊断企业是否采用了高效节能燃烧、能源梯级利用（含低温余热发电）等先进技术，是否采用了工艺先进可靠、能效等级高、本质安全的生产装备；熔窑应采用全保温、富氧或全氧燃烧、辅助电加热、鼓泡等节能技术；锡槽流道、胸墙、顶盖、渣箱应采用保温措施；电加热元件应采用三相硅碳棒；退火窑辊道的电动机应采用变频调速装置，外壳表面温度应不高于 75℃；玻璃窑炉宜选用环保、长寿命的耐火材料。在能源投入方面，充分利用余热进行原燃料的烘干、发电、生产和生活供暖，采用先进控制技术，实现原料配制和窑炉控制等全系统智能优化控制。在单位产品能耗方面，单位产品能耗达到 GB 21340 规定的行业准入值要求，单位产品热加工过程耗电量优于行业平均水平，单位产品碳排放量优于行业平均水平，表 6.4 为玻璃行业能源低碳化指标。

表 6.4 玻璃行业能源低碳化指标

企业类型	平板玻璃生产企业		玻璃加工企业	
指标	单位产品能耗	单位产品碳排放量	单位产品热加工过程耗电量	单位产品碳排放量
单位	$kgce/m^2$	tCO_2/t	$(kW·h)/m^2$	tCO_2/t
限定值	≤11	≤400	≤0.5	≤400
先进值	≤10	≤300	≤0.3	≤300

（2）用能设备诊断分析：重点诊断企业主要用能设备能效水平和实际运行情况，结合《国家重点节能低碳技术推广目录》和《国家工业节能技术装备推荐目录》，重点分析高效节能装备和先进节能技术的应用情况及推广潜力。

企业应满足建材行业相关要求对高耗能落后设备的淘汰要求，包括《高耗能落后机电设备（产品）淘汰目录》和《部分工业行业淘汰落后生产工艺装备和产品指导目录（2010年本）》等文件明令淘汰的设备。应采用效率高、能耗低、水耗低、物耗低的设备，包括主管部门发布的节能技术文件中推荐的设备，风机、水泵等动力设备能效达到 GB 19761、GB 19762 等标准规定的 2 级及以上能效等级；变压器等设备达到 GB 24790 规定的 2 级及以上能效等级。通用设备或其他系统的综合效率、可运转率满足工厂制定的经济运行目标。

（3）能源管理系统诊断：主要包括能源管理岗位设置、能源计量器具配备、能源统计、目标考核制度建立及执行、设备经济运行管理、能源管理中心建设和信息化运行等能源管理措施的落实情况。

企业应对电力、原油、天然气、热力或其他载能工质配备必要的计量器具和装置，并进行分类、分级计量；配备必要的水资源计量器具和装置，对生活用水及生产用水进行分类、分级计量。建立能实现能源消耗在线监测、统计与分析等功能的能源管理中心，实现能源消耗的在线监测、统计与分析等。

2）清洁生产诊断要点

（1）环保设施投入情况诊断：重点对企业现有的生产工艺及已采取的污染防治措施进行分析，结合企业实际情况，分析《国家涉重金属重点行业清洁生产先进适用技术推荐目录》和《国家鼓励发展的重大环保技术装备目录》等文件中清洁生产先进工艺技术的适用性。

对于水泥企业，在环保设施投入方面，工厂应依据 GB/T 50558 等标准进行环境保护工程设计，投入废气、废水、噪声等污染物治理设施，其处理能力应满足工厂正常生产时的达标排放要求。在水泥生产过程中，防尘要求符合 GB/T 16911 的相关规定，合理设计除尘系统，生料磨、回转窑、水泥磨除尘采用袋式除尘，煤磨系统采用煤磨专用袋除尘或电除尘，具有完善的防燃、防爆、防静电设施，物料输送应选用密封性能好的输送设备，水泥包装工序应在粉尘逸散区域设置除尘设施。水泥窑协同处置固废满足 HJ 662 的相关规定。协同处置危险废物的工厂应办理《危险废物经营许可证》，采用《国家先进污染防治技术目录》等政策文件鼓励的技术，如 SCR 脱硝、无氨脱硝等技术。在环境监测方面，工厂应设置环境排放测量设施，采用信息化手段对环境排放进行动态监测，水泥窑及窑尾余热利用系统排气筒配备颗粒物、氮氧化物、二氧化硫浓度在线监测设备，并保证系统能够有效、稳定地运行。

对于建筑陶瓷企业，在环保设施投入方面，工厂应配备备用污染物处理设施，并采用《国家先进污染防治技术目录》等政策文件鼓励的技术，如 SCR、无氨脱硝、高效隔声等技术。工厂应配备大气污染物排放在线监测系统及适宜的环保设施，以确保其污染物排放达到相关法律法规及标准要求，工厂所有的废气排放口均应配备污染物在线监测系统，并通过主管部门进行验收。

对于卫生陶瓷企业，在环保设施投入方面，工厂应对产生大气污染物的生产设备和设施进行统计,并为其配备烟气收集管道或净化处理装置,处理装置包括但不限于收尘器、脱硫系统、脱硝系统等。厂内原料输送、装卸、存储、制备、成形等易造成粉尘逸出的操作场所宜采取密闭、覆盖、减少物料落差等措施,防止粉尘逸出,或者经收尘器处理后排放。工厂应配备大气污染物排放在线监测系统及适宜的环保设施,以确保其污染物排放达到相关法律法规及标准要求,工厂所有的废气排放口均应配备污染物在线监测系统,并通过主管部门进行验收。

对于玻璃企业,工厂应按要求设置除尘设施、烟气和废气净化设施、废水和污水处理设施、消声降噪措施及减震措施等;采用先进环保技术,以满足更严格的排放标准,采用纯氧燃烧技术、电助熔技术、湿电除尘等先进除尘技术,以及脱硫、催化还原等高效烟气治理装置,取消烟气旁路,控制污染物排放;采用 HJ 2305 规定的大气污染物、水体污染物、固废、噪声等可行污染防治技术。工厂应具有环境排放测量设施,采用信息化手段对能源、资源的消耗及环境排放进行动态监测,主要废气排放口安装烟气自动监控系统(CEMS)和分布式控制系统,记录环保设施运行及相关生产过程的主要参数。

(2)生产洁净化诊断:重点诊断企业末端治理设施及运行效果,分析污染物排放情况。

对于水泥企业,在大气污染物排放方面,工厂应按 HJ 847 相关要求取得排污许可证,大气污染物排放浓度应符合 GB 4915、环境影响评价批复及地方环境保护主管部门要求。在水体污染物排放方面,工厂水体污染物排放应符合 GB 8978、HJ 847 及环境影响评价批复要求,水泥窑余热发电系统产生的废水排放应符合 GB 50588 的有关规定。工厂生产废水、设备冷却排污水、协同处置固废产生的渗滤液应无外排;浓水等无法自行处理的污水应委托有资质的企业进行处理;酸碱废水应采用中和处理工艺;含油废水应采用油水分离处理工艺。工厂应对其生产过程产生的固废设置处理场所,并依据相关标准及要求管理和处理一般工业固废和危险废物,应按照《国家危险废物名录》或国家规定的危险废物鉴别标准和鉴别方法,识别生产过程及原料和辅助工序中产生的危险废物,如废油、废油桶、废油纱等。厂界噪声应满足 GB 12348、环境影响评价批复要求。在单位产品主要污染物及废气产生量方面,应优于行业平均值,表 6.5 为水泥窑及窑尾余热利用系统排气筒大气污染物中污染物排放浓度指标,表 6.6 为水泥行业单位产品污染物排放指标。

表 6.5 水泥窑及窑尾余热利用系统排气筒大气污染物中污染物排放浓度指标

污染物种类	级 别		
	三 级	二 级	一 级
	排放浓度(mg/m³)		
颗粒物	10	10	10
二氧化硫	50	30	30
氮氧化物	150	100	50
氨	8	8	8

表 6.6 水泥行业单位产品污染物排放指标

企业类型	有熟料生产工段的工厂			水泥粉磨站		
指标	回转窑窑头和窑尾颗粒物排放量	回转窑窑头和窑尾二氧化硫排放量	回转窑窑头和窑尾氮氧化物排放量	回转窑窑尾废气排放量	颗粒物有组织废气排放量	水泥磨排气量
单位	kg/t 熟料	kg/t 熟料	kg/t 熟料	m³/t 熟料	g/t 水泥	m³/t 水泥
限定值	≤0.1	≤0.25	≤1	≤2500	≤12	≤1500
先进值	≤0.04	≤0.03	≤0.5	≤1500	≤5	≤1000

对于建筑陶瓷和卫生陶瓷企业，工厂大气污染物排放应符合 GB 25464、地方标准及相关法律法规要求、国家关于排污许可的相关要求。工厂的水体污染物排放应符合相关国家标准、地方标准要求，或者在满足要求的前提下委托具备相应能力和资质的企业进行处理。工厂应按环境影响评价批复及国家标准、地方标准的相关排放要求，定期对外排的生产废水、生活污水进行水质检测，或者出具具备资质的企业的检测报告。委托污水处理厂处理污水的，应与污水处理厂签订有效协议。工厂应建立符合 GB 18597、GB 18599 规定的一般工业固废及危险废物的管理、处置和转移程序，具有符合 GB 18597、GB 18599 要求的处置场地。需要委托相关方进行回收处理时，应委托具备相应能力和资质的企业进行处理，工厂应详细记录回收处理的废物去向，并保存相关转移和清理运输的手续文件。工厂应定期委托有资质的企业开展噪声排放检测工作，确保检测结果满足环境影响评价批复、GB 12348、地方标准等规定的排放标准。主要大气污染物排放浓度不高于行业平均水平。工厂外排污水的水质应满足 GB 25464 中水体污染物特别排放限值要求，表 6.7 为建筑陶瓷和卫生陶瓷行业污染物排放浓度指标。

表 6.7 建筑陶瓷和卫生陶瓷行业污染物排放浓度指标

污 染 物	颗 粒 物	二 氧 化 硫	氮 氧 化 物
单位	mg/m³	mg/m³	mg/m³
限定值	≤30	≤50	≤180
先进值	≤20	≤30	≤100

对于玻璃企业，工厂应按 HJ 856 相关要求取得排污许可证，大气污染物排放浓度应符合 GB 26453、环境影响评价批复及地方环境保护主管部门要求。工厂生产废水、含油废水、含酚废水、含氨废水、脱硫废水等无外排。工厂生产废水经处理回用后满足相应水质标准要求：车间冲洗废水采用沉淀处理；软化水制备系统排污水采用混凝、沉淀、过滤处理；含氨废水采用酸碱中和处理；含油废水采用隔油、混凝、气浮法处理；脱硫废水采用酸碱中和、絮凝、沉淀处理；研磨、清洗废水采用沉淀、酸碱中和处理；等等。工厂应记录一般工业固废和危险废物的产生量、综合利用量、处置量、储存量。平板玻璃企业产生的一般

工业固废主要包括除尘器收集的颗粒物、脱硫副产物、废耐火材料、废水生化处理污泥、锡渣、碎玻璃和煤气发生炉产生的炉渣等。工厂按照《国家危险废物名录》或国家规定的危险废物鉴别标准和鉴别方法，识别生产过程及原料和辅助工序中产生的危险废物，建立处置和转移程序，满足 GB 18597 和《危险废物转移联单管理办法》等文件的要求。平板玻璃企业产生的危险废物主要包括设备维修时产生的废机油、软化水制备设备产生的失效离子交换树脂、延期脱硫过程产生的废钒钛系催化剂、油罐清理过程产生的废油渣、油/水分离设施产生的废油、油泥及废水处理产生的浮渣和污泥、发生炉煤气生产过程中产生的煤焦油等。厂界噪声满足 GB 12348、环境影响评价批复确定的排放标准。工厂应至少每季度开展一次昼夜监测，当周边有敏感点时，增加监测频次。单位产品污染物排放应不高于行业平均水平，表 6.8 为玻璃行业单位产品污染物及废气产生量指标。

表6.8　玻璃行业单位产品污染物及废气产生量指标

企业类型	平板玻璃生产企业				玻璃加工企业
污染物	颗粒物	二氧化硫	氮氧化物	废气	颗粒物
单位	kg/重量箱	kg/重量箱	kg/重量箱	m³/重量箱	g/重量箱
限定值	≤0.015	≤0.12	≤0.04	≤200	≤5
先进值	≤0.002	≤0.01	≤0.04	≤100	≤3

（3）绿色物料诊断：重点诊断企业原料采购、运输、储存、管理、使用情况，并分析清洁原料替代空间。

对于水泥企业，水泥生产过程中使用《资源综合利用产品和劳务增值税优惠目录》中规定的及其他符合规定的工业废物，包括但不限于采矿选矿废渣、冶炼废渣（不包括高炉水渣）、化工废渣、粉煤灰、建筑垃圾及江（河、湖、海、渠）道淤泥、淤沙、污泥等，提高原料替代率。通过水泥窑协同处置危险废物、生活垃圾、生活污水和生产废水处理污泥、动植物加工废物、受污染土壤、应急事件废物、飞灰等固废，处置过程应符合 GB 30760 要求。生产过程应采用不含有毒有害物质的原料，如无铬的耐火材料、耐磨材料等。水泥单位产品绿色物料使用率不低于20%，每吨合格熟料消耗石灰石不高于1.22吨。

对于建筑陶瓷和卫生陶瓷企业，工厂应提高水资源及原料的利用率，对生产过程中产生的废水、废物（如废瓷、废坯、废釉浆等）进行充分利用。对原料建有质量控制文件，并在采购控制程序中予以体现，单位产品主要原料消耗量不高于 29kg/m²。对于建筑陶瓷生产过程中产生的主要废物进行回收再利用，废瓷回用率≥95%，废坯回用率≥98%，废釉浆回用率≥95%，废污泥回用率≥80%；对卫生陶瓷生产过程中产生的主要废物进行回收再利用，废瓷回用率≥98%，废坯回用率≥98%，废釉浆回用率≥95%，废污泥回用率≥80%。

对于玻璃企业，工厂应合理利用碎玻璃，减少矿产资源的单位产品消耗量，碎玻璃使用率≥10%，并限制有毒有害物质的使用。生产过程应采用环保型原料，降低有毒有害原料的使用。例如，玻璃窑炉选用无铬耐火材料，玻璃加工企业使用水溶漆代替普通漆，低毒玻璃镀膜液替代酸性玻璃镀膜液，在脱硫脱硝过程中，用纯碱代替生石灰生产硫酸钙，并进行回收利用。

3）绿色工厂诊断要点

（1）产品特性。

对于水泥企业，工厂所生产的水泥、熟料产品质量符合相应标准所规定的指标要求，质量管理符合有关水泥生产企业质量管理规定。工厂质量管理满足水泥质量保障能力要求，建设符合行业规范的标准化化验室；水泥产品水溶性铬（VI）的含量符合 GB 31893 规定的检测要求；水泥产品的天然放射性比活度的内、外照射指数满足 GB 6566 规定要求；水泥熟料中重金属及可浸出重金属含量符合限值要求；检测频次满足标准规定。

对于建筑陶瓷和卫生陶瓷企业，建筑陶瓷工厂生产的产品质量应符合 GB/T 4100 等相应标准规定的指标要求。产品应定期进行型式检验，出具型式检验报告，以证实产品质量符合 GB/T 4100 等相关标准规定的指标要求。陶瓷砖、陶瓷板（含干挂空心陶瓷板）和广场砖等产品应符合 GB/T 35610 表 1 中规定的环境属性中产品放射性要求和品质属性的全部要求。卫生陶瓷工厂生产的产品质量应符合 GB/T 6952 等相应标准规定的指标要求，工厂生产的产品特性应符合 GB/T 35603—2017 表 1 中品质属性的要求，工厂应生产符合绿色产品评价或认证要求的产品。

对于玻璃企业，工厂生产的产品应符合 GB 11614、JC/T 2128 等国家和行业标准规定的产品质量和设计使用要求，工厂生产的安全玻璃产品应通过 3C 认证，建筑节能玻璃产品应通过三星级绿色建材评价，建筑玻璃应满足 GB/T 35604 评价要求。

（2）生态设计。

建材企业应按照 GB/T 24044 等适用标准对生产的产品全生命周期进行评价。按照 GB/T 24256 等相应国家和行业标准对生产的产品进行生态设计，并按照 GB/T 32161 等相应国家和行业标准对产品进行生态设计评价，并根据生态设计评价结果，制定资源、能源、环境、品质等属性的改进方案，并有效实施。

（3）减碳。

建材企业应采用适用的标准或规范对水泥产品进行碳足迹核算或核查，核查结果应对外公布，并利用核查结果对其产品的碳足迹进行改善。企业生产的产品应满足低碳产品相关要求，并经有资质的企业实施低碳产品认证。

（4）体系建设。

建材企业应建立和运行质量管理体系、环境管理体系、职业健康安全管理体系和能源管理体系,并由有资质的企业认证。通过推行全过程质量管理,不断推动产品升级,重视产品质量文化建设,强化全方位服务意识,树立负责任、受尊敬企业的良好形象。按照ISO 14001:2015《环境管理体系要求及使用指南》,建立完善的环境管理体系,并实施有资质的企业认证,对生产过程中各个环节产生的水、大气、噪声、固废等进行控制,并对企业范围内识别出的其他环境影响因素逐项制定控制措施,制定环境应急程序、监测及测量程序等,以科学发展观统领环保工作,大力推进清洁生产,切实加强污染减排工作,不断强化环保管理队伍的水平,提升企业竞争力,实现企业的可持续发展。同时全面推行职业健康安全管理体系,坚持"预防为主,防治结合"的工作方针,加强职业危害防治培训工作,提高全体员工职业安全意识,积极控制职业危害因素,控制和杜绝职业病发生,提高职业危害防治管理水平,把"改善作业环境、强化员工健康"作为重点工作,在职业病防治的宣传、个体防护设施的配备等方面认真落实企业的主体责任,为员工营造一个安全、健康、舒适的工作环境。通过能源管理体系的建立,形成具有成效的能源管理体系,提高企业能源利用效率。

(5) 供应链管理。

建材企业应协同供应商、物流商、用户、回收方等相关单位,围绕从上游制造、原料设备采购、设计、生产、运输及回收的产品全生命周期过程,以绿色采购为牵引,通过建设绿色供应链管理平台,对供应商进行绿色绩效考核,提出整改建议方案;为供应链管理者提供供应商绩效考核结果输出,实现绿色采购;对社会公众进行环境资源数据披露;通过建立与产业链上下游的约束机制、激励机制和合作机制,形成行业绿色发展的典型模式,带动链上企业向"绿色发展"转型升级。

6.2.2 建材行业绿色技术

1. 水泥行业绿色技术

1) 水泥窑协同处置垃圾焚烧飞灰技术

该技术采用前置预处理技术,将垃圾焚烧飞灰进行水洗脱盐,脱盐后的飞灰送入水泥窑高温段进行煅烧,水洗脱盐制成工业级的氯化钾和氯化钠,实现垃圾焚烧飞灰的无害化、减量化和资源化,具有系统运行稳定、年处理量大、工业自动化程度高等特点。

2) 水泥窑协同处置原生态城乡生活垃圾技术

该技术采用"机械生物法预处理+热盘炉焚烧"水泥窑协同处置新工艺,既满足了我国未分类城乡生活垃圾的协同处置要求,又满足了水泥熟料煅烧的控制要求,并实现了废水、废气的清洁化排放,固废的综合利用。

3）基于大数据分析的水泥企业精细化能效管控技术

该技术通过实时监测生产全过程各工艺、重点用能设备的能耗数据，结合生产工艺参数，利用"4W"能效分析技术，精准定位能源浪费点，持续挖掘节能空间，并制定系列运行改善措施，保证节能效果；通过管理系统对企业生产、质量、设备的全面管理，从不同角度进行工艺分析、效益分析、绩效考核管理，实现企业能源的精细化管理。

4）细颗粒物团聚强化除尘技术

该技术通过在锅炉燃后区电/布袋除尘器前增设团聚装置，向烟道内雾化喷入团聚剂溶液，使细颗粒物团聚成链状和絮状，附着于大颗粒物，再由除尘器对团聚后的大颗粒物进行捕集，可大幅提高细颗粒物的脱除效率，使烟尘排放达到国家超低排放标准。

2. 建筑陶瓷和卫生陶瓷行业绿色技术

1）陶瓷原料干法制粉技术

该技术应用干式原料配混系统，采用立式磨机代替球磨机，增加除尘装置、斗提、造粒机等先进设备进行陶瓷粉料生产。替代原有的湿法工艺，省去喷雾干燥塔，大大降低能源消耗与碳排放，节能节地，高效生产，目前在广东、山东、河北、江西产区都有示范应用。

2）连续球磨工艺技术

陶瓷连续球磨机及球磨工艺在节能、节省成本方面效果显著，陶瓷连续球磨机的应用可以提高企业的经济效益和综合竞争能力，是我国建筑陶瓷行业节能改造、升级的推荐技术。

3）发泡陶瓷整线技术

发泡陶瓷近两年发展迅速，尤其是应用在建筑隔墙材料上，因其大型、轻质、保温、高强隔音、无渗透的性能，代替了传统墙体材料，是装配式建筑的极佳选择，未来会有过千亿元的市场空间，并且可以极大地消纳工业固废、尾矿及江河湖泥，是陶瓷领域消纳固废的一大突破。在制造技术上，建筑陶瓷企业已经完成了对不同原料制备工艺、配方、烧成、加工工艺的研究，配套的整线设备在广西、广东、辽宁、江苏、河北、内蒙古等地完成了建设。

4）卫生陶瓷微波干燥技术

该技术在卫生陶瓷领域的产业化应用是我国在全球范围的首创，不仅解决了大型微波设备的安全使用问题，还利用了窑炉余热，在解决了干燥合格率问题的同时完成了连续不间断工作的研发，达到了自动化、清洁生产与节能减排的作用。微波干燥技术可使坯件内外同时受热，蒸发时间比常规方式大大缩短，最大限度地加快干燥速率，提高生产效率，节省能源。

5）窑炉—喷雾干燥塔烟气联合治理组合技术

窑炉烟气混入热风炉进入喷雾干燥热风系统，进行SNCR脱硝+喷雾干燥塔烟气袋式除尘的窑炉烟气与喷雾干燥塔烟气湿法脱硫协同除尘技术,适用于窑炉烟气和喷雾干燥塔烟气集中排放的建筑陶瓷产品制造企业治理烟气污染。对常规污染物、氟化物和重金属及其化合物有协同治理效果。

3. 玻璃行业绿色技术

1) 全氧燃烧技术

该技术采用纯度≥85%的氧气参与火焰燃烧,窑炉结构上取消了蓄热室、小炉、换火系统,相当于单元窑。就横火焰窑炉而言,生产线投资减少30%左右,燃烧时无须换火,可以按照熔化温度曲线合理分布,"燃烧器"或对烧或交叉燃烧,使玻璃熔化更加稳定。能耗可降低12.5%~22%,废气排放量减少60%以上,废气中NO含量下降了80%~90%,烟(粉)尘含量降低50%以上。

2) 烟气余热发电技术

该技术利用浮法玻璃窑炉中大量排放的烟气,通过余热锅炉进行热交换,产生过热蒸汽,通过汽轮机组实现热能向机械能的转换,带动发电机发电。利用玻璃熔窑废热所发的电量可直接应用于玻璃生产的各个环节,能满足玻璃企业30%~40%的自用电量,降低玻璃生产成本。由于该技术能降低玻璃熔窑最后的排烟温度,大大减少对环境的热污染,因此更有利于脱硫、除尘设备的安全运行。

3) SCR烟气脱硝技术

该技术利用氨对氮氧化物的还原功能,在催化剂的作用下,向温度280~420℃的烟气中喷入氨,将氮氧化物(主要是NO)还原为对大气没有多少影响的N_2和水。氨与烟气均匀混合后通过一个填充了催化剂的反应器,氮氧化物与氨在其中发生还原反应,生成N_2和水。

6.3 某建材企业绿色诊断示范案例

6.3.1 企业概况

该企业主要生产超白光伏原片玻璃、钢化玻璃、镀膜玻璃。企业注册资金13000万元,现有员工690人,占地面积400亩(1亩约等于666.67平方米)。企业年产能2500万平方米玻璃,2016年实现营业收入50571万元。

企业主要工序分为原料工序、熔化工序、退火工序、深加工工序、余热发电工序。天然气主要使用熔化工序，电力主要使用深加工工序。熔化工序主要用能设备为650t/d熔窑，深加工工序主要耗能设备为钢化炉等。

6.3.2 能耗情况

目前企业使用的能源主要是天然气、电力、氧气，表6.9为企业2018年能耗情况。电力、天然气属于常规的清洁能源，生产过程中对高温废气余热进行综合利用，利用余热锅炉推动汽轮机发电，余热发电系统制造的电力主要用于余热发电设备和厂内部分用电设备，有效节约了部分能源。

表6.9　企业2018年能耗情况

能源种类	单位	消耗量	折标系数	折标煤（tce）	占比（%）
电力	万kW·h	7246.65655	1.229	8906.14	15%
天然气	万m³	4205.7369	11.5	48365.97	79%
氧气	万m³	8580.6092	0.43	3689.66	6%
合计				60961.78	100%

企业2018年单位产品综合能耗为296.07kgce/t，参考《玻璃和铸石单位产品能源消耗限额》（GB 21340—2019），企业单位产品综合能耗属于三级水平。参考《全氧燃烧超白压花玻璃单位产品能源消耗限额》（T/ZBH 007—2018），企业单位产品综合能耗不满足260kgce/t的限额要求。

6.3.3 环境排放情况

查企业排污许可证（副本）及环评批复，企业大气污染物排放执行《平板玻璃大气污染物综合排放标准》（GB 26453—2011），水体污染物排放执行《污水综合排放标准》（GB 8978—1996）中三级标准。企业固废主要是除尘器收集的烟（粉）尘、废包装材料、污泥和生活垃圾等，表6.10为企业2018年单位产品主要污染物产生量。查阅企业废物处置合同，企业每年产生的危险废物都委托给具有相关资质的企业进行安全处理。

表6.10　企业2018年单位产品主要污染物产生量

污染物种类	单位产品主要污染物产生量（g/重量箱）
COD	7.35
SS	2.26

续表

污染物种类	单位产品主要污染物产生量（g/重量箱）
二氧化硫	2.52
氮氧化物	28.0
颗粒物	0.35

根据清洁生产审核标准，企业各项指标均处于行业领先水平。

6.3.4　绿色工厂创建情况

企业是光伏平板玻璃制造企业，采用压延工艺生产超白压延光伏玻璃。企业建设和生产过程遵循国家法律法规和政策，以"健康安全、以人为本，节能降耗、永续发展，绿色环保、造福人类"为方针，支持国家光伏太阳能新能源的发展。

企业自成立起就注重质量、安全、环保等方面的管理，建立了质量、环境和职业健康安全管理体系，按照管理手册和程序控制文件等一系列控制程序进行企业管理，管理体系有效运行并持续改进，每年进行监督评审，保持第三方认证证书。

该管理体系在企业的运作过程中发挥了非常重要的作用，通过持续改善，企业的整体业绩循序渐进、不断提升。时代在前进，企业管理要求也在变化和提高，企业在引入信息化管理的同时，按照《工业企业信息化和工业化融合评估规范》（GB/T 23020—2013）进行两化融合评估，并获得中国船级社颁发的两化融合管理体系评定证书，以推动企业工业转型升级，实施创新驱动的战略部署。

企业的产品为超白压延光伏玻璃，广泛应用在光伏组件、光热设备和光伏建筑一体化系统中。企业在产品设计、原料采购、生产、使用等过程中考虑能源和资源节约、环境保护，以及减少对人身健康的影响等因素，在实际生产过程中采用节能环保的先进工艺和设备；在功能要求方面，产品具有耐热、耐腐蚀等特性，企业所研发的新产品具有高透射比，实验结果显示产品透射比达94%以上，高于标准技术要求；在法规要求方面，从产品检测报告中可以看出，企业生产的产品均满足欧盟 REACH 法规和欧盟指令 2011/65/EU（RoHS）要求。

6.3.5　绿色诊断结果

1）节能诊断建议

通过节能诊断为企业提出的节能诊断建议如表6.11所示。

表 6.11 节能诊断建议汇总

序号	方案名称	方案内容
1	余热利用	将600℃左右的高温玻璃在退火窑内按照玻璃的退火工艺要求逐渐降到70℃左右，主要通过风机和阀门控制冷却风的压力和流量。建议企业收集封闭区域排出的热风，利用其热量。根据企业实际情况，可将热风与余热锅炉的给水进行换热，提高余热锅炉给水温度和发电比例
		针对企业余热锅炉烟气温度高及补充冷风等情况，建议企业尝试提高锅炉负荷，将烟气温度控制在160℃以上，高于烟气露点温度。另外，熔窑余热烟气管道有配加冷风的情况，余热资源利用不充分，影响发电量，建议企业提高运行管理水平，合理分配负荷，保证烟气余热的充分利用
2	熔窑效率提升	现场诊断过程中发现熔窑保温效果较差，主要防止热负荷增大，蚀损加剧会影响熔窑的使用寿命。建议企业应用钛纳硅超级绝热材料保温节能技术，使用钛纳硅超级绝热材料替代或部分替代，或者结合传统绝热材料；由于该材料的绝热性能远远优于传统绝热材料，所以在使用时表面能量损失极少，从而达到明显的节能效果和更优秀的保温设计方案；同时，钛纳硅超级绝热材料为A1级不燃材料，安全环保，使用效果稳定，寿命长
		在玻璃熔窑的窑池底部采用鼓泡技术，增加玻璃液的对流速率，加快玻璃成分中各物料的反应及热交换，有利于改善窑池内玻璃液的均化和澄清，并降低燃料消耗
		浮法玻璃熔窑使用电助熔技术有效增加窑池内玻璃液的对流速率，提高玻璃配合料熔化时的热利用率，并提高玻璃液的均化，起到提高玻璃的生产产能和玻璃产品质量的效果
		红外高辐射涂料已在化工、冶金和陶瓷等行业得到了较好的应用，但其在玻璃行业的应用较少。玻璃熔窑使用红外高辐射涂料，通过喷涂在熔窑的大碹及胸墙等硅质耐火材料表面，强化窑内辐射传热，以提高配合料和玻璃液的热吸收率
3	两级喷油螺杆空气压缩机节能技术	企业空气压缩机为普通螺杆式空气压缩机，属于重点耗能设备，因其能效等级偏低，运行时间长，不能满足经济运行要求，因此建议更换为高效、节能的两级喷油螺杆空气压缩机
4	能源管理体系	在建立组织机构，设立能源岗位的基础上，企业建立能源管理体系。从企业生产、经营、销售等全过程出发，遵循系统管理原理，通过实施一套完整的国家及行业和企业内部标准、规范，在企业内建立一个完整有效的、形成文件的能源管理体系，注重建立和实施过程的控制，使企业的活动、过程及其要素不断优化。通过例行节能监测、能源审计、能效对标、内部审核、组织能耗计量与测试、组织能量平衡统计、管理评审、自我评价、节能技改、节能考核等措施，不断提高能源管理体系持续改进的有效性，实现能源管理方针和承诺，并达到预期的能耗目标
5	计量和统计	建议企业完善重点用能设备的计量器具配备，保证配备率，满足标准要求。建立具有自动采集功能的计量表计，实现计量器具的管理
		根据能源在企业内部流动的过程及其特点，按照能源购入储存、加工转换、输送分配和生产使用四个环节设置对各工序及车间主辅生产系统的各种能耗建立分类统计报表，原始记录应妥善保存，报表的内容应按工序细化到主要生产、辅助生产、运输、生活及其他，以利于细化对工序及产品的能耗考核
6	电力需求侧	建议企业参照电力需求侧管理项目，首先对电力系统数据安装具有上传、需求侧管理功能的监测点，后续再对其他系统进行改造，实现数据的自动采集和分析等功能，提高运行管理水平

第6章 建材行业绿色诊断

2）清洁生产诊断建议

通过清洁生产诊断为企业提出的清洁生产诊断建议如表6.12所示。

表6.12 清洁生产诊断建议汇总

序号	设备名称	技术参数	适用范围
1	工业窑炉细颗粒物控制技术装备	进口烟尘浓度≤200g/Nm³；PM2.5总捕集率≥99.4%；滤袋寿命≥3×10⁴h；年破袋率≤0.1%；除尘器平均阻力≤1000Pa；清灰时间5～20s	工业窑炉烟气除尘
2	高温电除尘多污染物协同处置成套装备	脱硫、除尘效率≥95%；脱硝效率≥90%；高温电除尘器可耐380～420℃；氨逃逸≤5ppm；年利用率可达98%	玻璃窑烟气净化
3	低浓度难降解有机废水深度臭氧催化氧化成套装备	进水COD为100～200mg/L；出水COD≤50mg/L；水处理成本≤2元/吨；臭氧利用率>90%	工业有机废水深度处理

3）绿色制造体系诊断建议

通过绿色制造体系诊断为企业提出的绿色制造体系诊断建议如表6.13所示。

表6.13 绿色制造体系诊断建议汇总

序号	一级指标	不足	改进建议
1	基本要求	在绿色工厂方面未体现最高管理者的领导作用，未形成文件化的承诺书；未设置绿色工厂管理机构；未制定绿色中长期规划及量化的年度目标和实施方案	对照GB/T 36132中4.3.1a的要求，梳理最高管理者在绿色工厂方面的领导作用，出具文件化的最高管理者承诺；成立绿色工厂管理机构，明确绿色工厂小组组长和成员在绿色工厂的创建和保持方面的主要职责，包括根据国家有关法律法规和各级政府相关政策确立绿色工厂建立的目标和工作方针，审核批准企业绿色工厂计划和重大项目立项，审核批准企业绿色工厂管理的相关管理制度、规定，审核批准企业在绿色工厂推进工作中的绩效考核和奖惩等，以满足GB/T 36132中4.3.1 b的要求；依据绿色工厂的创建理念，对企业的基建、管理体系、能源和资源、采购、环境排放等方面进行全面规划和改进，制定绿色工厂发展目标、指标，具体包括以下几个方面：单位产品主要原料消耗量、单位产品主要污染物产生量、单位产品废水产生量、工业固废综合利用率、废水处理回用率、单位产品综合能耗和单位产品碳排放量等。落实绿色工厂发展规划目标、指标的责任人，形成文件化的考核及奖惩制度；拟定未来3～5年内的绿色工厂创建、保持和改进等方面的规划，目标、指标和实施方案按年度分解，落实责任，加强监督，逐级考核，完善绿色工厂管理业绩考核体系，建立工作奖励细则

续表

序号	一级指标	不足	改进建议
2	基础设施	绿化率9%，安徽省级绿色工厂要求绿化率大于20%，但在最新的国家级绿色工厂要求中，删掉了绿化率大于20%的要求； 室外透水面积即绿化面积，占室外总面积的比例为21.08%； 虽然电机制造时间不在国家淘汰要求范围内，但企业内还存在使用能效较低的Y、Y2系列电机的情况； 部分企业办公区的空调是较低能效的三级能效	有条件的企业依据《民用建筑工程室内环境污染控制标准》（GB 50325—2020），对员工聚集的建筑进行室内环境检测； 应充分利用通道、零星空地、墙面、护坡及厂内预留地进行绿化布置，增大厂区绿化面积； 清洗、冲洗器具等采用节水或免水技术。景观用水、绿化用水、卫生间冲洗用水、清扫地面用水、消防用水及建筑施工用水等采用非传统水源； 加强对变压器、空气压缩机等通用设备的巡检管理，定期对重要设备进行测试，确保设备和系统的实际运行满足设备经济性运行的要求； 在采购设备时，优先选用高效节能设备，从而提高电能的利用率； 依法依规完善能源计量器具配备，对照明系统、冷却塔、空气压缩机等设备设置专门的计量器具单独计量； 在计量设备管理方面，计量处应加强对计量器具的巡检、校验，对损坏、失灵的计量器具及时维护校验，以利于数据统计的准确性和能耗定额考核的公正性
3	管理体系	企业未明确建立能源管理的组织机构，主要管理部门为设备部，由技术部负责指标技术类的支持工作	建立健全能源管理制度，设立能源管理机构，明确管理职责； 开展能源管理体系建设，实施有资质的企业认证
4	能源和资源投入	单位产品综合能耗为296.07kgce/t，与《玻璃和铸石单位产品能源消耗限额》（GB 21340—2019）相比，属于三级水平；与《全氧燃烧超白压花玻璃单位产品能源消耗限额》相比，企业单位产品综合能耗不满足限额要求； 企业未建立能源管理中心； 企业未开展节水评价工作； 未能提供包含有害物质使用、可回收材料使用、能效等环保要求的相关采购合同或协议； 未进行绿色供应链评价	实施能源管理体系建设，规范能源管理行为，积极寻求节能技改空间，降低单位产品综合能耗； 建议企业建立能源管理中心，实现对已有能源系统管理模式的优化，并达到能源管理从局部、经验、静态、结果管理到系统、科学、动态、过程管理的转变，变块分割的能源监控和调度为扁平化的监控和调度，变分散的能源管理为集中一贯制、扁平化的能源管理，实现水、电、风、气（汽）的集中管控； 委托有资质的企业按照GB/T 7119的要求对其开展节水评价工作，或者进行自评价；设置企业内部用水量定额指标，并进行考核，以达到降低企业耗水量的目的； 将有害物质使用、可回收材料使用、能效等环保要求纳入采购信息要求和入厂验收要求范围； 企业可通过加强供应商管理和过程监控，维护阳光、公正的采购环境，积极开展绿色采购，引导供应商绿色环保生产，推进绿色供应链建设。在资源综合利用技术及固废综合利用、绿色发展、供应链绿色化等方面积极推进创建资源节约型和环境友好型企业，在绿色回收、绿色供应链信息化、绿色信息披露等方面做好体系化建设，带动供应链上下游企业绿色化发展； 开展绿色供应链评价

续表

序号	一级指标	不足	改进建议
5	产品	未按照GB/T 32161对生产的产品进行生态设计产品评价；企业未按标准或规范对产品进行碳足迹核算或核查，未获得碳足迹核查报告；未评价是否满足低碳产品要求；根据企业产品特性，基本可全部回收。企业未按照GB/T 20862的要求计算其产品的可回收利用率	按照GB/T 32161，自行从资源属性、能源属性、环境属性、品质属性等方面对产品进行评价，可提出和参与光伏平板玻璃的绿色产品评价标准的研究与制定，有助于提升企业在行业的影响力；委托有资质的企业或自行采用适用的标准或规范对产品进行碳足迹核算或核查；按照《平板玻璃低碳产品评价方法及要求》(CNCA-CTS0018-2014)自行进行低碳产品评价，或者进行有资质的企业认证；按照GB/T 20862的要求计算其产品的可回收利用率
6	环境排放	未对其厂界范围内的温室气体排放进行核算和报告；未获得温室气体排放量第三方核查声明	建议企业委托第三方核查机构对工厂温室气体排放量进行核查，并出具第三方核查声明，核查结果可公布在企业网站或公众号上，并根据核查结果，识别重要排放源和碳减排机会，从而提出合理的减排方案
7	绩效	硅砂用量111738.199吨，使用废玻璃37894.546吨。绿色物料使用率25.3%；绩效指标无行业平均水平数据	按照GB/T 36132附录A，绿色物料指按照省级以上政府部门发布的《资源综合利用产品目录》《有毒有害物料（产品）替代目录》或利用再生资源及产业废物等作为原料。评估原料中白云石、方解石是否可采用尾矿或产业废物，识别重要绿色物料。计算废玻璃和车间粉尘的回收利用量

第 7 章

机械制造行业绿色诊断

7.1 机械制造行业与绿色诊断的关系

7.1.1 机械制造行业的特点

机械制造行业是为用户提供生产及生活装备的制造行业，产品类多面广。按照 GB/T 4754《国民经济行业分类》规定，机械制造行业包括通用设备制造行业、专用设备制造行业、汽车制造行业、铁路、船舶、航空航天和其他运输设备制造行业、电气机械和器材制造行业、金属制造行业和仪器仪表制造行业等。

机械制造行业总产值占工业产值的 8%～19%，是国民经济的重要支柱产业，是为国民经济和国防建设提供技术装备的基础性、支撑性和战略性产业，是一个国家综合国力和技术水平的重要体现。因此，机械制造行业不仅应重视自身的绿色发展，还应更好地提供满足各行业绿色发展所需的技术装备，为促进国民经济持续健康协调发展做贡献。

机械产品的制造过程由五大共性制造工艺系统构成，主要包括毛坯成型（铸造、锻造、冲压、焊接等）、材料改性（经不同热处理，提高强韧性及使用寿命）、机械加工（加工至准确形状与尺寸）、表面保护处理（改变零部件表面成分、组织和性能，兼有装饰和提高寿命作用）及装配安装调试。机械制造行业典型工艺包括铸造、锻造、冲压、热处理、焊接、机械加工、电镀、涂装和装配九种。此外，还有特种加工、高分子注塑、复合材料成形、木加工、粉末冶金、绝缘材料成形、电线电缆及线圈制造等工艺。

7.1.1.1 能耗情况

机械制造行业是国民经济的基础产业，与其他行业关系密切、互相渗透。机械制造行业是典型的离散型工业，采用各种成形、改性和加工工艺将各种原料制成形状、大小、性能各异的零件、元件和器件，然后依次组装成各种组件、部件和总成，最后装配成机械产品。整个生产流程由多个独立的工艺组成。

机械制造行业消耗的能源包括一次能源（如煤、天然气等）、二次能源（如电力、焦炭、柴油、汽油、煤气、液化石油气、蒸汽等）、耗能工质（如水、压缩空气、氧气、氮气等）。

机械制造行业的主要生产工艺包括铸造、锻造、冲压、热处理、焊接、机械加工、电镀、涂装和装配。在上述工艺中，铸造、锻造、热处理和焊接等热加工工艺能耗高，其能耗占机械制造行业的 70%~85%，机械制造行业典型工艺的主要耗能种类和主要耗能设备如表 7.1 所示。

表 7.1 机械制造行业典型工艺的主要耗能种类和主要耗能设备

序号	典型工艺	主要耗能种类	主要耗能设备
1	铸造	主要是焦炭、煤、电力，其次是压缩空气、水等	熔炼炉（如平炉、电弧炉、精炼炉）、干燥炉（砂型烘炉、砂芯烘炉）、热处理炉（如台车式热处理炉）
2	锻造	主要是燃料能源（煤、天然气、煤气、柴油），其次是电力、蒸汽、压缩空气、水等	锻造加热炉（如室式加热炉、开隙式加热炉）、锻造设备等
3	冲压	主要是电力，其次是压缩空气、蒸汽、水等	各种冲压设备
4	热处理	主要是电能及燃料能源（煤、煤气、天然气、液化石油气），其次是水、蒸汽、压缩空气、乙炔、氧气等	各类热处理炉，如室式热处理炉、台车式热处理炉、推杆式热处理炉等
5	焊接	主要是电力，其次是乙炔、蒸汽、压缩空气、水、天然气、氧气等	各类电焊机，如氩弧焊、埋弧焊等
6	机械加工	主要是电力，其次是压缩空气、水、蒸汽、柴油、煤油、汽油等	各种金属切削机床
7	电镀	主要是电力，其次是蒸汽、水、压缩空气	处理槽、清洗机、清洗槽、镀槽、整流器、过滤设备、抛光设备、烘干设备、起重运输设备等
8	涂装	电力、蒸汽、压缩空气、水	作面处理槽、清洗机、电泳槽、清洗槽、喷漆室、烘干室、起重运输设备等
9	装配	电力、柴油、煤油、汽油、乙炔、压缩空气、蒸汽、水等	装配用设备

机械制造企业的能源消耗结构比较复杂，具有如下特点。

1）耗能部门多

机械制造企业的耗能部门包括生产车间（铸造车间、锻造车间、热处理车间、焊接车间、电镀车间、涂装车间、冲压车间、机械加工车间、装配车间）、辅助车间、动力车间等。下面简要介绍各生产车间主要消耗的能源种类。

铸造车间常用的一次能源包括煤、天然气等；常用的二次能源包括电力、焦炭、重油、柴油、煤油、汽油、水煤气、焦炉煤气、液化石油气、乙炔、蒸汽等；常用的耗能工质包括水、压缩空气、氧气、氮气、氢气及二氧化碳等。

锻造车间常用的一次能源包括煤、原油、天然气等；常用的二次能源包括煤气、电力、重油、柴油、蒸汽等；常用的耗能工质包括水、压缩空气等。

热处理车间常用的一次能源包括煤、天然气等；常用的二次能源包括电力、煤气、液化石油气、蒸汽、乙炔、氧气等；常用的耗能工质包括水、压缩空气等。

焊接车间常用的一次能源包括天然气等；常用的二次能源包括电力、蒸汽、乙炔、氧气等；常用的耗能工质包括水、压缩空气、二氧化碳等。

电镀车间常用的一次能源包括天然气等；常用的二次能源包括电力、蒸汽等；常用的耗能工质包括水、压缩空气等。

涂装车间常用的二次能源包括电力、蒸汽等；常用的耗能工质包括水、压缩空气等。

冲压车间常用的二次能源包括电力、蒸汽等；常用的耗能工质包括水、压缩空气等。

机械加工车间常用的二次能源包括电力、蒸汽、柴油、煤油、汽油等；常用的耗能工质包括水、压缩空气等。

装配车间常用的二次能源包括电力、柴油、煤油、汽油、蒸汽、乙炔等；常用的耗能工质包括水、压缩空气等。

2）耗能设备多

机械制造企业包含多种耗能设备，如铸造车间、锻造车间及热处理车间的各类工业炉窑，焊接车间的各类电焊机，冲压车间的各种冲压设备，机械加工车间的各种金属切削机床及装配车间的装配用设备等。机械制造企业典型的生产设备能源消耗情况如下。

（1）工业锅炉：工业锅炉是机械制造企业能源转换的主要设备。工业锅炉以燃煤为主，部分先进工业锅炉以油和气（天然气、煤气等）为燃料。我国工业锅炉消耗的煤约占全国煤开采量的1/3。因此，工业锅炉节能潜力很大，是国家节能的重点。

（2）工业炉窑：工业炉窑是铸造、锻造及热处理等热加工工艺的主要设备，种类繁多，包括熔炼金属的电弧炉、平炉、冲天炉等；烘烤砂型、砂芯及各种合金的干燥炉；铸件退火的时效炉；对钢锭或钢坯进行锻前加热和锻后消除内应力的热处理炉；改善工件力学性能的各种退火、正火、淬火、回火和渗碳用的热处理炉。在机械制造企业中，工业炉窑能耗平均占企业总能源消耗的 35%～45%，有的高达 80%。工业炉窑消耗的能源包括煤、焦炭、油、煤气、电力、天然气、蒸汽等。

（3）锻锤：锻锤是目前许多企业和锻造车间使用的主要毛坯生产设备。目前我国中小型自由锻件生产多以蒸空锤为主，模锻设备中蒸空锤所占比例很大。蒸空锤采用蒸汽或压缩空气驱动，能源利用效率较低。电液锤是一种高效节能的产品，可以对能耗较高的蒸空锤进行节能改造。若用电液锤改造或替换蒸汽锤，则能源利用效率可以提高到 90%以上。若用电液锤改造或替换空气锤，则传动率可提高到 70%左右。

（4）电焊机：电焊机是一种直接利用电能转换为热能的热加工设备，各类电焊机都要消耗大量的电能。我国低能效的电焊机所占比例很大，节能、高效的自动、半自动气体保护焊机、埋弧焊机、电阻焊机及特种焊机等产品较少。大力发展高效节能型产品，是我国电焊机的发展方向。

（5）电机：电机为许多生产加工设备提供原动力，是决定生产加工设备能耗特性的关键部分。电机可分为大、中、小和微型电机，不同的电机具有不同的特性，企业需要根据工作环境、用途和负载特性合理选用电机。例如，机械加工车间的各种金属切削机床电机的合理选择是企业节能的重要方面。

目前，我国机械制造企业仍有部分老旧产品在超期服役，由于这些生产设备性能差、能耗高，所以我国机械制造企业产品能耗与经济发达国家同类产品能耗相比差距较大。

3）耗能种类多

机械制造企业耗能种类较多，并且大部分属于不可再生能源。其中消耗量最多的是煤、天然气等燃料，占企业总能耗的 30%～80%，平均为 60%左右；消耗面最广的是电力，机械制造企业的各个生产环节都需要用电，一般占企业总能耗的 17%～47%，有的高达 60%以上。由此可见，机械制造企业耗能主要包括煤、天然气、电力等。其中，煤、天然气本身属于不可再生能源，而我国目前的电力供应结构仍以火电机组为主，部分电力也间接属于不可再生能源。

随着经济社会的不断发展，我国能源需求量大幅增长，不可再生能源的开采量不断加大，带来了巨大的环境压力，并且不可再生能源的价格不断上涨，企业需要不断减少不可再生能源的消耗量，或者用可再生能源代替不可再生能源。

4）能源消耗量差异大

由于产品类型、加工方法及设备的不同，不同机械制造企业的能源消耗量差异较大。机械产品种类很多，包括机床、工程机械等技术装备，以及汽车、摩托车等消费品，即使是同一个企业，所生产的产品类型也经常发生变化。对于不同的产品类型需要采用不同的加工方法及设备,耗能种类及消耗量也不同。因此,机械制造企业的耗能种类及消耗量在不断变化,使得供能稳定性差,给合理使用能源造成了一定困难。

综上所述,机械制造企业具有耗能部门多、耗能设备多、耗能种类多及能源消耗量差异大等特点,因此,从系统角度对能耗进行分析,进而找到节能的关键环节,选择合适的节能方法,对机械制造企业的节能降耗具有重要意义。

7.1.1.2 资源消耗情况

机械制造过程是将原料通过工艺技术与装备转化为产品的过程。全世界75%的钢材需要塑性加工,65%的钢材通过焊接得以成形,每年约有1亿吨钢和大量金属被切削成切屑。

机械制造行业是钢材的耗能大户之一。从产品全生命周期看,生产钢材等原料需消耗大量能源。因此,机械制造行业的节能减排应高度重视节材工作。总体上看,机械制造行业水资源的消耗量不大。但在材料利用率方面,与国际先进水平相比尚存在较大差距。以轴承套圈材料利用率为例,我国企业一般水平为50%,国际先进水平为75%,我国平均比国际先进水平低1/3。机械制造行业生产过程资源消耗强度如表7.2所示。

表 7.2 机械制造行业生产过程资源消耗强度

工艺	铸造	锻压	焊接	热处理	机械加工	特种加工	清洗	表面处理	装配	检验	动力	材料供应
资源消耗	++ ++	++ ++	+++	++	++	+	+	++	+	+	++	++ ++

注:++++十分严重;+++严重;++较严重;+轻微。

1) 机械加工中的原料消耗

在机械零件的生产过程中,由于原料在生产资源中占据很大的比例,因此,提高原料的利用率,是实现资源利用效率极大化的关键。在机械加工中,原料的消耗主要包括构成产品或零部件实体的材料消耗、工艺性损耗和非工艺性损耗三类。

构成产品或零部件实体的材料消耗指直接用到产品上的原料有效消耗的部分。例如,制造某个零件,使用的是Φ60mm的圆钢,经加工后的实际净重为6kg,这6kg材料就是构成产品或零部件实体的材料消耗。

工艺性损耗指在产品加工过程中产生的材料损耗。例如,金属材料在加工过程中,所产生的边角料、下脚废料等;在金属切削机床上进行切割、镗孔、钻孔等工艺过程中产生的料头、刨花、切屑等。工艺性损耗一般是不可避免的,但可通过对工艺过程的改进,逐步减少工艺性损耗。

非工艺性损耗指材料在采购、储备阶段产生的损耗。例如,材料在运输途中的自然损耗；由于来料规格不符合要求而产生的增加边角料的损耗；由于供应条件不符合要求而产生的材料损耗；由于仓库保管不善而产生的损耗；由于出现废品而应该分摊到废品中去的材料损耗等。通过加强企业的经营管理，可以减少甚至避免非工艺性损耗。

2）机械加工中的辅助材料消耗

机械加工中使用的辅助材料比较广泛，有直接用于工艺过程的，如机械加工中使用的专用工装夹具；也有用于劳动保护、半成品搬运和产品包装方面的；还有其他方面的辅助材料。

在机械加工中，专用工装夹具的消耗主要是接触表面的磨损。通常专用工装夹具的工作部位表面由于受挤压而产生划痕和损伤，这是因为专用工装夹具的工作部位表面与被加工工件频繁地装夹、接触。

在机械加工中，用于劳动保护、半成品搬运和产品包装方面的辅助材料，如手套、防护镜、安全帽、防毒面具、木/纸箱和捆扎带等，也有较大的消耗。

在机械加工中，其他方面的辅助材料主要指润滑油、润滑脂和冷却液等。

7.1.1.3 污染物排放情况

机械制造行业生产过程排放的污染物包括工业废水；工业废气（烟气、粉尘）；固废；噪声、振动；光、热辐射及电磁、射线辐射等。

机械制造行业生产过程主要污染物及来源如表7.3所示。相对于流程工业，机械制造行业的生产过程是离散的，其污染物排放是间断的，并且其污染物排放量占制造行业污染物排放总量的比重非常低，绝大多数污染因子小于5%。

表7.3 机械制造行业生产过程主要污染物及来源

主要污染物	行业特征污染物	主 要 来 源
工业废水	悬浮物	湿法除尘（锅炉、铸造、喷砂、打磨），水力清砂，表面清洗，磷化，涂装，等离子弧切割及水切割
	石油类	表面清洗、乳化液、各类切削液、防腐油类、含工业用油废水
	酸碱盐	酸洗、磷化、涂装及电镀前处理、离子交换再生水、水溶性淬火介质、铸造废水、化验废水
	重金属	电镀、热处理淬火、印刷电路板制造
	有机物污染	表面清洗、脱脂、铸造废水、涂装废水、生活用洗涤剂
工业废气	烟气	锅炉、铸造冶炼、焊接、各种加热炉
	粉尘	铸造、喷砂抛丸、砂轮制造、粉末冶金、粉末涂装、复合材料成型与加工
	油烟	热处理淬火、磨削、高速切削、脱模剂汽化
	二氧化硫	锅炉、火力发电厂、铸造、汽车尾气、锻造加热
	一氧化碳	煤气站、锅炉、火力发电厂、铸造、汽车尾气

续表

主要污染物	行业特征污染物	主 要 来 源
工业废气	氮氧化物	锅炉、火力发电厂、铸造、焊接、汽车尾气
	二氧化锰	焊接
	重金属、铅	电镀、铸造、仪器仪表制造、蓄电池制造、电路板制造、波峰焊、汽车尾气、氩弧焊
	酸雾	电镀、酸洗、刻蚀、蓄电池充电、蜡料回收
	铬、镉	电镀、仪器仪表制造
	汞	温度计、压力计制造
	苯系物	喷漆、涂装、黏接、复合材料成型与加工
	甲醛	铸造、木制件加工
	苯并芘	火力发电厂、锅炉、汽车尾气
	石棉	保温材料(铸造、热处理、锻造、超塑成型、高温试验检验)
	乙炔气体	焊接、热切割、乙炔发生器
	氟利昂	制冷设备、汽车空调、清洗
固废	一般工业固废	加工余料、焊条料头、废焊锡渣、废硅钢片、铸造废砂、锻造氧化皮、热处理废盐、工业炉窑衬炉渣、锅炉房炉渣、粉煤灰、含油棉纱、废塑料、废橡胶、废石棉、废绝缘材料、包装纸箱、废树脂、废活性炭、废蓄电池、废有机溶剂
	污泥及废渣	电镀污泥、污水处理污泥、废切削渣、热处理渣、电石渣、油漆渣、磷化渣、铸造熔渣、焊渣
	废油	热处理淬火油、润滑油脂、防锈油脂、液压油、变压器油
	生活垃圾	废灯管、废电池、废纸张、一次性饭盒、食品残渣
	危险废物	电镀污泥、废电镀液、酸碱废液、废有机溶剂、油漆渣、磷化渣、热处理钡盐、含铅废物、废石棉、废油及含油废物、废油漆桶、废灯管、充电电池及扣式电池
噪声	机械振动噪声	锻造、冲压、铸造、机械加工、装配、试验
	空气动力噪声	鼓风机、空气压缩机、风动砂轮工具、蒸汽锤、空气锤
	电磁噪声	焊接、感应加热及熔化、电加工、电动机、变压器、发电机
	运输噪声	厂内起重、运输、物流设备

机械制造行业污染物排放特征及强度如表 7.4 所示。从表 7.4 中可以看出，机械制造行定生产过程中污染物排放较高的工艺是电镀及转化膜和涂装。因此，电镀和涂装行业的专业化生产趋势越来越明显，许多地方建立了电镀工业园，提高了污染物末端控制水平；涂装自动化程度和末端治理设施水平也不断提高，涂装污染物排放得到了有效控制。与此同时，电镀和涂装行业积极推行清洁生产审核，促进企业优化工艺，实现节水、节能，减少污染物排放。

表 7.4　机械制造行业污染物排放特征及强度

工艺	工业废水						工业废气				危险废物
	废水量	COD	石油类	六价铬	氰化物	窑炉废气	工艺废气	烟气	粉尘	
铸造	++	++	++	/	/	++ ++	++	++ ++	++ ++	+
锻造	++	++	++	/	/	+++	++	+++	+	+
焊接/热切割	+	+	+	/	/	/	+++	+++	+	+
机加工	+	++	+++	/	/	/	+	/	+	+
热处理	++	++	++	/	/	++	++	++	/	++
电镀及转化膜	++ ++	+++	++	++ ++	++	/	++ ++	/	+	++ ++
涂装	++ ++	++ ++	+++	+	+	+++	++ ++	++	+++	++ ++
装配	+	+	+	/	/	/	/	+	+	++
试验/检验	++	++	+	/	/	++	++	/	/	+
包装	+	+	+	/	/	/	/	/	/	/

注：++++十分严重；+++严重；++较严重；+轻微。

7.1.2　机械制造行业的发展现状和趋势

机械制造行业是一个国家最基础的行业，其水平象征着一个国家的整体经济水平。新中国成立后特别是近三十年来，我国机械科学技术的发展速度很快，机械制造行业已逐步发展成为具有一定综合实力的制造行业，初步确立了在国民经济中的支柱地位，并向机械产品大型化、精密化、自动化和成套化等方面发展，在部分领域已接近或达到世界先进水平。

根据《2017中国工业统计年鉴》数据，统计范围为规模以上工业企业，2016年机械制造行业的工业销售产值（当年价格）为317683.8亿元，占全国行业总产值的27.58%，其中，通用设备制造行业48337.12亿元，专用设备制造行业37672.91亿元，汽车制造行业88440.37亿元，铁路、船舶、航空航天和其他运输设备制造行业20293.17亿元，电气机械和器材制造行业74163.80亿元，金属制品业39334.97亿元，仪器仪表制造行业9441.41亿元。2016年机械制造行业的企业数量为109396个，占全国行业总数的28.89%，其中，通用设备制造行业23680个，专用设备制造行业17603个，汽车制造行业14493个，铁路、船舶、航空航天和其他运输设备制造行业4947个，电气机械和器材制造行业23605个，金属制品业 20731 个，仪器仪表制造行业 4337 个。

近年来，机械工业科技发明和科技进步成果获高等级奖项的项目数量明显上升；大型核电、水电、火电和风电设备，特高压输变电成套装备，天然气长输管线加压站设备等高端装备的自主化水平明显提高；关键零部件开始出现加速自主创新的势头；高端液压系统、轴承、数控系统、特种专用材料等不断取得进步。例如，LNG 低温高压铸造球阀的研制成功，打破了国外产品在该领域的垄断。

当今我国机械制造行业取得了喜人的成绩，我国制造行业占全球的比重达到了 25%，位居全球第一。发电设备、汽车、工程机械、大型拖拉机、内燃机、数控机床等产品的产量，连续多年位列世界前茅，产品数量、产能规模均十分可观。但我国机械制造行业仍不能满足经济不断发展的需要，存在基础差、总体技术水平较低、设备陈旧、能源和资源消耗大、经济效益差、前沿信息获取不及时、应变能力差、管理方式落后、产品单一、缺乏竞争力等问题。除个别行业外，我国机械制造行业整体水平仍然落后于西方发达国家，处于产业链和价值链的中低端，大而不强的问题比较突出。问题关键在于核心零部件受制于人，产品附加值低，具有自主知识产权的产品比重小，缺乏国际竞争力，未来只有在核心零部件的技术创新研发上加大马力，才能在国际市场占有率上有大的突破。

纵观世界机械制造行业的发展，呈现出地位基础化、产品高科技化、服务个性化与经营规模化的趋势。我国机械制造行业作为国民经济增长与技术升级的源动力，在高新技术和新产业发展的新阶段，体现出精准、清洁、高效、无废物制造的总趋势和时代特征。

（1）精准。随着计算机信息技术，特别是建模与仿真技术的发展，基于信息技术和自动控制技术的精密控形与精确控形数字化技术推动机械制造行业从"经验"走向"精准"，对实现生产过程的节能减排起着重要的支撑作用。第一，利用信息技术，可实现多信息融合下的智能决策、过程适应控制、误差补偿智能控制、故障自诊断和智能维护等功能，不仅大大提高了成形和加工的精度、生产效率，而且材料利用率较传统的成形工艺提高了 20%～40%，冷精锻精确成形可使材料利用率提高到 98%以上，精确铸造成形技术可使材料利用率达到 90%以上。第二，免除或减少成形后续加工。净成形零件的几何形状与尺寸，已全部达到零件的使用要求，完全免除后续加工；近净成形零件的关键部位已达到使用要求，后续加工量不大；精密成形产品，一部分尺寸已满足使用要求，其余部分留有较小的加工量。第三，提高了零件的内在质量。精确成形过程中材料流动经过合理控制，材料纤维连续且按照要求分布，由于免除或减少了成形后续加工，因此最大限度地保留了成形的纤维形态，零件的机械强度得到了提高，提高了产品的使用寿命，实现了间接节能和减排。

（2）清洁。在资源、能源与环境的约束下，一方面，耗材高、能效低、污染排放严重的制造工艺不断被节能环保工艺替代；另一方面，传统工艺不断被优化，在铸造、锻造、热处理等热加工工艺原理保持不变的前提下，通过优化工艺参数或基于工艺设备、辅助工艺、结构材料及工艺材料，检测控制成套系统的改进，朝着高效、低耗、少/无污染的方向发展，机械加工围绕大幅度减少冷却液的使用与排放，发展干切削、微量润滑等先进技术，不断向绿色制造方向发展。

（3）高效。高效反映在两个方面。一个方面是生产过程的高效，可控的复合工艺技术成为节能减排的重要内容。另一个方面是产品的高效，提高产品效率，设计是关键。在产品设计阶段不仅要考虑产品的高效，实现节能减排，还要考虑其回收性。以节能减排为目标的产品设计技术和支持产品循环再利用的可拆卸、可回收产品设计技术，是实现产品高效的重要基础。

（4）无废物制造。进入 21 世纪以来，无废物制造已经从理念进入实践。基础制造工艺在保证实现产品设计的同时，追求低能耗、低物耗和低污染排放，向无废物制造迈进。无废物制造指加工制造过程中不产生废物，或者产生的废物能被其他制造过程作为原料利用，并在下一个流程中不再产生废物。通过开发和应用再制造、回收处理等技术，形成资源、能源的全生命周期闭环循环，减少报废固废，提高资源与能源的利用效率。支撑废旧机械产品回收拆解与资源化循环再利用产业发展的高效、自动化、清洁化的回收处理工艺与装备是未来节能减排的重要发展领域；随着汽车、工程机械、机床等机械产品更新换代的不断加快，工程机械、机床及汽车零部件高效再制造成套技术将得到重点发展。

7.1.3 机械制造行业绿色诊断的意义

改革开放以来，我国机械制造行业实现了快速发展，成为国民经济的支柱产业。但传统的机械制造行业是以资源、能源的大量消耗为基础，以不可持续的模式发展起来的，资源问题、能源问题和环境问题成为制约我国机械制造行业发展的因素。绿色制造可以有效缓解这些问题，不仅可以减少对资源与能源的消耗与浪费，还可以减少工业生产对生态环境带来的污染；此外，将绿色制造理念应用在机械制造工艺中，可以提高机械产品结构的合理性，降低机械产品组装、拆卸及维修的难度，从而延长机械产品的使用寿命；最后，在绿色制造理念指导下生产出来的机械产品，其原料大多能够回收再利用，不但可以节省资源，而且不会产生大量废物对环境造成严重污染。所以，将绿色制造应用在机械制造工艺中有非常重要的现实意义，能够促进机械制造工艺的进一步优化和创新。

首先，机械制造过程是一个复杂的输入输出系统，输入系统的资源和能源，一部分转化为产品，另一部分转化为废物，排入环境造成污染和危害。要想提高系统的效益，在输出产品的同时，应具有较少的输入和附加输出物，使系统达到有效利用和优化输出效果。可持续发展的机械制造行业是以不损害当前生态环境和不危害子孙后代的生存环境为前提，最有效地利用资源、最低限度地产生废物和最少的污染物排放，以更清洁的工艺制造绿色产品的产业。一种干净而有效的工业经济，应是能够模仿自然界使材料再循环利用的同时，产生最少废物的经济，而这正是绿色制造所追求的。

随着我国应对气候变化的态度更加积极主动，工业领域碳减排的压力持续加大。中国将大力推进生态文明建设，推动绿色低碳和可持续发展，提出到 2030 年单位国内生产总值二氧化碳排放将比 2005 年下降 60%~65%的目标。机械制造行业作为国民经济的基础产业，虽然从总体上看其单位产值综合能耗比建材、冶金、电力、化工等基础行业要低，但由于其产业规模比较大，生产过程中消耗的能源、资源，以及排放的污染物不容忽视，因此，在机械制造行业实施绿色诊断，实现可持续发展势在必行。

7.2 机械制造行业绿色诊断重点与绿色技术

7.2.1 机械制造行业绿色诊断重点

绿色制造工艺分为三种类型：节约资源型工艺技术、降低能耗型工艺技术、环境保护型工艺技术。节约资源型工艺技术是指生产过程中由简化工艺系统组成，节省原料消耗的技术；降低能耗型工艺技术是指生产中降低能量损耗的技术；环境保护型工艺技术是指通过一定的工艺技术，使生产过程中产生的废液、废气、废渣、噪声等对环境和人身健康有影响或危害的物质尽可能减少或完全消除的技术。

1）节约资源型工艺技术

此类工艺技术主要从设计和工艺上简化机械生产流程，从而达到节约资源的目的。在设计方面，通过减少零件数量、减轻零件重量、创新设计技术等方式，提高原料的利用率；通过优化毛坯形状，减少加工量，节省原料。在工艺方面，借助干式加工、硅溶胶熔模、压铸、半固态、挤压、差压、调压等新型特种加工技术，使原料得到有效节约；通过选用新的刀具类型，减少刀具与加工材料间的摩擦损耗。

其中，大力发展再制造是机械制造行业实现资源节约的重要途径。再制造以废旧产品的零部件为毛坯，以先进的工程技术为修复手段，使再制造产品的质量和性能达到或超过原产品。因此，无论是毛坯来源还是再制造过程，对能源和资源的需求、废物废气的排放都是极少的，具有很高的绿色度。

2）降低能耗型工艺技术

（1）技术节能。加强技术改造，提高能源利用效率，可从以下几个方面考虑。

电机系统节能：安装变频器；采用高效电机，如高效三相异步电机、稀土永磁同步电机、开关磁阻电机等。

压缩机、风机、泵类系统节能：采用新型高能效设备；采用耦合调速技术，如液力耦合器、液黏调速离合器、永磁调速器等；采用电机调速技术，如串级调速、变极调速、调压调速、变频调速等。

锅炉窑炉节能：采用锅炉水处理优化，如新型化学试剂、离子交换树脂、膜处理等；采用高效换热器，如管式换热器、板式换热器、热管换热器等；采用高效燃烧技术，如富氧燃烧、高温蓄热燃烧等；采用新型加热技术，如微波加热、电磁加热等。

余热余压回收利用：采用合适的热交换技术，如间壁式换热器、蓄热式换热器、热管、多段闪蒸、余热锅炉等；采用热功转换技术，如蒸汽透平、螺杆膨胀机等；采用合适的制冷、制热技术，如吸收式制冷、吸附式制冷、热泵等。

（2）工艺节能。改变原来能耗大的机械加工工艺，采用先进的节能新工艺和绿色新装备。如少无切削加工技术等。

（3）管理节能。加强能源管理，消除跑、冒、滴、漏等浪费现象，及时调整设备负荷，避免设备空转和机电设备长期处于待机状态。

（4）适度利用新能源。建设分布式光伏电站、使用太阳能/风能路灯等。

（5）高效设备。机械制造装备正向着低能耗、低污染的方向发展。目前已出现干式切削加工机床、强冷风磨削机床等新型高效设备，以减少机床材料的用量，优化机床结构，提高机床性能，不使用对人和环境有害的工作介质。

（6）改进润滑方式。润滑的目的主要是减少摩擦损耗。据统计，全世界每年的能耗，有33%～50%消耗于摩擦上。在机械零件的失效中，摩擦失效占6%～8%，由此可见，润滑减磨是降低能耗、节能的有效途径，如油气润滑等。

3）环境保护型工艺技术

环境保护型工艺技术在绿色制造理念的指导下，通过新型工艺技术的应用，如对切削液、磨屑等进行回收再利用、优化燃烧方式、加强集中供热等，有效地控制和消除生产过程中产生的废气、废水、固废、噪声等。

对于生产过程的环境保护，以热处理为例，其为机械制造行业的一个主要产污环节。尽量选用热轧或冷拔状态即可达到性能要求的材料，以减少热处理对环境的污染，以及能源、资源的消耗。当对材料进行热处理时，应优先选择少热处理的材料，如低渗碳性钢、低渗马氏体钢、贝氏体钢等。用低渗碳性钢制造齿轮时，只需进行感应加热淬火，比合金渗碳钢的渗碳淬火耗能低、污染小，节约了合金元素；低渗马氏体钢具有优良的综合机械性能，与调质之后的中碳结构钢性能相当，某些性能甚至超过中碳结构钢，具有良好的工艺性能；贝氏体钢具有良好的强韧性，省去了淬火工序，具有显著的经济效益。

对于末端治理环节，以电镀废水处理为例，废水污染是电镀行业不可避免的环境问题。按照处理方式的不同，可以将处理工艺分为物理方法（如蒸发浓缩法、反渗透法等）、化学方法（如化学还原法、化学沉淀法等）、物理化学方法（如离子交换法、膜分离法、吸附法等）和生物方法（如生物絮凝法、生物吸附法、生物化学法等）。如果单一使用一种废水处理工艺，由于工艺的差异，难以达到理想的效果。只有依据电镀废水的组成成分，应用多元组合技术，合理安排各种处理工艺之间的衔接，同时考虑电镀废水在线回收工艺、废水处理全自动控制系统、MVR 高效蒸发器等措施，才能达到最佳的处理效果。

7.2.2　机械制造行业绿色技术

机械制造行业绿色技术覆盖了机械产品从设计、制造、包装、运输、使用到报废处理全生命周期的各个环节，相关技术不断更新发展。下面对当前机械制造行业的部分重要绿色技术进行大致分类和简单介绍。

1）少无切削加工技术

随着新技术、新工艺的发展，精密铸造、冷挤压等成形技术和工程塑料在机械制造行业中的应用日趋成熟，从近似成形向净成形发展。有些成形零件不需要机械加工就可直接使用，不仅节约了传统毛坯制造时的能耗、物耗，也大大减少了产品的制造周期和生产费用，因此在机械制造行业中的应用越来越广泛。该技术适用于加工异形孔类零件、端面爪齿件、齿轮花键、台阶轴类件及其类似零件，尤其是有色金属制件。与传统的"锻造—机械切削"工艺相比，该技术的材料消耗可减少 30%～70%，成本可降低 20%～70%。

2）干式切削加工技术

在传统切削加工中，需要使用大量切削液浇注在切削区，以起到冷却、润滑、清洗、排屑、防锈等作用，但使用切削液所带来的负面影响也不容忽视。负面影响的主要表现为增加制造成本。在欧洲汽车制造行业，切削液的成本占总制造成本的 16.9%，包括购买切削液的费用、使用切削液所需设备的费用、维护及废液处理的费用等，而刀具成本仅占总制造成本的 7.5%；切削液中含有矿物油及硫、磷、氯等对环境有害的添加剂，若排放前未经处理或处理不当，则会对环境造成污染；对操作员工的健康造成威胁，诱发多种皮肤病和呼吸道、肺部疾病。

干式切削是在机械加工中为了保护环境和降低成本，有意识地减少使用或不使用切削液的加工技术。干式切削分为两种，一种为完全不使用切削液的干式切削；另一种为使用气体混合微量润滑剂代替切削液的准干式切削,其使用的是最小量润滑(Minimal Quantity Lubrication,MQL)技术。采用 MQL 技术的准干式切削适用于无法完全实现干式切削的情况,如磨削加工、难加工材料的切削加工。采用准干切削加工后,刀具、工件和切屑应保持干燥,切屑无须处理便可回收利用。由于干式切削有利于环境保护,降低加工成本,因此,干式切削日益受到重视。目前欧洲 10%~15%的批量机械加工已采用干式或准干式切削。

从加工方法上看,车削、铣削、滚齿等加工应用干式切削较多。日本坚藤铁工所用开发的 KC250H 型干式滚齿机和硬质合金滚刀,在冷风冷却、微量润滑剂润滑的条件下进行了高速滚齿加工,与传统的湿式滚齿机(KA220 型)和高速钢滚刀加工相比,其加工速度提高了 2.3 倍,加工齿轮精度也得到了明显提高。

从工件材料上看,铸铁由于熔点高、热扩散系数小,最适合进行干式切削。铝及铝合金是难以进行干式切削的材料,但通过采用 MQL 技术润滑的高速准干式切削,在解决切屑与刀具黏结及铝件热变形方面已获得突破,目前已有加工铝合金零件的准干式切削生产线投入运行。对于难加工材料,则开发了使用激光辅助进行干式切削的加工技术。

3)快速原型制造技术(RPM)

应用材料堆积成形原理,突破传统机加工去除材料的方法,采用分层实体制造(LOM)、熔化沉积制造(FDM)等方法,在没有任何刀具、模具及工装夹具的情况下,快速、准确、直接地制造复杂形状的三维实体和零件。既节约了资源、降低了制造成本,又减少了加工废物对环境的污染,同时大大提高了新产品样件的制造速度。

4)油气润滑技术

根据节能、环保、长寿命的要求,设备润滑宜发展油气润滑。油气润滑以步进式给油器,定时、定量、间断地供给润滑油,用 $3\times10^5\sim4\times10^5$Pa 的压缩空气,沿油管内壁将油吹向润滑点,将油品准确地供应到需要润滑的部位上。油气润滑与油雾润滑在流体性质上截然不同。油雾润滑时,润滑油被雾化成 0.5~2μm 的雾粒,雾化后的油雾随空气前进,二者的流速相等;油气润滑时,润滑油不被雾化,以连续油膜的方式导入润滑点,并在润滑点处以精细油滴的方式喷射到润滑点。在油气润滑中,润滑油的流速为 2~5cm/s;而空气速度为 30~80m/s,特殊情况可高达 150~200m/s。

油气润滑的优点:①可将轴承寿命延长 3~6 倍;②润滑油耗量只相当于油雾润滑的 1/10~1/30;③适用于高速、重载、高温工况,以及受脏物、水和化学性流体侵蚀的场合;④降低润滑设备运行和维护费用;⑤往外界排放的润滑油很少,润滑油不被雾化,有利于环保。目前,80%以上的高速线材轧机滚动导卫轴承,都采用了油气润滑。

5)热转印标识打印技术

该技术利用热转印技术原理,通过工质在高温时的物理变化,将油墨分子附着在打印材料上形成图像，完成标识牌制作。与传统标识牌制作相比，大幅减少了制作过程的电力、金属材料和水的消耗，并避免了使用酸碱性溶液，节能环保效益好。

6）资源再生技术

① 切削液的回收再利用。使用过的废切削液如果直接排放或燃烧，则会造成严重的环境污染，应当对切削液进行回收利用或再生。目前已有实用化的切削液智能化循环利用及处理系统，被《国家鼓励发展的重大环保技术装备目录（2017年版）》列为推广类技术。该系统最大过滤精度为 0.5μm；颗粒含量≤100ml/L；含油率≤0.5%；新切削液补充量＜1%/3h；废屑压块体积减少≥30%；磨屑经过压块后其内含液体量≤2%；能耗＜50%；重熔获得的金属物提高＞40%。

② 磨屑二次资源利用。在磨削过程中会产生大量磨屑，若采用干式磨削，则对磨屑的处理较为方便。由于 CBN 砂轮的磨屑纯度很高，磨屑中很少有砂轮的微粒，因此可通过一定的装置，搜集被加工材料的磨粒，作二次资源利用。

③ 铸造工序资源循环利用。铸造废旧砂再生循环利用；炉渣、熔渣等废物综合利用；冲天炉废气综合利用和余热回收利用；废旧材料回收利用。目前已有实用化的铸造废旧砂再生成套技术装备，被《国家鼓励发展的重大环保技术装备目录（2017年版）》列为推广类技术。其单套设备处理能力≥2t/h；黏土砂废旧砂再生率≥90%；无机砂（硅酸、磷酸等盐类）废旧砂再生率≥80%；氧化钠去除率≥90%；呋喃树脂自硬砂旧砂再生率≥90%；碱酚醛树脂自硬砂旧砂再生率≥80%；经热法再生后再生砂灼烧减量≤0.2%，酸耗值≤5ml，含泥量≤0.2%；经湿法再生后再生砂灼烧减量≤0.3%，酸耗值≤5ml，含泥量≤0.15%；经组合再生后再生砂灼烧减量≤0.2%，酸耗值≤5ml，含泥量≤0.1%。

④ 低温露点烟气余热回收技术。采用 REGLASS 玻璃板式换热器作为空气预热器的低温段，对烟气进行深度余热回收，同时依靠玻璃本身的耐腐蚀性，解决预热器低温酸露点腐蚀问题。

7）涂装工艺 VOCs 控制技术

① 大力推进源头替代。在机械设备涂料的选用上，通过使用水性、粉末、高固体分等低 VOCs 含量的涂料，水基、热熔、无溶剂、辐射固化、改性、生物降解等低 VOCs 含量的胶黏剂，以及低 VOCs 含量、低反应活性的清洗剂等，替代溶剂型涂料、胶黏剂、清洗剂等，从源头减少 VOCs 产生。

② 使用紧凑式涂装工艺，推广采用辊涂、静电喷涂、高压无气喷涂、空气辅助无气喷涂、热喷涂等涂装技术，采用自动化、智能化喷涂设备替代人工喷涂，减少使用空气喷涂技术。

8）VOCs 末端治理技术

低浓度、大风量废气宜采用沸石转轮吸附、活性炭吸附、减风增浓等浓缩技术，提高 VOCs 浓度后再净化处理；高浓度废气优先进行溶剂回收，难以回收的，宜采用高温焚烧、催化燃烧等技术；油气（溶剂）回收宜采用冷凝+吸附、吸附+吸收、膜分离+吸附等技术；低温等离子、光催化、光氧化技术主要适用于恶臭异味等治理；生物法主要适用于低浓度 VOCs 废气治理和恶臭异味治理；非水溶性的 VOCs 废气禁止采用水或水溶液喷淋吸收处理；采用一次性活性炭吸附技术的，应定期更换活性炭，废旧活性炭应再生或处理处置。

① 旋转式蓄热燃烧 VOCs 净化技术。该技术适用于涂装工序的高浓度 VOCs 治理。含 VOCs 的气体经旋转阀分配至蓄热室，经蓄热材料预热后进入燃烧室，通过燃烧器将气体加热至 800℃以上氧化分解 VOCs，燃烧后气体通过旋转阀引导至入口的相反侧蓄热室，将热量释放至蓄热材料中，冷却后从出口排出。VOCs 净化率可达 98%以上，热回收率可达 95%以上。

② 分子筛吸附—移动脱附 VOCs 净化技术。该技术适用于分散小规模的喷涂作业 VOCs 治理。废气收集后经多级过滤装置去除漆雾、颗粒物，再经分子筛吸附床吸附后达标排放。分子筛吸附床吸附饱和后由移动式解吸装置原位脱附，脱附出的 VOCs 经催化燃烧装置净化处理。净化率可达 90%以上。

9）高压脉冲电絮凝电镀废水处理技术

该技术适用于电镀废水处理。采用高压脉冲电絮凝设备对电镀废水进行处理，出水经过中和、沉淀、机械过滤，去除悬浮物、微生物及其他微细颗粒，最终实现废水达标排放。与常规电絮凝技术相比，采用高压脉冲电絮凝技术电极钝化慢、能耗低、电解效率高。

10）电除尘器用脉冲高压电源技术

该技术适用于电除尘器。将脉冲宽度 100μs 及以下的窄脉冲电压波形叠加到基础直流高压上，在电场电极上施加快速上升的脉冲电压，使电晕线上产生均匀的电晕分布和强烈的电晕放电，显著提高电场内部击穿电压，使粉尘更多荷电。同时，在不降低或提高峰值电压的情况下，通过改变脉冲重复频率调节电晕电流，实现在较低的电流密度下收尘。粉尘排放浓度和运行能耗可降低 30%以上。

对于工业锅炉除尘，还有耦合增强电袋复合除尘器、烟气处理多相反应器、双极荷电凝聚器、电袋除尘器用淹没式脉冲阀、冲天炉除尘脱硫成套装置、铸造烟气监控处理设备等国家鼓励发展应用的环保技术装备，可根据实际情况选择合适的技术。

7.3 机械制造企业绿色诊断示范案例

7.3.1 企业概况

某钢帘线有限企业是一家专业生产钢帘线的大型企业，创建于1988年，拥有资产总额99.5亿元。现有员工6000多名，其中，工程技术人员1181名。现企业设有7个钢帘线生产工厂和1个装机容量为50MW的热电工厂。企业先后开发几十种规格的钢帘线，产品各项性能指标均符合国内外标准，生产能力居国内同行业之首。

企业主要产品为子午线轮胎用钢帘线，它是一种表面镀黄铜、呈金黄色的特殊用途规格的钢帘线，具有高强度、韧性、疲劳性和良好的直线性，主要用于轮胎边缘，作为增强用骨架材料。主要生产工艺包括原料准备、预处理—连续拉拔、热处理—电镀、湿拉、捻股等。

7.3.2 能源提升诊断

7.3.2.1 能源消耗水平

企业从管理和技术等方面积极开展能效提升工作，通过建立管理云平台系统，完善能源数据在线采集、监测及运行管理，引进先进的生产线实现了工序单位产品电耗的下降，电机变频、热处理淬火工艺节能改造、胎圈钢丝化镀作业线节能技术改造、LED灯改造等技术改造项目的应用也实现了能源效率的提高。通过对企业综合能耗、产量和产值的核定，计算出其单位产品能耗为0.577tce/t，单位产值能耗为0.478吨标准煤当量/万元，均达到了行业领先水平，表7.5为该企业2017年1—6月能源消费结构表。

表7.5 2017年1—6月能源消费结构表

能源名称	单位	净消费实物量	等价值折标 tce	%	当量值折标 tce	%
煤	t	103878	74200	27.21	74200	45.72
电力	万千瓦时	53330	175989	64.53	65542.57	40.39
天然气	万标准立方米	1679.41	22336	8.19	22336.15	13.76
柴油	t	139.75	204	0.07	203.63	0.13
能源消费总量（tce）			272729	100	162282	100

7.3.2.2 能源管理诊断

1. 能源管理组织体制及运行

诊断发现

企业建立了能源管理架构，质量中心下属能源计量部门负责企业能源管理的日常管理、节能、监督、协调等工作，各分厂也设置了具体能源管理工作的执行部门，企业的能源管理工作能够有效开展。但能源管理工作执行力稍有欠缺，目前侧重于技术管理、项目管理，弱化了计划、指标、成本等方面的管理。

改进建议

（1）建议企业重新梳理能源管理组织架构，充分发挥能源计量部门在能源管理方面的主导作用，执行能源管理体系活动，并实现能源绩效的持续改进。

（2）目前企业能源管理侧重于基础性和技术性的管理工作，对指标、成本管理稍为弱化。建议企业能够以目标、指标为导向，建立能源目标责任制，实施定额管理，将能源管理贯穿设计、采购、生产、运输、销售等环节，扩展能源管理的覆盖范围。

（3）能源管理基本工作的开展主要在各生产单位，建议企业提高各生产单位的积极性，实行工厂的一把手责任制，设立专职的能源管理员，做好具体工作的组织与协调工作，实现能源绩效的不断提升和能源管理体系的持续改进。

2. 目标管理

诊断发现

企业的能源目标考核较为具体和细化，采用每半年制定一次考核指标的方式，主要通过成本考核的形式下达。指标主要为各工序单位产品的能耗及成本。

改进建议

（1）除了下达企业级能源指标，还应对各分厂设置能源指标。指标应根据年度目标进行分解，并考虑节能技术改造项目、生产计划、设备状态等方面，尽量实现每月更新。指标内容应包括能耗总量、单位产品能耗等，尽量按能源介质进行指标的分解。

（2）建议单独下达能源指标考核计划，由能源管理机构负责能源指标的考核，能源考核指标同时纳入产品的成本考核。

（3）制定能源考核细则，对考核范围、方法、程序等内容予以规定，保证执行过程有章可循。

7.3.2.3 能源计量

诊断发现

企业能源计量器具配备满足《用能单位能源计量器具配备和管理通则》(GB 17167—2006)要求，煤、电力计量器具配备较为齐全，一级、二级电力计量应用电力需求侧管理系统，将数据上传至云平台。目前水的三级计量器具配备不全；压缩空气系统主要采用压力控制的方式，部分空气压缩机出口未安装压缩空气流量计，压缩空气使用单位也未安装压缩空气流量计。

改进建议

(1)完善计量器具配备。为提高企业的能源管理水平，建议对用水量较大的主要用水设备增加三级计量器具。

(2)压缩空气系统是公辅系统中的主要用电单元，有必要做到精细化管理，除进行压力控制以外，还要实现系统的流量管理。建议完善压缩空气系统的计量器具配备，为系统平衡计算提供数据支撑，找出不平衡点，分析系统的电力损耗，提高空气压缩机组的运行效率，发挥节能潜力。

(3)为完善计量器具管理，建议企业绘制计量网络图，直观地展现企业能源计量器具配备和计量监测系统的全貌。这是企业各种能源流动和计量过程的图形表示，也是企业能源统计数据来源过程的展示。

7.3.2.4 能源统计管理

诊断发现

企业建立了《节能监视、测量和改进管理控制制度》《能源管理制度》等管理制度，明确了统计工作的管理控制及要求，但缺少必要的统计工具，如统计报表、平衡表等，无法实现能源的平衡分析和亏损量计算。

改进建议

(1)建立能源统计报表，对使用的能源介质分月度进行分类统计，在统计报表的基础上建立能源平衡表，确定企业能源平衡关系。作为能源数据管理的综合工具，能源平衡表的建立可实现：①全面反映各种能源的生产、消费、分配与进出口的平衡关系；②考察能源系统加工转换过程的投入与产出的数量平衡关系，为分析能源加工转换率提供基础数据；③反映能源消费结构，如一次能源与二次能源的消费结构、分部门的能源消费结构等，为研究改善能源流向、产品结构提供依据；④反映能源与经营状况的关系，分析节能潜力，为进一步开展节能工作和能源供需预测提供基础数据。

(2)借助企业的可视化电能管理系统，减少人工抄报的统计方式，完善自动统计功能，提高工作效率。建议企业在完善电力系统三级数据采集分析的基础上，进行压缩空气系统、蒸汽系统、给水系统的数据采集系统建设，并做好后续统计分析工作。

7.3.2.5 主要用能设备的能效提升分析

企业主要用能设备为火焰加热炉、热扩散中频炉、湿拉机、捻股机等，下面对变压器及配电系统和各主要用能设备进行能效分析，挖掘设备的节能潜力。

1. 变压器及配电系统能效分析

选取 3 台主变压器（63000kVA×3）进行日用电负荷率（用 K_f 表示）监测分析，数据源于企业用电监测平台。

诊断发现

根据监测结果计算，3 台主变压器的日用电负荷率均≥95%，满足《评价企业合理用电技术导则》(GB/T 3485—1998) 中"对于连续性生产的企业，K_f≥95%"的要求。

目前企业大工业电价包括基本电价、电度电价和功率因数调整电费三部分，变压器负载低于 60%时，建议企业采用需量电价；变压器负载高于 60%时，建议企业采用容量电价。根据监测结果计算，企业变压器负载为 67.7%，采用容量电价是合理的。

2. 火焰加热炉能效分析

选取 1 台典型 5 区 40 米长的明火炉进行能效分析，找出能量损耗点，挖掘节能潜力。本次火焰加热炉能效分析按照《用能设备能量平衡通则》(GB/T 2587—2009)、《火焰加热炉节能监测方法》(GB/T 15319—1994) 要求进行，对工件处理量、炉温、炉体表面温度、天然气消耗量、烟气成分含量等进行分析，采用正反平衡计算热效率及各种热量损耗，具体结果如图 7.1 所示。

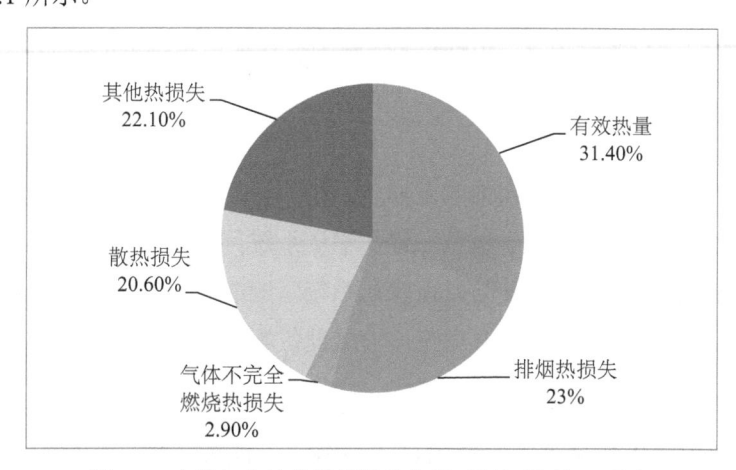

图 7.1 火焰加热炉热量损耗分布图（烟气温度 600℃）

诊断发现

从计算结果可知，气体不完全燃烧热损失较少，只有2.9%。由于火焰加热炉内需保持还原气氛，空燃比偏低，故气体不完全燃烧热损失是不可避免的，因此应重点关注排烟热损失和散热损失。其中，排烟热损失可通过烟气余热利用，降低排烟温度控制；散热损失可通过加强保温，降低表面散热损失率控制。

改进建议

（1）每台火焰加热炉增加一套管壳式列管换热器，将烟气余热置换给热水，用于后续清洗工序，或者增加热管换热器，将烟气余热用于预热加热炉空气。经计算，在天然气消耗量不变的前提下，通过余热利用将排烟温度降至160℃时，排烟热损失可降至8%。

（2）目前火焰加热炉的炉膛温度为1000～1100℃，并且排烟温度较高，建议在加热炉炉膛内涂上一层高辐射涂料，使炉膛基体表面的红外吸收率和发射率大幅度提升，将不能迅速通过炉壁向外传递的热量转换成短波段红外线，重新辐射到炉膛内，热量更容易被工件吸收，减少被带出炉膛的热量，提高热效率。

（3）加热炉进行ESA多级磁燃气节能改造，它可以将燃料分子团切割，达到细化燃料分子团的目的，从而改善喷嘴积炭的情况，并降低烟气的CO含量。该技术已被列入安徽省公布的《2015年全省工业领域节能环保产业"五个一百"推介目录》，并应用在企业中，取得了节能率10%的良好节能效果。

3. 供水水泵能效分析

选取某分厂的供水水泵进行能效分析，并参照《泵类液体输送系统节能监测》（GB/T 16666—2012）要求进行评价。

诊断发现

供水水泵的"吨·百米耗电量"指标符合《泵类液体输送系统节能监测》（GB/T 16666—2012）要求，但"泵运行效率"指标不符合要求。

改进建议

针对现有的流体输送工艺，实地测量输送系统的运行工况，进行系统的阻力平衡和流量平衡分析，建立输送系统的数学模型。诊断输送系统目前存在的问题，再通过数学模型寻找输送系统的最佳工况点，设计与目前输送系统匹配的高效节能泵，使之始终处于最佳工况点运行，从而最大程度地挖掘泵类流体输送设备的节电潜力。

4. 热扩散中频炉能效分析

选取1台中频炉作为热扩散工序的典型设备进行能效分析。本次热扩散中频炉能效分析按照《用能设备能量平衡通则》（GB/T 2587—2009）、《用电设备电能平衡通则》（GB/T

8222—2008）要求进行，对输入电功率、工件处理量、进出口温度等进行分析，计算热效率。

诊断发现

该热扩散中频炉的加热段热效率为 86%，加热段+保温段热效率为 55%，设备运行状况良好。

5. 湿拉机能效分析

（1）在同一运行工况下，选取 1 台配备高效电机的湿拉机（YE3-200L-4V$_1$）和 1 台配备普通变频电机的湿拉机（V$_2$VP200L-4V$_1$），分别在 4 种不同处理速度的生产条件下进行能耗分析，进行能效对比。

诊断发现

在 4 种不同处理速度的生产条件下，配备高效电机的湿拉机比配备普通变频电机的湿拉机节能，节能率为 1.12%～5.13%。

改进建议

与普通变频电机相比，湿拉机进行高效电机改造具有一定的节能效果。若将现有的 1000 台配备普通变频电机的湿拉机改造为配备高效电机的湿拉机，按每天运行 24 小时，每年运行 365 天，生产处理速度 13m/s 计算，则可节约 525.6 万千瓦时/年。

（2）在同一运行工况下，选取 1 台配备永磁电机的湿拉机（XYT-200L-4V$_1$）和 1 台配备普通变频电机的湿拉机（V$_2$VP200L-4V$_1$），分别在 4 种不同处理速度的生产条件下进行能耗分析，进行能效对比。

诊断发现

在 4 种不同处理速度的生产条件下，配备永磁电机的湿拉机比配备普通变频电机的湿拉机节能，节能率为 3.26%～7.81%。

改进建议

与普通变频电机相比，湿拉机进行永磁电机改造具有一定的节能效果。若将现有的 1000 台配备普通变频电机的湿拉机改造为配备永磁电机的湿拉机，按每天运行 24 小时，每年运行 365 天，生产处理速度 11.3m/s 计算，则可节约 876 万千瓦时/年。

（3）在同一运行工况下，选取 1 台进线线圈卧式放置的湿拉机和 1 台进线线圈立式放置的湿拉机，2 台湿拉机配备相同的电机（V$_2$VP180L-4V$_1$），分别在 3 种不同处理速度的生产条件下进行能耗分析，进行能效对比。

诊断发现

在 3 种不同处理速度的生产条件下，进线线圈卧式放置的湿拉机比进线线圈立式放置的湿拉机节能，节能率为 9.28%～9.62%。

改进建议

与进线线圈立式放置相比，湿拉机进行进线线圈卧式放置改造具有一定的节能效果。若将现有的1000台进线线圈立式放置的湿拉机改造为进线线圈卧式放置的湿拉机，按每天运行24小时，每年运行365天，生产处理速度17.5m/s计算，则可节约788.4万千瓦时/年。

（4）在同一运行工况下，选取1台使用新型模具的湿拉机和1台使用传统模具的湿拉机，2台湿拉机配备相同的电机（$V_2VP200L-4V_1$），在同一处理速度的生产条件下进行能耗分析，进行能效对比。

诊断发现

在同一处理速度的生产条件下，使用新型模具的湿拉机比使用传统模具的湿拉机节能，节能率为2.76%。

改进建议

与使用传统模具相比，湿拉机进行新型模具改造具有一定的节能效果。若将现有的1000台使用传统模具的湿拉机改造为使用新型模具的湿拉机，按每天运行24小时，每年运行365天，生产处理速度9.5m/s计算，则可节约350.4万千瓦时/年。

6. 设备电能质量分析

考虑到捻股机和湿拉机都使用了大量变频器，而变频器在运行过程中需对输入电源用大功率二极管进行整流逆变，在输入输出回路产生高次谐波，对供电系统、负载及其他电气设备产生干扰，因此重点对带有捻股机和湿拉机负载的变压器进行谐波测试，以考察其低压侧公共连接点的谐波情况。

诊断发现

捻股机变压器的电压偏差为14%，在+7.0%以上，不符合《电能质量供电电压偏差》（GB/T 12325—2008）要求；5次谐波电压含有率为7%，不符合《电能质量公用电网谐波》（GB/T 14549—1993）要求（奇次谐波电压含有率小于4%，偶次谐波电压含有率小于2%）。

改进建议

供电电压较高会造成用电设备的不合理损耗和老化，影响设备使用寿命，建议企业调节变压器的分接开关，降低变压器的输出电压。

增加谐波滤波器，可实时检测非线性负载产生的电流波形，分离出谐波部分，并通过IGBT逆变电路输出等同的反向谐波电流，以抵消负载谐波，确保从电网吸收的电流为正弦波，实现谐波消除功能。

7.3.3 清洁生产诊断

7.3.3.1 企业环保总体情况

诊断发现

查阅企业各工程项目的《环境影响报告书》及相关批复、《项目竣工环境保护验收意见》等资料，确认企业严格执行国家"三同时"管理规定，并采取措施确保"三同时"制度落实到位。

查阅监测结果、环评报告及批复、污染物排放许可证、危险废物处置记录等资料，确认企业废气、废水、噪声、固废等的排放情况符合相关标准要求。

改进建议

对于生产过程中产生的一般工业固废，企业大多委托有资质的企业进行回收处理。建议企业对一般工业固废的种类、性能、可用性等展开研究，最大程度地实现自行回收利用，提高清洁生产水平。

建议在废气、废水等污染物的排放口设置自动监测装置，当出现排放超标的情况时及时报警、及时处置、及时制止；加强环保队伍建设，完善环境管理制度，明确各管理机构在环境工作中的职责和作用；制定完备的环境监测计划，进一步完善和细化现有的环保检查考核台账、生产装置排污台账等。

温室气体排放作为当前社会大众较为关注的环境因素，从树立企业品牌形象和强化社会责任的角度出发，建议企业针对温室气体排放建立相关统计方法、管理程序及考核指标，将其纳入管控范围。

7.3.3.2 原料相关情况

诊断发现

企业对供应商进行严格评估和筛选，规定所有的供应商需由质量控制部根据物料的质量状况进行风险评估，决定供应商的等级，但在供应商考核方面未能充分关注节能、环保等内容。

企业产品中金属、纸箱等原料属于可回收物料，但目前由于产品销售区域分散、下游客户量大但不够集中等，企业在产品回收方面的工作有所欠缺，未能较好地开展废旧产品回收利用方面的相关工作。

改进建议

对于原料供应商的考核，除交付能力、产品质量、价格等指标之外，还应包括环境排放、能耗、有毒有害物质等方面的内容，确保供应商能环保、节能、可靠地提供原料。同时，在根据考核成绩对供应商进行分级的基础上，通过增加采购数量、缩短付款周期等有利于供应商的措施，鼓励供应商在绿色、环保、节能等领域做出改善，提供符合绿色制造理念的产品。

建议企业开展产品回收分析研究，确定产品可回收的种类、价值、方式和回收渠道等，建设产品回收系统。搭建产品回收网络，开展废旧产品回收利用工作，提升材料利用率，减少原料消耗。

7.3.3.3 污染治理情况

诊断发现

现场走访时发现部分车间排气不畅，有轻微异味。主要因为车间内管道使用时间较长，内部积灰严重，导致通风量下降，同时从车间到废气治理设施的管道距离较长，导致抽风未达到预期效果。

改进建议

彻底检查及疏通管道，查找管道泄漏点，更换车间排出管道等部分老旧管道；根据当前车间生产设备的实际布置情况，重新设计风管布局。

7.3.4 绿色工厂对标诊断

对照《绿色工厂评价要求》，从基本要求评价、基础设施评价、管理体系评价、能源和资源投入评价、产品评价、环境排放评价和绩效评价7个方面，针对企业的实际生产情况，按绿色工厂要求进行对标分析，提出以下改进建议。

（1）对绿色工厂创建工作只有初步认识。虽然企业注重节能环保工作，针对绿色工厂创建指派人员进行跟进，但未分派相关的职责和权限，需进一步明确相关资源的获得，并承诺和确保满足绿色工厂评价要求。

（2）企业分厂较多，危险废物种类也较多，在设置多个危险废物储存仓库的同时，做好分类管理工作，方便集中回收处理。

（3）建筑的供暖、空调、热水供应等应尽可能采用太阳能等可再生能源；合理利用空气的低品位热能，如采用空气源热泵系统等。

（4）景观用水、绿化用水、卫生间冲洗用水、清扫地面用水、消防用水等使用中水、雨水等非传统水源。

（5）通过能源管理体系第三方认证。

（6）参照《高耗能落后机电设备（产品）淘汰目录（第一批至第四批）》，制定淘汰计划，逐步更新淘汰高耗能落后变压器和电机。

（7）建立标准的能源管理中心；在条件允许的情况下，建设光伏电站、智能微电网。

（8）加强供应商管理和过程监控，积极开展绿色采购，引导供应商的绿色环保生产，推进绿色供应链建设。

（9）引入低毒性、降耗节能、易于回收循环使用等设计原则，提升产品环保性能，减少产品全生命周期的环境影响。

（10）结合产品全生命周期的相关理论及金属制品企业的工艺流程，对钢帘线生产的碳足迹进行盘查，并利用盘查结果对产品的碳足迹进行改善。

（11）对企业较多的废气排放口建立台账，做好废气排放的统计汇总工作，同时根据监测数据分析废气排放情况。

（12）开展温室气体盘查工作，组织专业技术人员参加政府组织的培训。获得温室气体排放量第三方核查声明，核查结果对外公布，利用核查结果对温室气体的排放进行改善。

（13）作为钢帘线生产的大型企业，推进单位产品主要污染物产生量、单位产品废气产生量、单位产品废水产生量、废水处理回用率、单位产品综合能耗、单位产品碳排放量等数据的收集、整理和发布工作，引导行业向绿色制造方向不断发展。

附录 A

国家工业节能技术装备推荐目录（2019）

（一）流程工业节能改造技术			
序号	技术名称	技术介绍	适用范围
1	生活垃圾生态化前处理和水泥窑协同后处理技术	通过滚筒筛、重力分选机、圆盘筛、除铁器等一系列机械分选装置，分选出垃圾中的易燃物、无机物等，并进一步破碎，制成水泥窑垃圾预处理可燃物（CMSW）、无机灰渣等原料，水泥窑垃圾预处理可燃物（CMSW）、无机灰渣等原料经过一系列输送、计量装置，喂入新型干法水泥窑分解炉，替代部分燃煤、原料	适用于水泥行业水泥窑协同处置垃圾领域
2	高压力料床粉碎技术	采用成套稳定料床设备和装置（组合式分级机、"骑辊式"进料装置等）解决入料中细粉含量较多时辊压机料床稳定性的问题，以增加辊压机的工作压力，从而提高其粉磨效率；同时通过对设备和系统的在线监测及智能化控制保障设备和系统按照既定方式运行，实现水泥粉磨的高效率、低能耗、高品质的智能化生产	适用于建材行业水泥粉磨领域
3	煤矸石固废制备超细煅烧高岭土技术与装备	以煤矸石固废为原料，经粉碎、磨矿、干燥、解聚、煅烧、再解聚后，得到超细煅烧高岭土产品	适用于非金属矿超细深加工制备微米级超细粉体功能材料领域
4	复合结晶膜	先对基质材料表面进行预处理，使基质材料表面的粗糙度达到SA3.0级，再把复合结晶膜浆料充分润湿基质材料表面。经干燥固化后，再随炉升温进行焙烧，形成致密的复合结晶膜，它主要作用在基质材料表面，提升材料耐腐蚀、耐高温氧化、耐磨损及传热性能，从而达到提高生产率，降低生产成本的目的	适用于工业锅炉辐射受热面节能技术改造

续表

(一)流程工业节能改造技术			
序号	技术名称	技术介绍	适用范围
5	反重力工业冷却水系统综合节能技术	采用功率因数提高、富余扬程释放、系统流量匹配、真空负压回收、冷却塔势能回收、逆流塔多层布水、冷却塔风机联合控制技术，提高了系统的整体效率，也提高了工业冷却水系统的自动化程度和运行稳定性	适用于工业冷却水节能技术改造
6	工艺冷却水系统能效控制技术	通过实时测定循环水末端生产负荷变化、室外气象条件、循环水网阻抗系数变化及耗能设备运行工况等相关参数，以满足生产热交换需求为控制目标，自动寻优最佳工况点。通过PID调节控制循环水系统中水泵、冷却塔、阀门等部件的运行参数和组合方式，在保证工艺需求的前提下达到系统整体能耗最低	适用于工业冷却水节能技术改造
7	带分级燃烧的高效低阻预热器系统	通过预热器系统利用窑尾烟气对生料进行预热，在分解炉内对预热后的生料进行碳酸钙分解，减轻回转窑的负担，提高产量；通过集成创新，实现物料分散提高、气流速度降低、多级预热，达到系统的高效低阻，降低煤耗与电耗；通过分级燃烧技术降低窑尾烟气氮氧化物排放	适用于水泥行业预热器节能技术改造
8	新型扭曲片管强化传热技术	裂解炉辐射段炉管安装扭曲片管段后，管内流体的流动形式由活塞流转变为旋转流，对炉管内壁形成强烈冲刷作用，大幅度减小了边界层厚度，增大了辐射段炉管总传热系数，从而降低了炉管管壁温度，降低了结焦速率，延长了裂解炉运行周期，降低了能耗	适用于乙烯裂解炉、各种炼油管式炉和高压锅炉等传热节能技术改造
9	智能连续式干粉砂浆生产线	利用特殊设计的三级搅拌系统、精准的动态计量系统及计算机控制系统，实现了干粉砂浆的连续式生产，生产效率高、能耗低	适用于建材行业的干粉砂浆生产领域
10	低压法双粗双精八塔蒸馏制取优级酒精技术	采用多效热耦合蒸馏工艺，两塔进汽，八塔工作，将后一效的再沸器作为前一效的冷凝器，热量多次循环利用，最大限度地降低蒸馏过程中蒸汽和循环水的消耗，各塔之间加热的再沸器采用降膜蒸发器原理，降低塔与塔之间的加热温差，节能效果明显	适用于化工行业优级酒精制造领域
11	水泥外循环立磨技术	物料从立磨中心开始喂料、落入磨盘中央，磨盘转动将物料甩向周边，加压磨辊与磨盘之间进行物料研磨，研磨后的物料经过磨刮料板刮出，从卸料口卸出，再经过斗提机喂入选粉系统与球磨机系统，可与球磨机配置成预粉磨、联合粉磨、半终粉磨系统，也可配置成终粉磨系统，能耗低，效率高	适用于水泥粉磨领域
12	高效低能耗合成尿素工艺技术	通过合理控制N/C比，使CO_2转化率高达63%，并在全冷凝反应器副产0.5MPaG的低压饱和蒸汽。在汽提塔内将大部分未生成尿素的氨基甲酸铵分解。通过设置简捷中压系统，将部分汽提塔分解负荷转移至中压系统，然后经低压分解回收系统和真空系统将尿素溶液浓缩至96%以上进行造粒，并对装置产生的含氨工艺冷凝液进行处理净化，作为锅炉给水重复利用，实现原料回收和废水零排放	适用于合成氨、尿素行业节能技术改造
13	水泥熟料节能降氮烧成技术	采用"鹅颈管"结构的分解炉系统，增加分解炉的固气比，同时对分解炉下部进行结构改造，使锥体区域形成煤粉燃烧的还原区，利用"非金属材质拢焰罩"低氮燃烧器，实现"正常火焰"的低氮煅烧，提高窑炉内的热交换率和熟料质量	适用于水泥行业新型干法水泥熟料煅烧领域

续表

(一)流程工业节能改造技术				
序号	技术名称	技术介绍	适用范围
14	集成模块化窑衬节能技术	将轻量化耐火制品、纳米微孔绝热材料分层组合在一起,巧妙地利用不同材料的导热系数,将各层材料固化在各自能够承受的温度范围内,保证使用效果和安全稳定性,减少热量损失	适用于建材行业回转窑节能技术改造
15	大螺旋角无缝内螺纹铜管节能技术	采用有限元模拟软件,分别建立三辊行星轧制再结晶过程、高速圆盘拉伸状态模型、内螺纹滚珠旋压形成过程中减径拉拔道次、旋压螺纹起槽道次和定径道次及旋压变形三个道次的有限元模型,研发一套基于铜管制造设备、工艺技术特点和生产实际的大螺旋角高效内螺纹铜管生产技术	适用于有色金属加工领域
16	钛白联产节能及资源再利用技术	将钛白粉生产工艺与硫酸低温余热回收生产蒸汽并发电的工艺技术紧密联合,同时将钛白粉与钛矿、钛渣混用技术及连续酸解的工艺技术、钛白粉生产20%的稀硫酸浓缩技术与硫酸铵及聚合硫酸铁的工艺技术、钛白粉生产水洗过程低浓度酸水与建材产品钛石膏的工艺技术等有机联系起来,形式一个联合生产系统,从而最大限度地利用能源和资源	适用于化工行业钛白粉生产领域
17	高温高盐高硬稠油采出水资源化技术	通过MBF微气泡气浮、核桃壳除油除悬浮物、高密度悬浮澄清器除硅、MVC蒸发脱盐、树脂软化,最后得到高品质产品水,应用于注汽锅炉	适用于石化行业水处理领域
18	高辐射覆层节能技术	通过在蓄热体表面涂覆一层高发射率的材料,形成具有更高换热效率的复合蓄热体结构,提高蓄热体蓄热、放热速率,提高窑炉热效率	适用于工业窑炉节能技术改造
19	工业循环水系统集成与优化技术	从冷却水池、循环水泵组、输送管网、调节阀门、换热装置、冷却塔等整体系统入手,通过与最新标准对标,确定高能耗发生环节,采用智能化系统管控软件、更换高效节能设备、合理分配水量水压等	适用于工业循环水节能技术改造
20	高纯铝连续旋转偏析法提纯节能技术	采用侧部强制冷却定向凝固提纯新工艺,合理控制固液界面流动速度,精确调整结晶温度和结晶速度;提纯完成后用倾动装置将尾铝液体排出体外,再将提纯铝固体和坩埚快速放入加热装置中,将高温凝固的提纯铝固体短时间内再次熔化,熔化后铝液在提纯装置中再次进行提纯;重复操作,直到获得符合纯度要求的高纯铝	适用于有色金属行业高纯铝提纯领域
(二)重点用能设备系统节能技术				
1	纳米远红外节能电热技术	利用纳米级合金电热丝产生热能,通过石英管转化远红外线,远红外线绝大部分渗透到料筒,小部分被反射的红外线经过裹敷纳米保温材料的反射层镜面多次往复反射,绝大部分能量被辐射进料筒加热,实现单向辐射,降低热损失	适用于橡塑行业料筒加热、其他行业管道加热等领域
2	特大型空分关键节能技术	利用低温精馏原理,采用以系统能量耦合为核心的工艺包、高效的精馏塔和换热器系统、高效的分子筛脱除和加热系统、高效传动设备等,实现空分设备的低能耗、安全稳定运行	适用于煤化工、石油化工、冶金等行业的空分设备领域

续表

(二)重点用能设备系统节能技术			
序号	技术名称	技术介绍	适用范围
3	大小容积切换家用高效多联机技术	多联机大小容积切换压缩机技术具有两种运行模式：双缸运行模式满足中高负荷需求，单缸运行模式满足低负荷需求；单缸运行模式在减小压缩机工作容积的同时，提升压缩机运行频率，使压缩机在最高效的运行频率下工作，减小输出，提升低负荷能效	适用于空调、采暖等行业的多联机节能技术改造
4	石英高导双效节能加热器技术	采用独创的结构设计和高导热金属材料，同时利用热传导和热辐射原理，提高热能利用率。特殊的高导热金属超导材料增加了镜面反射装置，提高了热能一致性；可复制的结构单元对不同产品需求具有延展适应性；外层配置高效纳米隔热层，与镜面反射装置实现双重隔热，进一步提高保温、节能效果	适用于塑料、橡胶加工设备，如注塑机、挤出机的机筒加热等领域
5	高效智能轻量化桥式起重机关键产业化技术	优化起重机主梁、端梁、小车架等主要结构件的设计，优化卷筒组、吊钩组、车轮组等关键配套件结构，通过主结构与其他关键部件的整体协调配套设计、减量化设计、结构自适应技术等，实现起重机自重减小15%～30%，高度降低15%～30%，总装机功率（能耗）降低15%～30%	适用于起重量5～800t，跨度10.5～31.5m，工作级别A3～A5系列起重机的高效、智能、轻量化设计制造
6	永磁直驱电动滚筒技术	永磁直驱电动滚筒外壳设计为外转子，转子内部采用磁钢形成磁路，定子线圈固定在机轴的轴套上，机轴为空心轴，电源引线由机轴的空心穿入与线圈连接，其外还有相应支撑的端盖、支座、轴承和油盖等主要零件，以及密封、紧固等标准件，由变频驱动器直接驱动滚筒，传动效率大幅度上升	适用于冶金、矿山、煤炭等行业的大中型带式输送机节能技术改造
7	新型球磨机直驱永磁同步电动机系统	采用新型球磨机用永磁直驱同步电动机系统替代原有的减速机+异步电动机组成的驱动系统，减少系统传动节点，缩短传动链，降低故障率，提高传动效率，保证系统安全可靠运行	适用于矿山、水泥、陶瓷等行业低转速大转矩动力设备领域
8	钎杆调质悬挂线蓄热式热处理技术	采用两侧整面式燃气蓄热墙作为加热载体，采用多点温度监控技术，通过布置在系统中的温度检测点，实时检测蓄热体温、排烟温度、工件淬火前温度、淬火液温度等，系统自动调整加热炉温度、淬火液温度、进出料节拍，保证工件质量的一致性，综合能耗由500千瓦时/吨降低至350千瓦时/吨	适用于轴类钎杆零件热处理工艺节能技术改造
9	新型固体物料输送节能环保技术	将物料从卸料、转运到受料的整个过程控制在密封空间进行；根据物料自身的物化特性，采用计算模拟仿真数据，设计输送设备结构模型，通过减少破碎减少粉尘产生，降低除尘风量，大幅度降低除尘系统风量和风压，实现高效输送、减尘、抑尘、除尘	适用于钢铁、矿山、火电、石化等行业的散装物料输送领域
10	全模式染色机高效节能染整装备技术	通过多模式喷嘴系统和超低浴比染液动力及循环系统，采用喷嘴与提布系统内置于主缸的超低张力织物运行技术，使主泵在气流雾化染色模式时高扬程低流量，在气液分流及溢流染色模式时低扬程高流量，保持高效率运行，并提升主泵汽蚀余量，有效降低染色机的浴比，实现低耗水量、耗电量和耗蒸汽量	适用于纺织印染行业的针织、梭织印染领域

续表

(二)重点用能设备系统节能技术				
序号	技术名称	技术介绍	适用范围
11	国产高性能低压变频技术	控制单元与功率单元分开,控制单元使用X86-CPU作为核心芯片,功率单元采用DSP完成控制,通过以太网高速通信,采用实时多任务控制技术、整流器技术、同步电机矢量控制技术等实现高效稳定变频	适用于冶金、船舶、港机等行业的低压高端变频调速领域
12	高效过冷水式制冰机组	通过制冷主机产生的低温乙二醇溶液或制冷剂直接蒸发产生的冷量将蓄冰槽里的水经动态制冰机组里的过冷却器换热降温成-2℃过冷水,再通过制冰机组里的超声波促晶装置解除过冷生成冰浆,通过管道输送至蓄冰槽;制冰过程依靠高速对流换热和热传导换热,传热系数大,换热时不制冰,制冰时不换热,换热和制冰分两步完成,制冰速度快且恒定	适用于空调、制冰、预冷等领域
13	SAF气流溢流两用染色机	通过风喷嘴吹出的风力带动布料运行进行染色,有效解决了厚克重、高密度、紧密梭织布等面料的染色问题,染色浴比只有传统溢流染色机的一半,最低可达到1:2.5,在拓展使用范围的同时大幅度减少了能耗和排污量	适用于纺织印染设备的节能技术改造
14	开关磁阻调速电机系统节能技术	基于开关磁阻电机研制的新型高效节能电机系统,电机采用了12/8极结构,极靴比例合理,增加了电感的重叠系数,磁拉力更大更均匀,有效降低了转矩脉动,减小了电机本体的振动噪声;采用了结合换相点+转子位置检测+电流幅值变化的实时控制技术,提升了电机效率	适用于建材、机床、油田、矿山等行业电机系统节能技术改造
15	工业蒸汽轮机通流结构技改提效技术	在原高能耗工业汽轮机组的基础上,对其通流结构进行设计优化和改造,通过热力计算,增加原机组通流结构压力级、套缸体、优化叶片型线、更换汽封、优化喷嘴结构、配套隔板等辅助系统,提升运行效率,在同等工况条件下实现机组多做功、多出力、多产电	适用工业热工系统(容量50MW以下蒸汽轮机)的节能技术改造
16	循环水系统高效节能技术	通过对流体输送工况的检测及参数采集,建立水力数学模型,计算最优循环水输送方案,找到系统最佳运行工况点,设计生产与系统最匹配的高效流体传输设备,同时配套完善自动化控制方式,使系统始终保持在最佳运行工况,实现循环水系统高效节能	适用于化工、冶金行业、热电行业的循环水系统节能技术改造
(三)能源信息化管控技术				
1	电动汽车智能充电系统	电动汽车智能充电系统由防护、通信、检测、计量、交互等多个方面的辅助功能组成,实现10kV高压接入,经过AC/DC功率模块转换成直流电为电动汽车进行充电。通过高效散热、高压箱集成、高效AC/DC转换、负荷调度与智能充电等多项核心技术使系统具有很好的节能效果	适用于电动汽车充电领域。
2	精密空调节能控制技术	通过降低压缩机与风机的转速,使单位时间内通过冷凝器和蒸发器的冷媒流量下降,增加精密节能控制柜,使压缩机、室内风机的供电先经过节能控制柜,通过节能控制柜采集室内的温度信号,由控制器输出相应控制信号给总变频器,进而控制这两个器件的工作频率,达到降低能耗的目的	适用于电子行业数据中心节能技术改造

续表

（三）能源信息化管控技术			
序号	技术名称	技术介绍	适用范围
3	绕线转子无刷双馈电机及变频控制系统	无刷双馈电机是一种新型的交流感应电机，由两套不同极对数定子绕组和一套闭合、无电刷、无滑环装置的转子构成。两套定子绕组产生不同极对数的旋转磁场间接相互作用，转子对其相互作用进行控制来实现能量传递；既能作为电动机运行，也能作为发电机运行，兼有异步电机和同步电机的特点	适用于电机节能技术改造
4	工商业园区新能源微电网技术	工商业园区新能源微电网是以自主研发的电能路由器、储能变流器、光伏逆变器等全系列电力电子一次产品为支撑，以微电网能量管理系统、中央控制器、运维云平台等二次产品为辅构建的全生态链微电网能量管理及运维系统	适用于电力行业微电网领域
5	炼化企业公用工程系统智能优化技术	本技术包括氢气系统智能优化技术和蒸汽动力系统智能优化技术，提高系统氢气利用率，实现蒸汽产一输一用集成建模与优化，并在系统模拟基础上，开发实时监测、用能诊断、运行优化、排产和能耗管理等核心功能，辅助工艺人员优化系统操作，识别系统瓶颈，精细化日常管理	适用于炼化企业、石化基地、化工园区公用工程资源的集成管理与优化
6	流程型智能制造节能减排支撑平台技术	该技术是一个UNIX版本的支撑实时仿真、控制、信息系统软件开发、调试和执行的软件工具，实现了生产工艺流程的全面在线监视、在线预警、在线诊断和优化，应用高精度、全物理过程的数学模型形成了系统节能减排的在线仿真试验床，支持设备系统在线特性研究、热效率优化和动静态配合等深层次优化控制问题的研究，研究保证产品质量和降低生产能耗的方法	适用于电力、水泥、钢铁等行业的数字化管控领域
7	直流互馈型抽油机节能群控系统	将同一采油（气）区块的各井抽油机电控逆变终端通过直流互馈型直流母线方式统一供电，充分发挥直流供电的优点和多抽油机的群体优势。将现代网络化无线通信管理方式与油井群控配置组态相结合，实现集群井间协调和监控管理	适用于工矿油气开采等行业的供电和电控系统增产节能技术改造
8	同步编码调节智能节电装置	利用电磁平衡原理，对配电系统电能质量优化治理，如切断富余电压、电磁移项、抑制谐波、抗击浪涌、平衡三项等，通过同步编码调节控制，实现智能化和云端监视	适用于输配电系统优化领域
9	基于电磁平衡原理、柔性电磁补偿调节的节能保护技术	应用电磁平衡、电磁感应及电磁补偿原理；采用动态调整稳定三相电压、电磁储能及特有的柔性补偿调节技术，提高功率因数、消减谐波、降低涌流影响、实现智能稳压稳流，从系统的角度实现节能降耗。同时，电能质量的提高有效改善各种设备的运行环境，从而延长设备使用寿命，提高运行效率	适用于配电系统整体节能技术改造
10	基于云控的流线包覆式节能辊道窑技术	将尾部部分冷风抽出打入直冷区加热至170~180℃，将缓冷区抽出的高温余热送至干燥系统利用，利用非预混式旋流型二次配风烧嘴，调节窑内燃烧空气，保证温度场均匀性，通过预热空气和燃料，节省窑炉燃料，将设备信息引入互联网云端，实现在线监测，并接入微信和iBOK专用移动终端，实现窑炉产线的远程管理与协助	适用于建材行业陶瓷工业窑炉生产线项目

续表

(三)能源信息化管控技术		
序号	技术名称	技术介绍	适用范围
11	高炉热风炉燃烧控制模型	采用数学模型与专家系统相结合的方式处理复杂工况。在保证多阶段不同参数燃烧的基础上，在工况复杂多变的应用环境下满足烧炉需求，解决热风炉非线性、大滞后、慢时变特性的复杂控制问题。通过更精确的空燃比控制、更完善的烧炉换炉机制，提供更合适的烧炉策略	适用于高炉热风炉燃烧系统优化
12	基于边缘计算的流程工业智能生产节能优化控制技术	该技术具有自学习能力，能够实现在线建模功能，可针对不同装置、不同生产过程形成最适合的控制模型和优化模型，不但能够通过先进控制模块使各流程工业生产装置达到"快、准、稳、优"的最佳控制效果，而且能够通过优化模块使装置或整个系统达到最优的运行状态	适用于各类化工、流程工业等行业的智能生产、智能控制领域
13	产业园区智能微电网平台建设与应用技术	智能微电网是集成先进电力技术的分散独立供能系统，靠近用户侧，容量相对较小，将分布式电源、负荷、储能元件及监控保护装置等有机融合，形成一个单一可控单元；通过静态开关在公共连接点与上级电网相连，可实现孤岛与并网模式间的平滑转换；就近向用户供电，减少输电线路损耗	适用于各类使用光伏发电、风电、生物质发电、储能系统的园区和工厂
(四)可再生能源及余能利用技术		
1	石墨盐酸合成装置余废热高效回收利用技术	通过研发高导热石墨材料、炉体分段结构设计等技术，设计出副产段，采用纯水将氯化氢气体冷却的同时，利用合成反应热加热纯水副产出0.8MPa的蒸汽，供用户并网使用	适用于石墨盐酸合成装置余废热回收利用领域
2	转炉烟气热回收成套技术开发与应用	基于能量梯级利用及有限元模拟计算分析，采用转炉烟道汽化冷却优化用能关键技术，通过一系列高效节能核心动力设备，实现烟气的高效回收利用	适用于冶金行业转炉炼钢烟气热回收利用领域
3	球形蒸汽蓄能器	当转炉吹氧期，汽化冷却装置产生的多余蒸汽被引入球形蒸汽蓄能器，随着压力的升高，热水被加热的同时，蒸汽凝结成水，水位随着升高，完成充热过程。在转炉非吹氧期或蒸发量较小的瞬间，用户继续用汽时，球形蒸汽蓄能器中的压力下降，伴随部分热水发生闪蒸以弥补产汽的不足，水位开始降低并实现放热过程（向外供汽）	适用于钢铁冶金、火电、造纸等行业的蒸汽回收利用领域
4	基于大型增汽机的热电厂乏汽余热回收供热及冷端节能系统	利用大型蒸汽增汽机（蒸汽喷射器），引射汽轮机低压缸排汽（乏汽），混合升压、升温后的蒸汽作为加热蒸汽，进入热网凝汽器，加热热网水，阶梯式逐级加热热网回水，达到供热所需温度后，向市政热网供热水，实现乏汽余热的回收利用	适用于电力行业乏汽余热回收利用领域
5	基于喷淋换热的燃煤烟气余热深度回收和消白技术	在湿法脱硫后的烟道中设置直接接触式喷淋换热器，高湿低温烟气在喷淋换热器中与低温中介水直接接触换热，烟气温度降低至露点以下，烟气中的水蒸气冷凝，回收烟气的显热和潜热，同时回收水分，并吸收烟气中的二氧化碳、氮氧化物及粉尘等污染物；中介水作为吸收式热泵机组的低温热源，在喷淋换热器中升温，在吸收式热泵机组中放热降温；吸收式热泵回收的热量提供给热用户	适用于烟气余热深度回收与消白领域

续表

（四）可再生能源及余能利用技术			
序号	技术名称	技术介绍	适用范围
6	天然气管网压力能回收及冷能综合利用系统	该系统由螺杆膨胀发电机组、热泵补热系统、冷能综合回收系统等组成。上游管线的高压天然气，经旁通管路进入螺杆膨胀发电机组，单级或双级等熵膨胀后进入下级城市管网，膨胀过程中螺杆膨胀机驱动发电机发出稳定电能，膨胀过程中产生的冷能经载冷剂循环系统输送到制冰、空调、冷冻、冷藏等用冷单元。热泵补热系统同时将天然气加热到规范要求	适用于天然气行业的压力能综合利用领域
7	焦炉上升管荒煤气高温显热高效高品位回收技术	采用无应力复合间壁式螺旋盘管上升管换热器结构，对焦炉上升管内排出的800℃高温荒煤气进行高效高品位显热回收，降温幅度150～200℃，回收热量可用于产生≥1.6MPa饱和蒸汽，或者对蒸汽加热至400℃以上，或者产生≥260℃的高温导热油，可替代脱苯管式加热炉	适用于冶金、焦化等行业的焦炉上升管荒煤气显热回收领域
8	燃气烟气自驱动深度全热回收技术	基于最新的㶲驱换热理论进行系统结构的优化设计，综合热泵技术、高效相变换热技术、质热交换强化技术。采用三段式烟气全热回收器分段回收烟气中的热量，利用自身排出高温烟气的高品位热能做热泵的驱动能源，同时创造尾段烟气除湿的低温环境，深度回收热湿废气中的余热	适用于烟气余热回收利用领域
9	低温露点烟气余热回收技术	采用REGLASS玻璃板式换热器作为空气预热器的低温段，对烟气进行深度余热回收，同时依靠玻璃本身的耐腐蚀性，解决预热器低温酸露点腐蚀问题	适用于余热回收及烟气污染治理领域
10	循环氨水余热回收系统	采用一种直接以循环氨水作为驱动热源的溴化锂制冷机组，实现余热回收，可用于夏季制冷、冬季供暖。一方面实现荒煤气显热高效安全回收，另一方面改善现有生产工艺、提高产能	适用于钢铁，焦化等行业的循环氨水余热回收领域
11	硫酸低温热回收技术	采用高温高浓酸吸收硫酸生成的热量，将吸收酸温提到180～200℃，硫酸浓度达到99%以上，然后在系统中用蒸汽发生器替代循环水冷却器，将高温硫酸的热量传给蒸汽发生器中的水产生蒸汽	适用于化工和冶金等行业的硫酸生产领域
12	基于向心涡轮的中低品位余能发电技术	采用有机朗肯循环（ORC）的热力学原理，将低品位余热转化为高品质清洁电能，通过有机工质的应用，适应余热资源不同温度范围的利用，采用向心涡轮技术，提高系统发电效率及系统运行的可靠性	适用于中低温热源回收利用领域
13	高温热泵能质调配技术	以消耗一部分高品位能（电能、机械能或高温热等）为代价，通过热力循环把热能由低温物体转移到高温物体，利用逆向卡诺循环的能量转化系统	适用于炼厂低温余热回收利用领域
14	油田污水余热资源综合利用技术	针对油田污水的特点及原油特性，选取最优方案，确定最佳的参数，通过出水100℃以上的高温压缩式热泵工艺设计，优化污水余热利用系统能流参数	适用于油田等行业的集输站库余热回收领域

续表

（四）可再生能源及余能利用技术			
序号	技术名称	技术介绍	适用范围
15	炼油加热炉深度节能技术	采用耐酸露点腐蚀的石墨为主要材料，开发具有耐腐蚀性能的新型石墨空气预热器，从根本上解决烟气露点腐蚀问题，深度回收烟气余热	适用于加热炉低温烟气余热利用领域
16	基于热泵技术的低温余废热综合利用技术	通过吸收式热泵技术，制出低温冷源，回收工艺装置余热；通过大温差输配，减少余热输配损失；通过吸收式换热，向用户传递热量，同时实现热量的品位匹配	适用于石化、钢铁、化工等行业的余热回收利用领域
17	联碱工业煅烧余热回收应用于结晶冷却高效节能技术及装置	采用溴化锂装置制冷代替氨压缩机制冷用于降低联碱结晶温度，回收利用煅烧系统炉气废热，同时降低煅烧后工序冷却负荷，达到能源再生和合理利用，降低系统能耗。采用预冷析装置，进一步降低冷AI温度，降低结晶工段冷冻负荷，同时解决冷AI温度过低容易结晶堵塞换热器的问题	适用于纯碱等行业的余热回收利用领域
18	高密度相变储能设备	通过研发的高密度纳米相变储能材料在相变过程中吸收或释放大量热能，通过封装相变材料封装储能设备，可利用谷值电或清洁能源产生的电能，通过空气源热泵、水源热泵、电锅炉等电转热装置制热，然后通过换热介质将热量存储于该设备中，待平峰时刻通过换热介质将设备中的热量释放出来，可用于用户供热及生活用水，平抑峰电电价	适用于清洁集中供热及煤改电领域
19	带压尾气膨胀制冷回收发电技术	尾气在经过涡轮膨胀机后，由于叶轮高速旋转的离心力作用，使气体膨胀，温度降低，尾气中的有机物冷凝液化被分离回收，同时尾气压力能转化为机械能，传递给同轴的发电机进行发电，最后并网输出	适用于双氧水、苯酚丙酮、苯甲酸、丁二烯等行业的尾气制冷回收发电领域
（五）煤炭高效清洁利用及其他工业节能技术			
1	水煤浆汽化节能技术	燃烧室衬里采用垂直悬挂自然循环膜式水冷壁，利用凝渣保护原理，汽化温度可以提高至1700℃，在燃烧室下部设置辐射废锅，通过独特的高效传热辐射式受热面结构回收粗合成气显热，有效避免结渣积灰问题，使汽化炉在生产合成气的同时联产高品质蒸汽，提高能量利用率	适用于电力行业煤气化领域
2	基于物联网控制的储能式多能互补高效清洁太阳能光热利用系统	采用全玻璃真空高效集热器将太阳能光热转换为热能，通过高容量热储能复合新材料、精准单向热水回流控制、多能互补系统和智能物联网管理平台等关键技术，稳定、高效、持续向用热末端供热	适用于建筑及园区清洁供热领域
3	薄膜太阳能新型绿色发电建材技术	采用芯片镀膜、曲面封装、层压等工艺，将薄膜电池芯片与曲面/平面玻璃融合，打造发电建材产品，再通过电气等集成系统为建筑赋能，使建筑自身成为绿色发电体	适用于光伏建筑一体化领域
4	焦炉正压烘炉技术	利用专门的空气供给系统和燃气供给系统，通过向炭化室内不断鼓入热气，使全炉在整个烘炉过程中保持正压，推动热气流经炭化室、燃烧室、蓄热室、烟道等部位后从烟囱排出，使焦炉升温至正常加热（或装煤）温度，整个烘炉过程实现自动控制	适用于冶金行业焦炉烘炉节能技术改造

续表

(五）煤炭高效清洁利用及其他工业节能技术			
序号	技术名称	技术介绍	适用范围
5	应用于工业窑炉纳米材料的隔热技术	通过预压成型技术形成一种高孔隙率复合板材技术，复合料在混合机里面进行混合、分散之后下放到预压设备，预压设备预压之后送入压合机，压合机在常温、高压下将粉料成型，然后通过切割设备切割成需求的规格尺寸，再送入烘干设备	适用于工业窑炉节能技术改造
6	高加载力中速磨煤机应用于燃煤电站百万机组的技术	磨盘带动的三个均匀分布在磨盘圆周上的磨辊转动，将煤碾压成细粉并在离心力的作用下溢出磨盘。由进入磨煤机的一次热风在对煤干燥的同时将磨碎的煤粉输送至分离器进行二次分离，合格的煤粉进入炉膛燃烧，粗粉返回重新磨制	适用于电力行业磨煤系统
7	井下磁分离矿井水处理技术	通过投加混凝剂、助凝剂和磁种，使悬浮物在较短时间内形成以磁种为"核"的微絮凝体，在流经磁分离机磁盘组时，水中所含的磁性悬浮絮团受到磁场力的作用，吸附在磁盘盘面上，随着磁盘的转动，迅速从水体中分离出来，从而实现固液分离。分离出的污泥经刮渣和输送装置进入磁分离磁鼓，将这些絮团分散后通过磁鼓的分选，使磁种和非磁性物质分离出来，回收的磁种通过磁种投加泵打入混凝装置前端，循环利用	适用于矿井水处理领域
8	工业煤粉锅炉高效低氮煤粉燃烧技术	通过一次风粉通道的中心高浓度煤粉气流在回流烟气的加热下可迅速着火；助燃空气在燃烧器上由二次风通道径向分级给入，在燃烧过程初期使煤粉处于低氧富燃料气氛，大大降低氮氧化物的生成量；在三次风通道中通入适量的再循环烟气，通过降低中后期氧气浓度，减缓燃烧的强度，降低燃烧温度，降低热力型氮氧化物的生成	适用于工业煤粉锅炉节能技术改造
9	工业加热炉炉内强化热辐射节能技术	采用高新材料制作而成的集增加炉膛有效辐射面积、提高炉膛表面发射率和定向辐射传热功能于一体的加热炉辐射传热增效技术与装置	适用于工业加热炉节能技术改造
10	气化炉湿煤灰掺烧系统设备	以熔渣形式排出气化炉的煤灰，经水冷却、固化后通过锁斗泄压排放，并经捞渣机送出厂界。系统排放的黑水送去闪蒸、沉降系统，以达到回收热量及黑水再生循环使用	适用于煤化工行业循环流化床锅炉节能技术改造
11	高效工业富余煤气发电技术	高压蒸汽进入汽轮机高压缸做功后再通过锅炉加热到初始温度，加热后的低压蒸汽进入汽轮机低压缸做功，汽轮机带动发电机发电。做完功后的蒸汽变为凝结水再次进入锅炉进行加热变为蒸汽，从而完成一次再热循环的热力过程	适用于冶金行业的富余煤气发电领域
12	水处理系统污料原位再生技术	在过滤器/池内对失去过滤功能的滤料，使用压缩空气、高压水、超声波、专用再生介质等合适的方式快速恢复其功能，使之达到重新利用的目的	适用于工业水处理领域
13	固体绝缘铜包铝管母线	利用集肤效应，合理搭配铜、铝管的厚度，提高铜的利用率，增大表面积，改善导体电流密度不均匀系数，使其额定电流温升降低，过载能力提高，降低损耗，节约电能	适用于电力行业节能技术改造

续表

(五)煤炭高效清洁利用及其他工业节能技术				
序号	技术名称	技术介绍	适用范围
14	高效超净工业炉技术	通过对加热炉燃烧系统的多介质并流对烟气进行余热回收,实现加热炉烟气的超低温排放;通过换热系统的多段布置解决低温烟气对引风机的腐蚀问题;通过复合阻蚀剂系统解决烟气的低温硫酸露点腐蚀问题,燃料型氮氧化物的生成问题;通过低过剩空气系数下分级燃烧及烟气回流技术实现氮氧化物超低排放;通过冷凝水洗涤技术实现烟气颗粒物的超低排放	适用于石化行业加热炉节能技术改造
15	软特性准稳定直流除尘器电源节能技术	交流电经过可控缓冲整流滤波后,经BUCK电路进行斩波降压,将降压后的电压作为高频逆变器的输入,高频逆变的输出经过整流变压器变压后,串联至磁控软稳模块,磁控软稳模块的输出再经整流输出至除尘器电场	适用于工业除烟尘器节能技术改造
16	快速互换天然气/煤粉双燃料燃烧技术	通过强化燃烧技术保证难燃燃料顺利着火及自主燃烧,通过对喷嘴、喷射角度、结构尺寸、流场分布等方面的设计,控制易燃燃料的燃烧过程	适用于工业供热节能技术改造
17	600MW等级超临界锅炉升参数改造技术	通过重新分配锅炉各级受热面吸热比例,增加锅炉过热器系统受热面积,提高锅炉过热蒸汽温度。同时相应调整其他受热面积,保证锅炉排烟温度与改造前处于相当的水平或略优于改造前,并对相应过热器受热面材料进行升级,满足蒸汽温度升高的要求	电力行业锅炉节能技术改造

附录 B

绿色制造体系相关标准

序号	名称	标准号/文件号
1	《绿色工厂评价通则》	GB/T 36132—2018
2	《节水型企业评价导则》	GB/T 7119—2018
3	《工业企业产品取水定额编制通则》	GB/T 18820—2011
4	《产品可回收利用率计算方法导则》	GB/T 20862—2007
5	《工业企业节约原材料评价导则》	GB/T 29115—2012
6	《绿色工厂评价要求》	—
7	《绿色园区评价要求》	—
8	《绿色供应链管理评价要求》	—
9	《生态设计产品评价通则》	GB/T 32161—2015
10	《生态设计产品标识》	GB/T 32162—2015
11	《绿色设计产品评价技术规范 水性建筑涂料》	T/CPCIF 0001—2017
12	《绿色设计产品评价技术规范 汽车轮胎》	T/CPCIF 0011—2018，T/CRIA 11001—2018
13	《绿色设计产品评价技术规范 复合肥料》	T/CPCIF 0012—2018
14	《绿色设计产品评价技术规范 鞋和箱包胶黏剂》	T/CPCIF 0027—2019
15	《绿色设计产品评价技术规范 聚氯乙烯树脂》	T/CPCIF 0028—2019
16	《绿色设计产品评价技术规范 水性木器涂料》	T/CPCIF 0029—2019
17	《绿色设计产品评价技术规范 喷滴灌肥料》	T/CPCIF 0030—2019
18	《绿色设计产品评价技术规范 二硫化碳》	T/CPCIF 0031—2019

续表

序号	名　称	标准号/文件号
19	《绿色设计产品评价规范 氯化聚氯乙烯树脂》	T/CPCIF 0032—2019
20	《绿色设计产品评价技术规范 厨房厨具用不锈钢》	T/SSEA 0010—2018
21	《绿色设计产品评价技术规范 稀土钢》	T/CAGP 0026—2018, T/CAB 0026—2018
22	《绿色设计产品评价技术规范 铁精矿（露天开采）》	T/CAGP 0027—2018, T/CAB 0027—2018
23	《绿色设计产品评价技术规范 烧结钕铁硼永磁材料》	T/CAGP 0028—2018, T/CAB 0028—2018
24	《绿色设计产品评价技术规范 钢塑复合管》	T/CISA 104—2018
25	《绿色设计产品评价技术规范 锑锭》	T/CNIA 0004—2018
26	《绿色设计产品评价技术规范 稀土湿法冶炼分离产品》	T/CNIA 0005—2018
27	《绿色设计产品评价技术规范 多晶硅》	T/CNIA 0021—2019
28	《绿色设计产品评价技术规范 气相二氧化硅》	T/CNIA 0022—2019
29	《生态设计产品评价规范第4部分：无机轻质板材》	GB/T 32163.4—2015
30	《绿色设计产品评价技术规范 卫生陶瓷》	T/CAGP 0010—2016, T/CAB 0010—2016
31	《绿色设计产品评价技术规范 木塑型材》	T/CAGP 0011—2016, T/CAB 0011—2016
32	《绿色设计产品评价技术规范 砌块》	T/CAGP 0012—2016, T/CAB 0012—2016
33	《绿色设计产品评价技术规范 陶瓷砖》	T/CAGP 0013—2016, T/CAB 0013—2016
34	《绿色设计产品评价技术规范 金属切削机床》	T/CMIF 14—2017
35	《绿色设计产品评价技术规范 装载机》	T/CMIF 15—2017
36	《绿色设计产品评价技术规范 内燃机》	T/CMIF 16—2017
37	《绿色设计产品评价技术规范 汽车产品 M1 类传统能源车》	T/CMIF 17—2017
38	《绿色设计产品评价技术规范 叉车》	T/CMIF 48—2019
39	《绿色设计产品评价技术规范 水轮机用不锈钢叶片铸件》	T/CMIF 49—2019
40	《绿色设计产品评价技术规范 中低速发动机用机体铸铁件》	T/CMIF 50—2019
41	《绿色设计产品评价技术规范 铸造用消失模涂料》	T/CMIF 51—2019
42	《绿色设计产品评价技术规范 铅酸蓄电池》	T/CAGP 0022—2017, T/CAB 0022—2017
43	《绿色设计产品评价技术规范 核电用不锈钢仪表管》	T/CAGP 0031—2018, T/CAB 0031—2018
44	《绿色设计产品评价技术规范 盘管蒸汽发生器》	T/CAGP 0032—2018, T/CAB 0032—2018
45	《绿色设计产品评价技术规范 真空热水机组》	T/CAGP 0033—2018, T/CAB 0033—2018

续表

序号	名 称	标准号/文件号
46	《绿色设计产品评价技术规范 片式电子元器件用纸带》	T/CAGP 0041—2018，T/CAB 0041—2018
47	《绿色设计产品评价技术规范 滚筒洗衣机用无刷直流电动机》	T/CAGP 0042—2018，T/CAB 0042—2018
48	《绿色设计产品评价技术规范 锂离子电池》	T/CEEIA 280—2017
49	《绿色设计产品评价技术规范 电动工具》	T/CEEIA 296—2017
50	《绿色设计产品评价技术规范 家用及类似场所用过电流保护断路器》	T/CEEIA 334—2018
51	《绿色设计产品评价技术规范 塑料外壳式断路器》	T/CEEIA 335—2018
52	《生态设计产品评价规范 第1部分：家用洗涤剂》	GB/T 32163.1—2015
53	《生态设计产品评价规范 第2部分：可降解塑料》	GB/T 32163.2—2015
54	《绿色设计产品评价技术规范 房间空气调节器》	T/CAGP 0001—2016，T/CAB 0001—2016
55	《绿色设计产品评价技术规范 电动洗衣机》	T/CAGP 0002—2016，T/CAB 0002—2016
56	《绿色设计产品评价技术规范 家用电冰箱》	T/CAGP 0003—2016，T/CAB 0003—2016
57	《绿色设计产品评价技术规范 吸油烟机》	T/CAGP 0004—2016，T/CAB 0004—2016
58	《绿色设计产品评价技术规范 家用电磁灶》	T/CAGP 0005—2016，T/CAB 0005—2016
59	《绿色设计产品评价技术规范 电饭锅》	T/CAGP 0006—2016，T/CAB 0006—2016
60	《绿色设计产品评价技术规范 储水式电热水器》	T/CAGP 0007—2016，T/CAB 0007—2016
61	《绿色设计产品评价技术规范 空气净化器》	T/CAGP 0008—2016，T/CAB 0008—2016
62	《绿色设计产品评价技术规范 纯净水处理器》	T/CAGP 0009—2016，T/CAB 0009—2016
63	《绿色设计产品评价技术规范 商用电磁灶》	T/CAGP 0017—2017，T/CAB 0017—2017
64	《绿色设计产品评价技术规范 商用厨房冰箱》	T/CAGP 0018—2017，T/CAB 0018—2017
65	《绿色设计产品评价技术规范 商用电热开水器》	T/CAGP 0019—2017，T/CAB 0019—2017
66	《绿色设计产品评价技术规范 生活用纸》	T/CAGP 0020—2017，T/CAB 0020—2017
67	《绿色设计产品评价技术规范 标牌》	T/CAGP 0023—2017，T/CAB 0023—2017
68	《绿色设计产品评价技术规范 电水壶》	T/CEEIA 275—2017

续表

序号	名　　称	标准号/文件号
69	《绿色设计产品评价技术规范 扫地机器人》	T/CEEIA 276—2017
70	《绿色设计产品评价技术规范 新风系统》	T/CEEIA 277—2017
71	《绿色设计产品评价技术规范 智能马桶盖》	T/CEEIA 278—2017
72	《绿色设计产品评价技术规范 室内加热器》	T/CEEIA 279—2017
73	《绿色设计产品评价技术规范 水性和无溶剂人造革合成革》	T/CNLIC 0002—2019
74	《绿色设计产品评价技术规范 丝绸（蚕丝）制品》	T/CAGP 0024—2017，T/CAB 0024—2017
75	《绿色设计产品评价技术规范 涤纶磨毛印染布》	T/CAGP 0030—2018，T/CAB 0030—2018
76	《绿色设计产品评价技术规范 户外多用途面料》	T/CAGP 0034—2018，T/CAB 0034—2018
77	《绿色设计产品评价技术规范 聚酯涤纶》	T/CNTAC 33—2019
78	《绿色设计产品评价技术规范 巾被织物》	T/CNTAC 34—2019
79	《绿色设计产品评价技术规范 皮服》	T/CNTAC 35—2019
80	《绿色设计产品评价技术规范 羊绒产品》	T/CNTAC 38—2019
81	《绿色设计产品评价技术规范 毛精纺产品》	T/CNTAC 39—2019
82	《绿色设计产品评价技术规范 针织印染布》	T/CNTAC 40—2019
83	《绿色设计产品评价技术规范 布艺类产品》	T/CNTAC 41—2019
84	《绿色设计产品评价技术规范 打印机及多功能一体机》	T/CESA 1017—2018
85	《绿色设计产品评价技术规范 电视机》	T/CESA 1018—2018
86	《绿色设计产品评价技术规范 微型计算机》	T/CESA 1019—2018
87	《绿色设计产品评价技术规范 智能终端 平板电脑》	T/CESA 1020—2018
88	《绿色设计产品评价技术规范 投影机》	T/CESA 1032—2019
89	《绿色设计产品评价技术规范 金属化薄膜电容器》	T/CESA 1033—2019
90	《绿色设计产品评价技术规范 光网络终端》	YDB 192—2017
91	《绿色设计产品评价技术规范 以太网交换机》	YDB 193—2017
92	《绿色设计产品评价技术规范 移动通信终端》	YDB 194—2017
93	《绿色设计产品评价技术规范 可穿戴无线通信设备 腕戴式》	T/CCSA 251—2019
94	《绿色设计产品评价技术规范 可穿戴无线通信设备 头戴、近眼显示设备》	T/CCSA 252—2019
95	《绿色设计产品评价技术规范 服务器》	T/CCSA 253—2019
96	《绿色设计产品评价技术规范 视频会议设备》	T/CCSA 254—2019
97	《绿色设计产品评价技术规范 通信电缆》	T/CCSA 255—2019
98	《绿色设计产品评价技术规范 光缆》	T/CCSA 256—2019
99	《绿色设计产品评价技术规范 智能坐便器》	T/CAGP 0021—2017，T/CAB 0021—2017

附录 C

清洁生产相关标准

国家发展和改革委员会发布重点行业清洁生产评价指标体系目录		
序 号	名　　称	实施时间
1	《氮肥行业清洁生产评价指标体系（试行）》	2005-5
2	《印染行业清洁生产评价指标体系（试行）》	2006-12
3	《烧碱/聚氯乙烯行业清洁生产评价指标体系（试行）》	2006-12
4	《煤炭行业清洁生产评价指标体系（试行）》	2006-12
5	《铝行业清洁生产评价指标体系（试行）》	2006-12
6	《铬盐行业清洁生产评价指标体系（试行）》	2006-12
7	《包装行业清洁生产评价指标体系（试行）》	2007-4
8	《磷肥行业清洁生产评价指标体系（试行）》	2007-4
9	《轮胎行业清洁生产评价指标体系（试行）》	2007-4
10	《陶瓷行业清洁生产评价指标体系（试行）》	2007-4
11	《涂料行业清洁生产评价指标体系（试行）》	2007-4
12	《纯碱行业清洁生产评价指标体系（试行）》	2007-7
13	《发酵行业清洁生产评价指标体系（试行）》	2007-7
14	《机械行业清洁生产评价指标体系（试行）》	2007-7
15	《硫酸行业清洁生产评价指标体系（试行）》	2007-7
16	《石油和天然气开采行业清洁生产评价指标体系（试行）》	2009-2
17	《精对苯二甲酸（PTA）行业清洁生产评价指标体系（试行）》	2009-2
18	《电石行业清洁生产评价指标体系（试行）》	2009-2

续表

国家发展和改革委员会发布重点行业清洁生产评价指标体系目录		
序号	名　　称	实施时间
19	《有机磷农药行业清洁生产评价指标体系（试行）》	2009-2
20	《钢铁行业清洁生产评价指标体系》	2014-2
21	《水泥行业清洁生产评价指标体系》	2014-2
22	《电力（燃煤发电企业）行业清洁生产评价指标体系》	2015-4
23	《制浆造纸行业清洁生产评价指标体系》	2015-4
24	《稀土行业清洁生产评价指标体系》	2015-4
25	《平板玻璃行业清洁生产评价指标体系》	2015-10
26	《电镀行业清洁生产评价指标体系》	2015-10
27	《铅锌采选行业清洁生产评价指标体系》	2015-10
28	《黄磷工业清洁生产评价指标体系》	2015-10
29	《生物药品制造行业（血液制品）清洁生产评价指标体系》	2015-10
30	《电池行业清洁生产评价指标体系》	2015-12
31	《镍钴行业清洁生产评价指标体系》	2015-12
32	《锑行业清洁生产评价指标体系》	2015-12
33	《再生铅行业清洁生产评价指标体系》	2015-12
34	《电解锰行业清洁生产评价指标体系》	2016-10
35	《涂装行业清洁生产评价指标体系》	2016-10
36	《合成革行业清洁生产评价指标体系》	2016-10
37	《光伏电池行业清洁生产评价指标体系》	2016-10
38	《黄金行业清洁生产评价指标体系》	2016-10
39	《制革清洁生产评价指标体系》	2017-7
40	《环氧树脂行业清洁生产评价指标体系》	2017-7
41	《1，4-丁二醇行业清洁生产评价指标体系》	2017-7
42	《有机硅行业清洁生产评价指标体系》	2017-7
43	《活性染料行业清洁生产评价指标体系》	2017-7
44	《钢铁行业（烧结、球团）清洁生产评价指标体系》	2018-12
45	《钢铁行业（高炉炼铁）清洁生产评价指标体系》	2018-12
46	《钢铁行业（炼钢）清洁生产评价指标体系》	2018-12
47	《钢铁行业（钢延压加工）清洁生产评价指标体系》	2018-12
48	《钢铁行业（铁合金）清洁生产评价指标体系》	2018-12
49	《再生铜行业清洁生产评价指标体系》	2018-12
50	《电子器件（半导体芯片）制造行业清洁生产评价指标体系》	2018-12
51	《合成纤维制造行业（氨纶）清洁生产评价指标体系》	2018-12
52	《合成纤维制造行业（锦纶6）清洁评价指标体系》	2018-12
53	《合成纤维制造行业（聚酯涤纶）清洁生产评价指标体系》	2018-12
54	《合成纤维制造行业（维纶）清洁生产评价指标体系》	2018-12
55	《合成纤维制造行业（再生涤纶）清洁生产评价指标体系》	2018-12

续表

国家发展和改革委员会发布重点行业清洁生产评价指标体系目录		
序 号	名 称	实施时间
56	《再生纤维素纤维制造行业（粘胶法）清洁生产评价指标体系》	2018-12
57	《印刷业清洁生产评价指标体系》	2018-12
58	《洗染业清洁生产评价指标体系》	2018-12
59	《煤炭采选业清洁生产评价指标体系》	2019-8
60	《硫酸锌行业清洁生产评价指标体系》	2019-8
61	《锌冶炼业清洁生产评价指标体系》	2019-8
62	《污水处理及其再生利用行业清洁生产评价指标体系》	2019-8
63	《肥料制造行业（磷肥）清洁生产评价指标体系》	2019-8
生态环境部发布重点行业清洁生产标准目录		
序 号	名 称	实施时间
1	《石油炼制业》（HJ/T 125—2003）	2003-6-1
2	《炼焦行业》（HJ/T 126—2003）	2003-6-1
3	《制革行业（猪轻革）》（HJ/T 127—2003）	2003-6-1
4	《啤酒制造行业》（HJ/T 183-2006）	2006-10-1
5	《食用植物油工业（豆油和豆粕）》（HJ/T 184—2006）	2006-10-1
6	《纺织业（棉印染）》（HJ/T 185—2006）	2006-10-1
7	《甘蔗制糖业》（HJ/T 186—2006）	2006-10-1
8	《电解铝业》（HJ/T 187—2006）	2006-10-1
9	《氮肥制造业》（HJ/T 188—2006）	2006-10-1
10	《基本化学原材料制造行业（环氧乙烷/乙二醇）》（HJ/T 190—2006）	2006-10-1
11	《铁矿采选业》（HJ/T 294—2006）	2006-12-1
12	《人造板行业（中密度纤维板）》（HJ/T 315—2006）	2007-2-1
13	《乳制品制造行业（纯牛乳及全脂乳粉）》（HJ/T 316—2006）	2007-2-1
14	《钢铁行业（中厚板轧钢）》（HJ/T 318—2006）	2007-2-1
15	《镍选矿行业》（HJ/T 358—2007）	2007-10-1
16	《彩色显像（示）管生产》（HJ/T 360—2007）	2007-10-1
17	《烟草加工业》（HJ/T 401—2007）	2008-3-1
18	《白酒制造行业》（HJ/T 402—2007）	2008-3-1
19	《化纤行业（涤纶）》（HJ/T 429—2008）	2008-8-1
20	《电石行业》（HJ/T 430—2008）	2008-8-1
21	《石油炼制业（沥青）》（HJ/T 443—2008）	2008-11-1
22	《味精工业》（HJ/T 444—2008）	2008-11-1
23	《淀粉工业》（HJ/T 445—2008）	2008-11-1
24	《煤炭采选业》（HJ/T 446—2008）	2009-2-1
25	《印制电路板制造行业》（HJ/T 450—2008）	2009-2-1
26	《葡萄酒制造行业》（HJ/T 452—2008）	2009-3-1
27	《氧化铝业》（HJ 473—2009）	2009-10-1

续表

生态环境部发布重点行业清洁生产标准目录		
序 号	名 称	实施时间
28	《纯碱行业》（HJ 474—2009）	2009-10-1
29	《氯碱工业（烧碱）》（HJ 475—2009）	2009-10-1
30	《氯碱工业（聚氯乙烯）》（HJ 476—2009）	2009-10-1
31	《废铅酸蓄电池铅回收业》（HJ 510—2009）	2010-1-1
32	《粗铅冶炼业》（HJ 512—2009）	2010-2-1
33	《铅电解业》（HJ 513—2009）	2010-2-1
34	《宾馆饭店业》（HJ 514—2009）	2010-3-1
35	《铜冶炼业》（HJ 558—2010）	2010-5-1
36	《铜电解业》（HJ 559—2010）	2010-5-1
37	《酒精制造行业》（HJ 581—2010）	2010-9-1